グローバル・コミュニケーション論

対立から対話へ

津田幸男・関根久雄＝編著

ナカニシヤ出版

はしがき

本書は、現在進行中の「グローバル化」とそれによって引き起こされている「ローカル化」との相互交流の実態、衝突、影響、問題点などを、特に文化と開発とコミュニケーションにかかわるテーマに焦点をあて、学際的に追究しようという試みである。

本書において「グローバル・コミュニケーション」という名称を用いる所以は、以下の通りである。

従来コミュニケーション研究では、「国際コミュニケーション論」と「異文化コミュニケーション論」という二つの分野が柱となって、国家間、あるいは異文化間の相互交流にかかわる諸問題について研究がおこなわれてきた。

「国際コミュニケーション論」は「国家」という枠組みを前提としており、「異文化コミュニケーション論」では個々の「文化」の固有性を尊重する理念が根づいている。しかしながら、インターネットで世界中の人々と瞬時にコミュニケーションが可能になった今、人々は、「国家」や「文化」という従来の「境界」を容易に飛び越えるようになった。現在起きている「グローバル化」の現象は、このような「国家」や「文化」という基本的概念の問い直しを求めている。つまり、これまで疑問視されることの少なかった「国家」と「文化」という枠組み自体にもはや絶対性はなく、急激に「グローバル化」し、それに伴い「ローカル化」も進行している現代の世界は、代わりに「グローバル」・「ローカル」という新たな枠組みを要求しているのである。

学問研究は、このような現実の変化に呼応して、ダイナミックかつ敏感に反応すべきと考える。それゆえに、「国家」と「文化」を越え、その両方を包摂しながらも新たな現実を映し出すという意味をこめて、本書のタイトルに「グローバル・コミュニケーション論」という名称を用いることにした。

本書は、そのような「グローバル・コミュニケーション」の諸側面を、理論的考察をはじめとして、言語、情報、開発、スポーツ、観光、教育、性、アイデンティティーなどのテーマに焦点をあて、「グローバル化」と「ローカル化」の現在を浮き彫りにしようとするものである。

本書は、研究者や専門家はもちろんのこと、大学生や大学院生、そして一般読者にも向けられたものである。そのため、各論考の読みやすさに配慮して、各ページの欄外にキーワードとその注を付すとともに、各執筆者にはできる限り推薦図書を紹介していただいた。また、各章の末尾には、内容に即した「練習問題」を設け、読者とともに「グローバル・コミュニケーション」を考える機会を設定している。

本書が、「グローバル化」し「ローカル化」している現代世界を理解する一助となることを祈念している。

二〇〇二年五月

編著者

目　次

グローバル・コミュニケーション論：対立から対話へ

序章

グローバル・コミュニケーションの現在
対立から対話へ

津田幸男
関根久雄

グローバリゼーションとは何か

「グローバリゼーション」あるいは「グローバル化」とはいったいどんな現象をさすのであろうか。身近な例から考えてみよう。

たとえば、海外旅行へ出かけ、現地で買い物をしたとしよう。通常、買い物はほとんどクレジット・カードで済ませることができる（もちろん、できない国も少なくないが）。つまり、通貨が簡単に国境を越えることができるのである。

これが「経済のグローバリゼーション」の一例である。つまり、通貨の流通が自由になり、国家の介入なしで外貨の出入が可能になったのである。そして、国家の規制を少なくして、市場原理を基に一元的な「グローバル・スタンダード」を設定して、自由なビジネス、貿易を拡大していくのが「経済のグローバリゼーション」である。数多くの多国籍企業がその加速化にかかわっている。

言い換えれば、アメリカと西欧諸国が先導している資本主義経済システムの地球規模での普遍化が「グローバリゼーション」といえる。世界銀行や国際通貨基金はアメリカに本部があり、「グローバリゼーション」推進の要となっている。

情報を例にとると、「グローバリゼーション」の意味がさらに身近に感じられるであろう。インターネットの登場は、瞬時のうちに地球の裏側の人々と情報交換することを可能にした。それによって、私たちの精神的空間はまさに地球大の広さをもつようになった。そして、物理的距離と時間的隔たりをほとんど感じることなく、外国人と交信することが可能になった。つまり、地球の裏側の人々が、まるで近所に住む隣人のように思える時代になったのである。まさに、一九六〇年代にカナダのコミュニケーション学者マーシャル・マクルーハン(1)が述べた「グローバル・ヴィレッジ」(地球村)(2)の実現である。

さらに、国境を越える人々の移動が活発化し、日本にも世界中から多くの人々がやってきている。かつて「日本は単一民族国家である」というナイーブな日本人論が出まわっていたことが嘘のようである。東京都内の電車に乗ると、前も後も外国人が乗っているということが珍しくない。つまりヒトも容易に国境を越え、「人的移動」がグローバル化しているのである。

このように、「グローバリゼーション」とは、金、モノ、ヒト、そして情報が自由に国境を越える現象ともいえる。そして、それは私たちの日常生活のあらゆる面で起きており、私たちの価値、思考、行動にまでも影響を及ぼしている。私たちの考え方や感じ方や振る舞い方までも「グローバル・スタンダード」という基準が一つの大きな権威として国境を越え、世界中に浸透しつつある。

たとえば、英語は「グローバルな言語」としての地位を確立しつつあるし（第3章参照）、「人権」や「女性の社会進出」という概念も「グローバル・スタンダード」として世界に広がっているのである（第13章参照）。

反グローバリゼーションの台頭

しかし、これに対して「反グローバリゼーショ

---

(1)マーシャル・マクルーハン（Herbert Marshall McLuhan）（一九一一―一九八〇）カナダのコミュニケーション学者。「メディアはメッセージである」と言って、メディアが人間と社会を変えるという独特のメディア論を展開した。第15章も参照。

(2)「グローバル・ヴィレッジ」「地球村」。電子メディアにより、地球規模で人々が相互交流できる様を形容している表現。

ン」の動きも活発である。「グローバリゼーション」は、市場原理を基にした資本主義と情報の科学技術によって可能になっているが、それを先導しているのはアメリカを先頭にしたいわゆる「先進国」であり、これらの国々が「グローバリゼーション」により富と権力を独占しているのではないかという批判である。

「経済のグローバリゼーション」にしても、世界銀行や国際通貨基金は世界各国に融資することにより、多国籍企業の市場を拡大しているにすぎないという反発がある。

たとえば、フランスの社会学者ピエール・ブルデュー(3)は、「グローバリゼーション」はアメリカ的な仕組みを押し広めるための口実にすぎないと批判すると同時に、「グローバリゼーション」は実際に貧富の差の拡大、犯罪の増加、不安の増大等の新たな問題を生み出していることも指摘している。

また、一橋大学教授の伊豫谷登士翁(4)は「グローバリゼーション」を「新たな排除の世界システム化」と命名し、世界的な貧困を引き起こしていると批判している。伊豫谷はつぎのように言う。

「グローバリゼーションは、カードを持てるものと持てないもの、メールにアクセスできるものとできないもの、権利を享受できるものと排除されるもの、勝者と敗者とを明確に分離してきた。新しい貧困は、国境を越えてグローバルな規模で現れてきている」。

まさに、「貧困のグローバル化」という事態が起きているのである。

さらに、イギリスの社会学者アンソニー・ギデンズは急激にグローバル化して変容していく世界を「暴走する世界」と名付けて、世界は安定と秩序を失い、リスクの多い状況になっていると分析する(5)。たとえば、科学技術は確かに「グローバリゼーション」を可能にしたが、地球温暖化などの環境破壊をも生み出し、人類の生存の危機を現出している。

このような「反グローバリゼーション」論は具体的には「ローカリズム」や「ファンダメンタリ

(3)ピエール・ブルデュー(Pierre Bourdieu)(一九三〇―二〇〇二)フランスの社会学者。資本主義社会の支配を批判した。著作に『資本主義のハビトゥス』、『遺産相続者たち』など。

(4)伊豫谷登士翁(一九四七―)一橋大学教授。世界経済・移民研究。著作に『変貌する世界都市』、『グローバリゼーションの中のアジア』など。引用論文は「グローバリゼーション:新たな排除の世界システム化」(『世界』二〇〇〇年一〇月号、二二九―二三九頁)

(5)アンソニー・ギデンズ(Anthony Giddens)(一九三八―)イギリスの社会学者。イギリスのブレア政権の理論的主導者でもある。著作に『暴走する世界』『第三の道』など。第2章注(12)も参照。

ズム」（原理主義）という形であらわれて、グローバル化の先頭を行くアメリカへの抗議運動につながっているのである。

二〇〇一年九月に発生したアメリカにおける同時多発テロ事件も、ある意味では「グローバリゼーション」への反発を象徴する「反グローバリゼーション」行動であったといえる。

「グローバリゼーション」は私たちに新たな世界を現出させ、私たちは刺激と興奮で舞い上がっている。実際、「グローバリゼーション」は私たちを時間と空間から切り離して、根無し草のような不安をかきたてるのである。それゆえ、人々がこの心理的不安を解消しようとして、「ローカリズム」に活路を見出そうとするのは自然である。グローバル化して、英語を話して、株の売買に手を染め、高級車を乗りまわすという生活よりも、自分たちの固有の文化とアイデンティティーを大事にして、自分たちの言語を話し、伝統と慣習を守ることを通して「グローバリゼーション」に対抗して「ローカル化」を意識的におこなおうとする人びとも少なくない。アメリカにおけるテロ事件以後、率先してイスラームの慣習である「ブルカ」を着用するイスラームの女性は「ローカリズム」の象徴といえる。

「反グローバリゼーション」を支える理念は、個々の「ローカル」な文化とアイデンティティーを守るという「多言語・多文化主義」あるいは「文化の多様性の追求」である。これが一元的な「グローバル・スタンダード」に対する異議申し立てになっている。

このような例からもわかるように、「グローバリゼーション」（一元的なグローバル・スタンダードの普及）は必然的に「ローカリゼーション」（固有文化の多様性の追求）を生み出しているのである。

「グローバル」と「ローカル」の対話

この二つは対立するのみで、調和し、融合することはないのであろうか。

融合を示唆する概念として、近年、「グローカリゼーション」(glocalization)という言葉が出てきた。まさに「グローバル」と「ローカル」の融合である。これは一九九一年発行のオックスフォード新語辞典にも掲載された語で、もともと一つの農業技術をローカルな条件に適合させる農業上の原理をさす日本語の「土着化」という言葉をモデルにしているという。それと同時に、一九八〇年代以降には、多国籍企業の市場戦略を意図した用語として用いられてきた。つまり、商品を「グローバル」に展開するために、個々の「ローカル」な市場の徹底した調査をおこなうという意味である。

そのような利益追求を超えた、真の相互理解のための「グローバル」と「ローカル」の相互交流は可能であろうか。「グローバル」と「ローカル」の衝突や対立ではなく、「グローバル」と「ローカル」のコミュニケーションの可能性はあるのだろうか。

これに対して、「グローバル」側から否定的な答えが出ている。それは、ハーバード大学教授サミュエル・ハンチントンの「文明の衝突」という議論である(6)。

ハンチントン教授は、冷戦後の今日は、資本主義か社会主義かというイデオロギーの対立ではなく、「民族」や「宗教」といった「文化的要素」が対立の最大の原因になると主張している。そのような対立において、「文化」は戦略的に使われ、複雑化されることも稀ではない。実際、現在、世界各地では、民族紛争が勃発しているが、これはイデオロギーの対立ではなく、文化的・宗教的な対立が原因となっている。

こういった状況を踏まえて、ハンチントン教授は「文化(そしてその最上位のカテゴリーとしての「文明」)の違いは基本的に克服できない課題である」と、現在と将来の世界に対して悲観的な問題提起をおこなった。「文化」が大きな壁となり、境界をつくり、対立を生み出すという考え方である。

「文明の衝突」論はさまざまな批判を受けながらも世界各地で注目された。そのことは、すでに述べたように、アメリカを中心とする「グローバリゼーション」という名の均質化、画一化の側面が顕著になっているとともに、多様性、地域性を強調する「ローカリゼーション」の側面も存在するという二重性に対する「とまどい」のあらわれであるといえる。

(6)サミュエル・ハンチントン(Samuel P. Huntington)(一九二七—)
アメリカを代表する政治学者。戦略論の専門家で、アメリカの安全保障政策にも深くかかわってきた。

これとは対照的に、「対話」の可能性について「ローカル」の側から肯定的な見方が出されている。

トンガ王国出身の人類学者で南太平洋大学で教鞭をとるエペリ・ハウオファ教授は、地域性や文化的固有性の強調は対立を生み出すものではなく、逆に「グローバリゼーション」との対話を可能にするものであると発想して、オセアニア地域の豊かな文化的・歴史的特質や海によってつながる広大で豊穣な地域性を積極的に主張していくことの重要性を説いた(7)。

ハウオファ教授がこのことに気が付くまでには長い「苦悩」の時期があった。その「苦悩」とは、オセアニア島嶼国が生き延びるためには「グローバル経済」に身をゆだねなければならない一方で、それによる自分たちの「自立」と「発展」は困難であるというジレンマから生じていた。ハウオファ教授がこの「苦悩」を克服したのは、このジレンマにより希望を失うのではなく、自分たちの文化と地域を強調することによって、グローバル化する社会との「対話」を活性化することができると気付いたからである。

ハウオファ教授のこの発想は、グローバルな文化状況を肯定的に捉えようとするものであり、文化の将来に対するハンチントン教授の否定的・悲観的見方とは対照的である。

本書の構成

これまでの議論を踏まえてまとめると、「グローバル」と「ローカル」のさまざまな不均衡や対立状況を見つめ直し、それを「対話」として捉え直す行為や現象全般を「グローバル・コミュニケーション」であると、本書では考えている。

このような問題意識に基づいて、本書は、言語学、コミュニケーション学、文化人類学、社会学、ジェンダー研究から個別に事例を提示し、「グローバル」と「ローカル」の真の対話のあり方を模索する学際的な試みである。

本書は四部構成から成っている。

第I部「グローバル・コミュニケーション理論」では、グローバル・コミュニケーションについて考える際の基本的枠組みを、文明論と文化相対主

(7)エペリ・ハウオファ(Epeli Hau'ofa)(一九三九―)南太平洋大学オセアニア文化センター長。オセアニア島嶼地域を代表する論客の一人で、人文社会科学分野で強い影響力をもつ。引用論文は、*"A New Oceania: rediscovering our sea of islands."* (Suva: The University of the South Pacific, 1993)。

義の視点から提示する。

第II部「言語と情報：グローバル・コミュニケーションの不均衡」では、国際語としての英語、危機に瀕する言語、情報の流通、インターネット使用、国際広告等の現実の姿を通して、コミュニケーションの不均衡状態を指摘する。

第III部「開発と文化：グローバルとローカルの対立と接合」では、人類学と社会学の視点から、途上国開発・援助、宗教やスポーツなどのフィールドにおけるグローバルな動きとローカルな現実との対立と接点を検討する。

そして最後の第IV部「グローバル化社会のジェンダーとアイデンティティー」では、ジェンダーに関して、国際関係と、性と文化をめぐる権力関係の視点から捉えた二本の論考と、現代における個人のアイデンティティーを情報化との相互関係から考察する論考をとりあげる。

結び

本書の編纂にあたり、執筆者全員による共同研究会を組織したわけではない。そのため、個々の概念の位置付けや運用について、執筆者間で微妙なズレが生じている場合がある。その点については、可能な限り欄外のキーワードを活用することで対応した。

また、執筆者間で互いの論文に対して、疑問や批判をまったく認識していないというわけでもない。しかし、文化や国家の境界を横断して生ずる「グローバル化」と、それにより引き起こされている「ローカル化」の諸現象を提示し、その上で双方を有機的に結び付ける可能性を追究する基本的姿勢は共通しており、その点の問題提起の書としてのまとまりは十分に備えていると考えている。

最後に、本書が、「グローバル・コミュニケーション研究」を活発化させる口火となるとともに、現代世界における「対立」や「苦悩」をやわらげ、解消するための思考の一助となることを心から願ってやまない。

第I部　グローバル・コミュニケーション理論

1 文明間の対話
遊牧・農耕・産業・情報文明

マジッド・テヘラニアン
(ハワイ大学コミュニケーション学科)

「文明とは教育と破滅との競争である」
——H. G. Wells

「情報の中に消えた知識はどこに?
知識の中に消えた知恵はどこにあるのか?」
——T. S. Eliot

序

「文明」や「文明的」という言葉がしばしばある人種の他の人種に対する優越をほのめかすために悪用される時代に、なぜこの言葉を使うのか。文明間に相入れない利害と視点の相違があるにもかかわらず、「文明間の対話[1]」はなぜ必要なのか。グローバル化と文化の衝突が激しい時代に、人間の権利と義務、個人的自由と社会的責任、国家主権と国際協調といった対立にいかに対応しバランスを取れるだろうか? グローバル化と地域化が強まるなか、組織の原理として国家主権[2]はどのような価値があるのだろうか? 文化のグローバル化と現在支配的なグローバル消費文化は対立しているのか、それとも調和しているのだろうか?

(1)文明間の対話
「文明の衝突」に対立する概念として国連が提案した。二〇〇一年を「文明間の対話年」とした。第2章参照。

(2)国家主権
(National Sovereignty)
国家がその国の最高権力であり、他の国家に従属しないことを主張していること。

そして、包括的、統合的で多様性に富み、民主的で平和的な地球文明をどのようにして築くことができるだろうか？

　これらの難しい問題にすべて答えを出そうとは思っていない。探求すべき課題として問題提起しているにすぎない。私は、人類が迎えようとしている新しい地球文明を理解するための歴史的枠組を提案しようと思う。「遊牧文明」「農耕文明」「産業文明」とは対照的にそれは「情報文明」と呼べるものである。それにより、人類の進む方向を探求する対話を開始し、より正義にあふれ、人間的で、平和な世界を二一世紀において達成すべきであると考える。

「文明間の対話」はなぜ必要なのか？

「文化」「民族」「国民」といった概念と同様に、「文明」はあいまいな概念であるとよくいわれる。しかし、この概念は現在世界で起きている対立にアプローチするには有益な「比喩」である。どの文明も、長い伝統に根差した物質的、精神的創造性による一貫した宇宙観がある。どの文明にも固有の存在論[3]（Ontology）、認識論[4]（Epistemology）、そして実践論[5]（Praxiology）がある。ユダヤ文明、キリスト文明、イスラム文明、ヒンズー文明、仏教文明、儒教文明、土着文明、そしてその他の現存あるいは死滅した文明には、それぞれ「文明」に関する伝統があり、それらは真・善・美の追求の案内役として役立っている。これら多種多様な文明の「黄金律」といえる共通項は「汝の求めるところを人に施せ」というものである。

　また、現代の世俗的で人間中心の科学技術文明もある。この文明はこの五〇〇年ほど世界を統合するとともに分断してきた。すべての伝統文明は現代文明の衝撃にさらされ、その伝統的価値と科学技術の進歩との間の緊張により危機に直面している。このような状況において、異なる世界観により新たな地球文明の模索がおこなわれている。個人主義と集団主義、平等と階層、私的企業と公的責任、秩序と革命といった対立する価値が国際社会を脅かし続けている。統一のなかにも多様性を確保するために、地球文明はこれらの対立する

(3)存在論（Ontology）
存在及び超越的存在を対象とする哲学

(4)認識論（Epistemology）
「知」についての理論で、人間の認識がどのように成立するかを考察する。

(5)実践論（Praxiology）
人間の行動、行為を研究する学問、その理論。

価値のバランスを柔軟に取らなければならないし、過去の文明の遺産にも基づかなければならない。

人間は意味を生み出すように宿命付けられている。複雑さや不確実さや謎に直面すると、人間は神話(6)や意味を作り出す。神話は私たちの知識と、宇宙の起源や死後の世界や人間の倫理的責任といった計り知れない未知の事柄とのギャップを埋めてくれる。神話のない人生は意味が欠けている。意味の欠けた人生はしばしば自己破壊や自殺につながる。そこで人間は神話を生み出し、その神話で人生の行路を決めるのである。神話は人生の自由と選択の枠組を提供する。もし「虚無主義(Nihilism)(7)」という神話を信じるならば、この世界は愚かしいと考え、愚かしさへと突き進んでしまうだろう。もし宿命論(8)を信じるならば、人間の選択はもともと限られていることになる。そして人間の意志の力を信じるならば、選択の自由は広がり、それは時には「わがまま」にまでなるだろう。

ヤヌス

しかしながら、すべてのアプリオリな概念(9)と同様に神話はヤヌス(10)の如く二面性をもった神である。たとえば、ヒンズー教の輪廻転生神話はカースト制度の正当化に利用された。だが同時にこの神話は生命を永遠の循環に結び付けている。それによりあらゆる生命は神聖で不可侵であるという考えの基礎となっている。「神は死んだ」といったニーチェの「超人(superman)」神話(11)は、宇宙の無意味さを想定して人間中心の意味を生み出した。しかしナチズムの下で、それは道徳の欠如と未曾有の残酷さを肯定するための都合のよいイデオロギーとなってしまった。

文明は特定の規範的かつ歴史的前提条件で育ま

(6)神話
社会に流布されている権威化された思考、認識、意味体系。ここでは「イデオロギー」に近い意味。

(7)虚無主義(Nihilism)
いっさいの権威と価値、国家や秩序を否定する思想。

(8)宿命論
宿命がすべてを決定するという考え方。

(9)アプリオリな概念
経験に基づかない、それに先立つ認識・概念。

(10)ヤヌス(Janus)
ローマの大神。すべての事象の始まりの神と呼ばれ、「一月」(January)の語源である。門の神ともいわれ、内と外の両方を同時に見て、戦争中、門は開かれ、平和になると閉ざされた。

(11)ニーチェの「超人」神話
ドイツの哲学者ニーチェ(Friedrich W. Nietzsche)(一八四四—一九〇〇)に

れた神話を提供する。この神話は、人間は与えられた伝統の枠内で、礼節をもった文明人として文明的自由をもって科学技術と福祉を発展させながら生きていける力があることを示している。人間の礼節の伝統は偉大な宗教やヒューマニズムの世界観により育まれてきた。

これに対する神話はホッブズ(12)的な概念で人間の野蛮性に注目している。ホッブズによると、自然状態においては生命は野蛮であり、意地悪く、動物的で短命である。それゆえ、人間の攻撃性がいつ爆発してもおかしくないのであり、人間の文明はそれに薄い蓋をかぶせているようなものだとホッブズは考えた。そして、安全を確保するには、人間は個人の権利を捨てて、秩序を守る大きな権力(Leviathan)(13)に従うべきだと彼は唱えた。これは絶対君主制の肯定であった。

一方、ジャン・ジャック・ルソー(14)やロマン主義(15)思想家たちは、性善説(16)に基づいていたので、政府による統制の必要性を考えていなかった。精神分析学者のフロイト(17)はこの二つの見解を結び付けた。フロイトによると、文明は「自我(Ego)」の反社会的な欲望を手なずける一方で、人間の深い欲望と攻撃性の住家である「エス(Id)」を抑圧し、昇華させる規範的な「超自我(Superego)」からなると考えた。

これらの見解のうちどれを選ぶかは私たち自身が決めることである。その選択によって政治体制や社会の形態が決まっていくのである。

神話は経験的に証明することはできない。神話は、社会の原理をもたらすために信念を公理(18)へと飛躍させたものであるから。神話は人間の希望、恐怖、規範、そして実現させたい一連の夢を体現している。歴史は人間の礼節と野蛮の両方の神話の存在を実証している。歴史を振り返ると、規範的基礎とは矛盾している行動を正当化するために神話が使われてきた。神と文明の名の下に、過去においても現在でも、多くの残虐行為が繰り返されてきているのがその例である。それでは、いっそのこと神話は捨てた方が良いのだろうか? だが、神話は文化的にしっかりと根付いてしまっている。好むと好まざるとにかかわらず、神話は公的コミュニケーションで使われ続けているのであ

よる。「超人」とは、苦痛の生を超越して肯定する理想的人間像をいう。

(12)ホッブズ(Thomas Hobbes)(一五八八—一六七九)イギリスの経験論哲学者、政治学者。

(13)Leviathan「リヴァイアサン」水中にすむ巨大怪獣。ホッブズの著作のタイトルとなる。

(14)ジャン・ジャック・ルソー(Jean-Jacques Rousseau)(一七一二—一七七八)フランスの啓蒙思想家。自由と平等を説き、文明社会を批判。

(15)ロマン主義 一八~一九世紀にかけてヨーロッパで起こった思想で、古典主義に対抗して感情の解放、自己超越、自然への愛着を称揚した。

(16)性善説 人の本性は善であるとい

る。だから、神話という規範的枠組を無批判的に使ってしまうか、きちんと批判分析するか、あるいはそのすべて捨て去るかしなければならない。

われわれはコミュニケーションの力学に批判的に取り組み、文明、対話、民主主義、平和、自由、地球市民、人権そして人間の義務といった伝統的な概念を守り、活性化しなければならない。それは大変な苦労を伴う仕事である。現実認識の不足した神話は衰退するのである。神話は生まれ、衰え、そして死に絶える。神話は社会が作り出し、そして人間の行動規範を規定する。コミュニケーションにおいて人間は常に神話の調整をおこなう。たとえば、一九六〇年代前半、アメリカのケネディ大統領は古い神話を復活させアメリカ社会にエネルギーを与えた。「新たなるフロンティア[19]」という神話が、アメリカ人のアイデンティティー形成において「フロンティア」という意味が重要になることによって生まれたのであった。イランでは、ホメイニ教祖[20]が、イスラムの救世主的神話を伝えることにより革命運動に火を付けた(Khomeini,1981)。

「文明」という神話は、礼節、自由、そして人間の幸福につながる進歩を奨励するような規範的な行動の基準として使われてきた。N・エリアスは彼の著書"The Civilizing Process"(1982)において、「文明的」行動といわれる概念がいかに労働分割や機能主義的分類化や相互依存性や複雑性、そして国家形成にならったものであるかということを詳細に証明してみせた。現在急速に相互依存的になるにつれて、われわれはさらに「文明的」になるしかなく、そのために暴力を排除し対立を規制する行動ルールを確立しなければならなくなった。

しかし、現在の多元的な文明世界においては、文明をどう定義すればよいのだろうか？　地理的にか、または価値体系によってか、それともテクノロジー秩序によってであろうか？　またはこの三つすべてをあわせたものかもしれない。文明を「宇宙観（Cosmology）」によって定義する場合もある。土着の、あるいはヒンズー教、仏教、儒教、ユダヤ教、キリスト教、イスラム教、そしてヒューマニズムといった宇宙観である。

しかし、文明を「遊牧」「農耕」「産業」そして

う説。中国の孟子が唱えた。

(17) フロイト (Sigmund Freud)（一八五六－一九三九）オーストリアの心理学者。精神分析学の創始者。

(18) 公理（axiom）共通概念。一般に承認される考え。

(19)「新たなるフロンティア」西部開拓をなしとげた「フロンティア精神」を復活させるためのスローガン。

(20) ホメイニ教祖 (Khomeini)（一九〇一－一九八九）イランのシーア派指導者。イラン革命を指導。

表1-1　文明と宇宙観のマトリックス

文明	土着	ヒンズー	仏教	儒教	ユダヤ教	キリスト教	イスラム	人間主義
遊牧	南北アメリカ	インド	ミャンマー	中国	イエメン	アフリカ	中央・西アジア アフリカ	太平洋諸島
農耕	アフリカ 太平洋諸島	インド 東南アジア	インド 中国 日本 朝鮮	中国 東南アジア	西アジア	西アジア ヨーロッパ	西アジア アフリカ アジア	ギリシャローマ
産業	北米・ヨーロッパの対抗文化	インド 東南アジア	日本 朝鮮 インド 中国	中国 台湾	イスラエル、ヨーロッパ 南北アメリカ	ヨーロッパ 南北アメリカ 西アジア	北アメリカ ヨーロッパ	科学技術先進国
情報	ガイア ネオスフィア	ガイア ネオスフィア	ガイア ネオスフィア	ガイア ネオスフィア	ガイア ネオスフィア	ガイア ネオスフィア	ガイア ネオスフィア	ガイア ネオスフィア

「情報」という言葉で語ることも可能である。ここ二〇〇年くらいは、「産業文明」が科学技術を基にした人間中心の理念を推し進め世界を支配してきた。これに対して、さまざまな宗教的伝統がさまざまな反応を示した。現在宗教運動が復活しているということは、マルクスやフロイトの「宗教は死に絶える」という予言が誇張であったということを示している。現在の課題は、科学技術と人類の長年抱いている精神的理想とをいかにして和解させるかということである。

表1－1は、「宇宙論」「テクノロジー」「エコロジー」という文明の三つの側面を一つの表にまとめたものである。これらの三つの側面は文明のダイナミックスを全体的に理解するために必須である。誰しも文明を独占することは許されない。現在、遊牧(21)は世界でわずかしかおこなわれていないが、狩猟や群れ、そして音声文化は人類の歴史の九九パーセントを占めてきた。遊牧民は、火、車輪、家畜といった文明の形成にとって重要な貢献を成し遂げてきた。

およそ一万年前に農耕が発明されて以来、人間

(21)遊牧　原始的生活形態の一つ。一定の地を定めず一年を通して水および草生を追い、家畜を伴って移住する形態。

の集落は世界のいたる所にさまざまな価値体系に基づいたすばらしい都市と文化を作り出してきた。文明の灯《ともしび》が古代メソポタミアとエジプトからペルシャ、ギリシャ、中国、インド、イスラム諸国、近代ヨーロッパ、アメリカ大陸、そしてオセアニアへと伝えられてきた。文明間の相互交流はそれが戦争であったとしても、結果的には文明の進歩になっていた。比較的孤立していたマヤ(22)やインカ(23)文明は素晴らしい文明であったが、他の文明との交流がなかったために進歩が阻害されてしまった。歴史家トインビー(24)の視点を借りるならば、文明は生き物と同じで、それは生まれ、成長し、衰退し、滅びるのである。しかし同時に文明は、ちょうどキリスト教が宗教改革により復活したように、また現在ヒンズー教や仏教や儒教やユダヤ教そしてイスラム教や土着の文明が復興しているのと同じように復活させることは可能である。

　この表はまた人類が「情報（Informatic）文明(25)」と呼べる新たな文明にさしかかっていることを示している。歴史家によると、人間の文明は集落と農耕の発明により飛躍的な前進を成し遂げた。鍬などの農耕道具は「農耕文明(26)」を作り出した。知識を記録する方法としての「書き言葉」は農耕社会と文明を安定させ多様化させた。蒸気機関の発明により「産業文明(27)」の到来となった。「印刷」は最初の大量生産産業となりその後の大量生産産業のモデルとなった。「印刷」はまた知識を大衆化し、宗教的、政治的権威に対して個人の力を強めることとなった。

　このような見解は、強硬というよりも穏健な技術決定論(28)とみなされるかもしれない。レオナルド・ダ・ヴィンチの多様な才能が示しているように、発明家というのは時代よりもずっと先に進んでいるのである。技術革新のみが歴史を決定するとはいわないが、テクノロジーの時代になれば、テクノロジーが社会を、経済を、政治をそして文化を変えていくのである。それこそいま起こっている情報テクノロジー(29)による世界的な衝撃である。

---

(22) マヤ文明
三〇〇年頃から中央アメリカで栄えた特色ある文明。マヤ族によって形成されたため、マヤ文明と呼ばれる。天文・暦数・象形文字のような知的方面にすぐれている。

(23) インカ文明
南アメリカ大陸アンデス山脈を中心に栄えた文明。土器、金属製品・金細工などの物質文化がすぐれている。

(24) トインビー
（Arnold Toynbee）
（一八八九―一九七五）
イギリスの歴史家。歴史を規則性をもつ有機体の文明の生滅として捉えた。

(25) 情報文明
文中の説明を参照

(26) 農耕文明
文中の説明を参照

(27) 産業文明
文中の説明を参照

遊牧、農耕、産業文明

表1－2は、現在対立し、重なり合いながら存在している四つの文明の範囲を示している。少し補足説明をすると、表の中の年代は歴史的に意義の深い「分水嶺」を示している。この表は文明の四つの段階、そして、生産、正当性、社会秩序、そしてコミュニケーションの四つの様式を軸にしてできている。こうした分類は便宜的なもので、実際歴史においてこのようにはっきりと分かれたものでも、またばらばらでつながりのないものでもない。歴史は連続的なものであり、学問分野のようにきちんと段階や概念に分けられないものである。異なる社会システムは重なっていたり、隣り合っていたりするものである。

遊牧は明らかに人類の最初の生活形態である。人類学者がこれを「未開」と名付けているのは残念なことである。遊牧は厳しい環境に対する非常に複雑な適応の方法といえ、低地から高地への移動によって、乏しい自然資源を最大限にすること

表1-2　文明：歴史的変遷と連結

	遊牧文明（歴史の夜明け～現在）	農耕文明（紀元前8000年～現在）	産業文明（1750年～現在）	情報文明（1971年～現在）
生産様式：経済	狩猟・採集；家畜	農業・採掘	製造 サービス	知識産業
正当性の様式：統治	血縁	宗教	政治	経済
秩序の様式：社会	父系性、縄張り	多国籍農耕 国家；都市国家 封建制度	国民国家； 民族主義的産業 国家	超大国；多国籍企業 TMCs；IGOs AGOs；NGOs UNPOs
コミュニケーションの様式：技術アイデンティティーなど	肉声 祖先 移動 自然崇拝 呪術祝祭	書き言葉 宗教 地域 哲学	印刷 世俗 国家 イデオロギー	電子 地球 グローバル エコロジー

TMC：Transnational Media Corporation（多国籍メディア企業）
IGO：Intergovernmental Organization（政府間組織）
NGO：Non-governmental Organization（非政府組織）
AGO：Alternative Governmental Organization（代替政府組織）
UNPO：Unrepresented Nations and Peoples Organization（弱小国家・民族組織）

(28)技術決定論
技術革新が歴史を決定づけるとする考え方。

(29)情報テクノロジー（Information Technology）
コンピューターを中心とした情報通信技術全般をさす。

を可能にしている。

「人類誕生以来、その九九パーセントの時間、つまり今から八千年前まで、人類は食料を求め続けてきた。しかし探し方には大きな違いがあった。ある者は狩りや釣りそして貝を集めたりした。そしてある者は野草を集めた。しかし、社会の機構や政治組織、そして宗教やイデオロギーはおおむね共通であった。狩猟・採集社会は農耕社会の登場とともに衰退した。農耕社会は狩猟・採集社会を追い出したり、同化吸収したり、また変容させていった」(EBO, 2000)。

農耕社会では生産手段は主に家畜と農業であった。一万年前の農業革命により、狩猟・採集社会よりも技術的に優秀な社会ができあがった。農耕文明はまず世界の主要な入り江――肥沃な三日月地帯やナイル峡谷、インダス川、ドナウ川、黄河、そしてソグディアナ[30]――で発展した。農耕社会がうまく運営されると多国籍の農耕帝国へと発展した。これらの帝国は広大な領地、多民族、多言語、多宗教、多文化にまたがるグローバルなシステムの最初の例であった。初めの頃の帝国支配[31]は敵対する者の惨殺や改宗であったが、それでも帝国は寛容な政策を取った。たとえば、ペルシャのアカエメニッド王国(紀元前五五〇−三三〇年)がそれにあたる。シルス大王が紀元前五三八年にバビロニアを征服したとき、捕虜のユダヤ人を解放し、彼らがエルサレムに帰り自分達の寺院を作るように配慮した。シルス大王は宗教的、文化的に寛容な政策を始めていたのである。

寛容は今でも実用的な帝国支配の政策である。国民が法に従い、納税している限り、帝国は国民がそれぞれの宗教と文化を実践することを許して栄えたのである。しかし、宗教は帝国の正当性の源であると同時に抵抗の源でもあった。エジプト、ペルシャ、ギリシャ、ローマ、中国、インドと各帝国はおのおのの宗教的価値体系をもち、それにより帝王たちの正当性を作っていた。一方、ユダヤ教、キリスト教、イスラム教という三大宗教はその起源を支配や抑圧や搾取への抵抗運動に置いていた。キリスト教とイスラム教は後にビザンチン帝国(三九五−一四五三年)、アバシド帝国(七四九−一二五八年)、オットマン帝国(一三−一二〇

(30) ソグディアナ (Sogdiana)
Transoxianaとも言う。古代ペルシャ帝国の州名。

(31) 帝国支配
帝国主義による支配。帝国主義は、一国の政治的主権を強制的に他の諸民族の諸国家、諸領土に拡張し統制すること。

世紀）といった帝国のイデオロギーとなった。

約八千年前には「文字」が作られ、エジプトでは絵文字、メソポタミアでは楔《くさび》文字、中国では漢字、そして中央アメリカのマヤ帝国や南アメリカのインカ帝国でも「書き言葉」が発明された。狩猟採集から農業による定住へと変化したことによって、食料の余剰が生じ、それにより封建領主や学者や文筆業といった有閑階級が現れるようになった。古代の文字は石や粘土に刻まれていたが、紙の発明により文書、書籍そして図書館までもが可能になり、そこから知識が時空を超えて伝えられた。こうして、グローバル化は進み、帝国はすでに大陸をまたがるほど大きくなった。教会と国家双方による官僚統制は記録や伝達や命令には格好の媒体である「書き言葉」の発達により強化された。

その次に起きた技術革命は「印刷」で、それは帝国と文明の規模を変革した。グーテンベルグ[32]の前にもある種のものは中国や朝鮮で作られていたが、一五世紀につくられた機械式文字印刷はヨーロッパのその後の驚くべき発展につながった。その発展は一八世紀の産業革命[33]で頂点に達し、産業帝国の誕生となった。英語、フランス語、スペイン語といった民族言語の発展、近代国家、国民国家、そして大学の登場も印刷の発展に負うところ大である。印刷は知識を広め、ローマ・カトリック教会や君主の権威を破壊した。印刷はルネッサンスや宗教改革そして一七～一九世紀の科学と政治の革命の環境を生みだした。輸送手段の革命とともに、印刷によってヨーロッパは新旧両世界への植民地侵略が可能になったのである。

一七五〇年という年は便宜的に選ばれたもので、農耕から産業文明への移行の年を示すのにふさわしい年であろう。この年はイギリスの歴史でいわゆる「産業革命」と呼ばれるこの後一〇〇年間のスタートとなった年である。しかし産業社会になる前提条件はすでにそろっていた。たとえば、新大陸の発見、南アメリカからヨーロッパへの金の輸出、それに伴うヨーロッパ経済の金融化、世界貿易の拡大、そして、一七世紀に起きた科学革命などである。

コロンブス[34]が一四九二年に新大陸を発見して

---

(32) グーテンベルグ (Johannes Gutenberg)（一四〇〇―一四六八）
ドイツ人。一四五〇年頃、活版印刷術を発明。

(33) 産業革命
一八世紀後半イギリスで始まった、生産技術の道具から機械使用への変化に伴う産業・経済・社会上の大革命。

(34) コロンブス (Christopher Columbus)（一四四六―一五〇六）
イタリア出身の探検家でアメリカの発見者。西インド航路発見により、スペイン人による新大陸の植民地経営の発端を築いた。

世界の歴史は劇的に変わったのである。この年はちょうどイスラム教徒がキリスト教徒によってスペインから放逐された年でもあり、それまでとは逆に西洋が東洋を植民地化するプロセスの始まりであった。それ以来、文明の灯は徐々にイスラムからキリスト教徒へと譲り渡されることとなった。そしてその後農耕から産業社会への移行により、ヨーロッパ、アメリカ、ロシア、そして日本などがそれぞれ帝国を作り出した。

宗教からは分離した国民国家の台頭とともに、政治的正当性は国王のご託宣や宗教的法律ではなく、国民主権と国家による法律にその基礎を置いた。一方、印刷技術は学者、官僚、軍人といった宗教から離れた存在に力を与え、彼らの合理主義や科学技術主義が発展した。公共のコミュニケーションの場が増えたことによって、文字を読める人々は本や小冊子、新聞などを通して公共の問題を知ることができたので、それにより民主的な政治参加ができるようになった。印刷はまた議会制民主主義をも可能にした。ヨーロッパの国々は次々と選挙制度や議会制度を取り入れて政府に責任ある仕事をさせようとした。

しかしながら、産業帝国は、科学技術とマスメディアを媒介とした政治思想を浸透させることによって自らの破滅の種を蒔いていたのである。印刷、写真、映画、電信、電話、ラジオ、そしてテレビは両刃の剣であった。一方で、彼らは「白人の義務(35)」や「明白なる天意(36)」や「アジア人のためのアジア(37)」というスローガンの中に暗に帝国主義的なイデオロギーを広めた。しかしその一方で、自由主義(38)、ナショナリズム(39)、共産主義(40)といった政治思想を広めて植民地支配体制を破壊したのである。自由主義と共産主義はグローバル化志向のイデオロギーを提供したのに対し、ナショナリズムは主に帝国支配に対抗するローカル化志向のイデオロギーであった。二〇世紀のアジア、アフリカ、ラテン・アメリカに勃発したのはこのような政治勢力の衝突であった。それはマスメディアを用いた民族解放運動へとつながっていったのである。

---

(35)白人の義務(The White Man's Burden) 一九世紀イギリスの詩人キプリングの詩のタイトル。野蛮な有色人種を文明化するのが「白人の義務」であると唱えた。

(36)明白なる天意(Manifest Destiny) 二〇世紀の初頭、アメリカが全世界を文明化するのは必然であると唱えた時のスローガン。

(37)アジア人のためのアジア 日露戦争以降、日本軍のアジア侵略の基本となったスローガン。

(38)自由主義 個人の自由の増大のための社会的、経済的、政治的制度の確立と充実を目的とする思想。

(39)ナショナリズム 特定の「民族」「国民」あるいは「国家」を称揚しようとする思想。第2章注(36)も参照。

第四文明～情報文明

第四文明は第二次大戦後の現象である。それはさまざまな名前で呼ばれてきた。たとえば、ポスト産業社会、情報時代、マイクロチップ文明、デジタル時代、第三の波、リスク／知識／ネットワーク社会などである（Machlup, 1980 ; Bell, 1973, 1999 ; Porat, 1977 ; Toffler, 1980 ; Castells, 2000）。それぞれ独特の系統と価値がある。私は「情報（informatic）」を選んだ。これはフランス語の"informatique"から派生したものでコンピューターと通信産業の融合を示している。一九七一年のマイクロチップの発明により、コミュニケーション網のデジタル化が進み、農耕や産業社会とは異なる新たな技術的基礎を築いた（Tehranian & Tehranian, 1992 ; Tehranian, 1990, 1999）。

新たな文明の到来はいくつかの難問をもたらしている。だが疑問は答えよりも常に重要なものである。まず、情報革命はグローバル経済、政治、文化にどんな影響を与えたのだろうか？　政治においては、自由主義・共産主義・ナショナリズムの三巴《みつどもえ》のイデオロギー抗争が一九四五年から一九八九年までの冷戦時代の特徴であった。ヤルタからマルタまで(41)の時代では世界は三つの勢力に分かれ、それぞれの世界観と戦略をもっていた。自由主義は西側諸国が、共産主義は中国とソ連が保持し、ナショナリズムは第三世界のものであった。一九八九年に冷戦が終結し、一九九一年にソ連が崩壊すると、新しいまったく違ったグローバル化の時代に入ったのだった。ソ連の崩壊は部分的には情報経済と政治にうまく乗れなかったことが原因している。情報文明はいくつかの点で、それまでの時代の資本主義とは異なっている。その特徴はその経済システムがある国や大陸に限られていないグローバルな規模のもので、世界全体に影響を与えるシステムであるということである。それゆえ、この新しい資本主義を「汎・資本主義(42)」（Pancapitalism）と呼ぶ。その特徴をいくつか述べよう。

①「汎・資本主義」の規模はグローバルである

資本主義は常に国際的であったが、ソ連の崩壊

---

(40)共産主義
マルクス＝レーニン主義の思想、運動およびその理想とする社会体制。

(41)ヤルタからマルタまで
ヤルタ会談（一九四五年二月）からマルタ会談（一九八九年一二月）までの米ソ冷戦期をさす。

(42)汎・資本主義
文中の説明を参照。

や東欧、中国の自由貿易・投資への参入により、新たなグローバル経済が出現した。三七〇〇〇もの多国籍企業[43]と多国籍メディア企業が新たなグローバル市場で活動している。そのうちトップ一〇〇の企業が市場を支配している。彼らは世界中に散らばっている株主のために忠実に仕事をしている。多国籍企業はその資本、投資、雇用に関して多国籍であり、国籍は無関係である。生き残りのためには、彼らは国境や国益を超えた世界戦略が必要である。彼らは国家としばしば対立するが、国家への協力や国家からの協力を得ることが必要になる。多国籍企業は常に税金や賃金や政府の規制が少なくてすみ、利益が最も上がるところをつきとめようとしている。国家主権は領土に限定されるが、企業の主権はグローバルなのである。

②「汎・資本主義」は情報資本主義を育てる

汎・資本主義の経済力はグローバルな輸送、通信、情報システムに依存しており、このシステムにより多国籍企業は意思決定を集中化できると同時に、企業活動を分散化することもできる。さらに、多国籍企業の勢力は研究開発や特許、免許、著作権を支配することにより世界の大企業を支配することにより左右される。現在TRIPS[44]という組織によって、情報と知識の世界に向けての公開は厳しく規制されている。情報資本主義は地域とは無関係になっているという点で産業資本主義とは異なる。多国籍企業は政情が安定していて高い利益が見込まれるところにいつでも出かけることができる。一つの部品がいくつもの国で分散して製造されていることもよくあるが、商品の製造はしばしば税や規制の少ない所で行われている。政府の規制が届く所もあるが、多国籍企業は先進国、特に二九のOECD[45]諸国と結託して中・小規模諸国を意のままにしている。世界の企業の半数以上は実際多国籍企業なのである。

③「汎・資本主義」は開発の不均衡を生み出す

汎・資本主義システムが急速な経済発展を促したことは明らかである。それは資本や科学技術や経営方法を先進地域から後進地域に移転したことにより成し遂げられた。このプロセスを経

(43)多国籍企業（Multinational Corporations）文中説明を参照。

(44)TRIPS「知的所有権の貿易関連の側面に関する協定」（Agreement on Trade-Related Aspects of Intellectual Property Rights）の略称。

(45)OECD「経済協力開発機構」。経済の安定成長と発展途上国援助の促進、貿易の拡大自由化を目的とする国際協力機関。

て、汎・資本主義は開発の不均衡を招いた。自由主義市場経済のもとでは、中央は周辺を、富める者は貧しい者を、そして情報リッチ(46)は情報プア(46)を疎外するのである。国際連合の「人間開発報告書」はこういった不平等を最もよく記録している。世界の富の分配は異常に偏っている。上位の五分の一の富める者が全収入の八二・七%を得ているのに対し、下位の五分の一の貧しい者はたったの一・四%を得ているにすぎない。

④「汎・資本主義」はヤヌスのような二面性がある。民主的でかつ支配的である

帝国主義の歴史は軍事的制圧と植民地支配である。しかし、西洋においては資本主義は政治闘争を経て民主主義体制を生み出した。ポスト植民地時代(47)においても、開発途上国に資本主義が根付いたことにより、政治的な自由を求める中産階級が誕生した。一方、汎・資本主義体制はしばしば軍事政権を支持したり、作り出したりしてきた(例:イラン、フィリピン、インドネシア、チリなど)。しかし冷戦後は、汎・資本主義はキューバや中国、イラン、イラクなどでの人権問題の解決にまわった。汎・資本主義が「支配」と「民主」の両面をもつことは否定できず、それは二一世紀でも続くであろう。その結果はそれぞれの土地における政治闘争にかかっているとはいえ、人々がどれだけ汎・資本主義のもつ矛盾を自分達の利益につなげられるかによるといえる。

すでに二〇世紀の思想家のなかに、対立を乗り越え連帯を深めるような人間的な地球文明の建設の兆しが見えていた。ジェームズ・ラブロックの「ガイア(48)」論は「宇宙船地球号(49)」という新しい宇宙観を提供している。宇宙飛行によって生命のない広大な宇宙においてこの命の脈打つ生きている惑星の住人は共通の運命をもって生きていることがわかった。同時に、グローバルな問題が顕著になっている。その問題とは、大量殺戮のための武器の偶発的または計画的な使用、核使用による核の冬、酸性雨、地球の温暖化、環境の疲弊と汚染、人口爆発、そして高齢化などである。ピエー

---

(46)情報リッチ・情報プア
詳細は第5章 注(5)参照。

(47)ポスト植民地時代
植民地支配が終わり、各地域が独立を得た時代。西欧諸国の間接的支配が続いているという議論もある。

(48)ガイア
「ガイア」とは生物圏を支える地球全体のこと。

(49)宇宙船地球号
地球を一隻の宇宙船に見立てた言い方。人類は運命共同体であるという意識。

ル・ティールハード・デ・シャルディンの「ネオスフィア(50)」(Neosphere)という概念は、新しい地球文明の基盤を作るために情報、知識、知恵を分かち合うことを気付かせてくれる。マハトマ・ガンジー(51)の「サチャグラーハ(52)」は「真実の力」は普遍であり、かつあらゆる暴力——物理的、経済的、政治的、文化的——に対抗する「絆」になりうるのである。

つまり、文明の衝突ではなく対話こそがグローバルな問題を解決する生産的で平和的な方法である。

おわりに

これまでの議論に基づき、結論を次のようにまとめてみる。

①文明とは神話であり、そこには重要な伝統と価値ある高度な制度が含まれている。

②おのおのの文明にはおのおのの宇宙観とその環境にふさわしいテクノロジーがあるので、文明は人間の生存と進歩にとって貴重な手段である。

③文明間の交流によって、人間の進歩の灯《ともしび》がある地域の人々から他の地域の人々へと伝えられた。

④新しい地球文明が登場しており、それは情報テクノロジーが原動力になっており、世界中を巻き込んでいる。

⑤第四文明はグローバルな問題に直面している人類の共通の運命に適合した宇宙観を必要としている。

最後に一つ質問をしよう。われわれは過去を学ぶことで、落とし穴を避けるための知識を作り出せるだろうか? 学習にもさまざまな種類があり、蓄積的、再生産的、変革的な学習がある。文明の進歩の大部分は蓄積的学習によるもので、前の世代から受継いだ科学技術知識を蓄積したのである。また、さまざまな困難に遭遇し、どの世代も過去の世代の教訓から学んだ。これが再生産的な学習である。しかしながら、時の経過と状況の変化により、時には技術革新と同じくらい大規模な精神的変革が必要となる。これが変革的学習である。それは過去において偉大なる精神的指導者がもたらしてくれた学習である。

---

(50) ネオスフィア
本章の著者テヘラニアン氏によると「地球の大気圏と同様な知識圏が文明の進歩と共にできあがる」という。

(51) マハトマ・ガンジー(Mahatma Ghandi)(一八六九—一九四八)
無抵抗・非暴力を唱え、インド独立運動を指導した思想家。

(52) サチャグラーハ
ガンジーの造語で、「サチャ」は「真理」、「グラーハ」は「把握」の意味。悪との対決を示す。

われわれはいま新たな文明の始まりにさしかかっており、その文明は、ガイアに育まれながら「宇宙船地球号」に乗って運命共同体の中を生きていくための新たなビジョンを必要としている。しかし、残念なことにそのビジョンが人類の認識の狭さに邪魔され見えにくくなっている。

一三世紀ペルシャの詩人ジャラルディン・ルーミー[53]はそのことをこう言った。

『宇宙のすべての素粒子が
昼も夜も、人類に話しかける。
我々は見て、聞いて、喜んでいる、と。
だが、よそ者の人類にとって、
我々の声は聞こえない。』

練習問題

1. コミュニケーションの媒体（メディア）と文明の進化の関係性を述べなさい。
2. 筆者の文明の概念はどのようなものか、述べなさい。

引用・参考文献

Bell, D.（1973 & 1999）*The Coming of the Post-Industrial Society: A Venture in Social Forecasting.* New York: Basic Books.

Castells, M.（2000）*The Information Society: Economy, Society, and Culture*, Vols. 1-3. Oxford: Blackwell's Publishers.

Chardin, T. de（1965）*The Phenomenon of Man*, with an introd. by Julian Huxley. New York: Harper & Row.

EBO（2000）"Primitive culture" *Encyclopaedia Britannica Online.* <http://www.members.eb.com/bol/topic?idxref=314167>[Accessed 25 December 2000].

Elias, N.（1982）*The Civilizing Process*, translated by Edmund Jephcott with some notes and revisions by the author. New York: Pantheon Books.

Freud, S.（1930）*Civilization and its Discontents*, translation by Joan Riviere. London, L. & Virginia Woolf at the Hogarth.

(53) ジャラルディン・ルーミー (Jalaluddin Rumi)
一三世紀ペルシャの詩人。

Huntington, S. P. (1996) *The Clash of Civilizations and the Remaking of World Order*. New York: Simon & Schuster.

Khomeini, R. A. (1981) *Islam and Revolution*, translated and annotated by Hamid Algar. Berkeley, CA: Mizan Press.

Lovelock, J. (1988) *The Ages of Gaia: A biography of our living earth*. New York: Norton.

Machlup, F. (1980) *Knowledge, its Creation, Distribution, and Economic Significance*. Princeton, NJ: Princeton University Press.

Porat, M. (1977) *The Information Economy*. Washington: U. S. Department of Commerce, Office of Telecommunication Policy.

Rousseau, J. J. (1968) *The Social Contract*. New York: Penguin Books.

Said, E. W. (1978) *Orientalism*. New York: Pantheon Books.

Tehranian, M. (1990) *Technologies of Power: Information Machines and Democratic Prospects*. Norwood, NJ: Ablex Publishing Corporation.

Tehranian, M. (1999) *Global Communication and World Politics: Domination, Development, and Discourse*. Boulder: Lynne Rienner Publishers.

Tehranian, K. and Tehranian, M. (Eds.) (1992) *Restructuring for World Peace: On the Threshold of the 21st Century*. Cresskill, NJ: Hampton Press.

Toffler, A. (1980) *Third Wave*. New York: Bantam.

原著論文名：Majid Tehranian (2001) *Fourth Civilization : Globalization of Culture and the Culture of Globalization*. Paper presented at the Ministry of Culture and Islamic Guidance Conference in Tehran, Iran, January 9-11, 2001.（翻訳：津田幸男）

2

「対話」と普遍主義
文化相対主義への視線

関根久雄
（筑波大学 社会科学系）

はじめに

一般にあまり知られていなかったが、二〇〇一年は国連「文明間の対話年」（以下、「対話年」）であった。これは、異なる文化的背景をもつ人々の間の相互理解や包容力を、思想、ビジョン、抱負などの積極的な交流を通じて深めていけるような対話を促進することを目的に、一九九八年の国連総会(1)で決議された。

この国連決議のきっかけとなったのは、一九九三年にハンチントン(2)（Huntington, 1993）によって提唱された「文明の衝突」(3)論である。これは、冷戦終結後の国際社会における最大の課題は「文明」（civilizations）(4)の違いであり、その差異の境界線（彼は「フォルト・ライン」と呼ぶ）を乗り越えた相互理解は不可能だとする、人間社会の将来に対する悲観的な見方である。ハンチントンは、冷戦後の世界を八つの文明圏に分類し、文明圏が異なると、経済的、政治的諸活動などにおける差

(1)国連総会
全加盟国で構成され、各国が一票をもつ。安全保障問題や政治、経済、社会、文化、教育、保健分野における国際協力の促進を勧告する。

(2)ハンチントン
(Samuel P.Huntington)
（一九二七－）
ハーバード大学教授、専門領域は、政治学、戦略論、国際関係論などで、アメリカ政府の安全保障政策担当

異を表面的には克服できたとしても、双方の利害関係が希薄になったところでは、相互的な協力関係は実現し得ないという主張をする。とりわけ彼は、これらの文明を「西欧」(the West)と「非西欧」(the rest)に大別し、これまで世界の政治および経済を主導してきたキリスト教的伝統をもつ西欧圏と、その西欧に対抗して西欧との経済的・軍事的バランスをはかろうとしたり、逆に西欧の社会状況に近づき「仲間入り」しようとする「非西欧」圏との間に、さまざまな対立関係が存在することを指摘している。

「文明の衝突」論に対してはさまざまな異論(5)があるものの、大きな反響を呼んだ。このことは、冷戦後の時代に急激にクローズアップされた「文化」を背景にした紛争や対立などの諸現象に対する解釈のあり方や、それに対する今日的対応の方法に国際的な関心が集まっている証左ともいえる。また、皮肉にもその「対話年」の九月に、アメリカでイスラム原理主義勢力(6)によるとみられる同時テロが発生した。旅客機がニューヨークの超高層ビルに突入する衝撃的な映像は、「衝突」をめぐる議論を再燃させるに十分な事件であった。

本章では、「差異」を越えた対話を支える普遍的原理・価値観を模索しながら、現代における「対話」の枠組みをさぐることを目的とする。

「差異」はどこにあるのか

新植民地主義の時代

ウォーラーステイン(7)(Wallerstein, 1974, 1979)は、一六世紀以後の世界のあり方を、主として経済的側面から次のように位置付け、それを「近代世界システム」(8)、「資本主義世界経済」と呼んだ。

「それは、広範な領域に広がる単一の分業体制と多様な文化システムを含む国民国家間システムであり、ひとつの国家として政治的に中央集権化されているわけではないが、経済的には中心—半周辺—周辺という三つの「地域」(9)からなる構造のもとに中央集権化され、中心地域の人々によって支配されている。この三層構造において、国や地域は三つの「地域」の間を移行し、

部門に関わったこともある。

(3)「文明の衝突」論
文中の説明を参照。

(4)「文明」
ハンチントンは、最も広い文化的なまとまり、人のもつ文化的アイデンティティーの最も広いレベルを構成するものと位置付ける。

(5)たとえば、「文化と文明概念の混同」「文明圏の設定があまりに大雑把で、図式的すぎる」などがある。詳しくは、(鈴木、一九九九)を参照。

(6)イスラム原理主義勢力
元は原初期のイスラムの慣行に立ち返ることを主張する人々をさしたが、欧米社会による原理主義脅威論の台頭に伴い、過激派やテロリストと同義に用いられる傾向にある。

(7)ウォーラーステイン
(Immanuel Wallerstein)
(一九三〇—)
アメリカの社会学者。一五

自らの所属を変えうるが、その基本構造自体は変わらない」。

多くの非西欧社会は、西欧諸国の植民地（以下では、旧植民地を「新興諸国」と呼ぶ）に編入される前後にそのシステムに統合され、独立とともに「中心国（あるいは地域）」のための分業を担う「周辺国／半周辺国」としての地位を継承した。今日、その中心国の中核を占める国がアメリカであることはいうまでもない。そしてさらに、上記の三層構造（中心と周辺関係の連鎖）に、国民国家だけでなく国際機関やNGO／NPO(10)などが付加的に加わり、システムの全体像を形成している。

新興諸国はその脱植民地化過程において「近代化(11)」を指向する政策をとった。その過程は、ギデンズ(12)（Giddens, 1990）の言葉をかりると、「社会的相互行為の関係をローカル（局所的）な文脈から『引き離し』、時間と空間の無限な広がりのなかに再構築すること（脱埋め込み(13)）」を意味する。つまり、経済を工業化し、人間と社会全体を西欧化させ、地球規模の単一の資本主義システム（近代世界システム）に統合できるよう編成し直されていく過程である。したがって、それらの国々の内部に存在する伝統的諸要素は、規則的成長を約束すると考えられた近代的諸要素に吸収され、変容されなければならなかった。概して植民地時代に十分な民族資本や担保能力は形成されておらず、独立後も外国からの援助や投資を必要とする従属的構造が継続されたのである。

このように、植民地状態から独立を果たした後でも、旧宗主国(14)や世界システムにおける中心国との間で以前と同様の階級構造、経済的従属、搾取が継続している状況を、ここでは「新植民地主義」（Neo-Colonialism）(15)と呼ぶことにする。

過去の植民地支配は、植民地の物質的・精神的後進性を緩和し改善することを目的とする「救世主的イデオロギー(16)」によって正当化されていた。第二次世界大戦後の脱植民地化（近代化）過程において、世界システムの中心国（いわゆる先進国）から新興諸国へ向けておこなわれた開発援助や投資は、そのイデオロギーが政治や経済の実態とは別物であったことを認識したうえで、「経済的に低

世紀に始まり現在に至る社会システムを近代世界システムと呼び、国家の枠組みを超えて広がる資本主義世界経済の歴史および構造を明らかにした。

(8) 近代世界システム　文中の説明を参照。

(9) 自由な賃金労働と工業生産が比較的優越する「中心地域」、歴史的に何らかの強制労働に基づくプランテーションの存在が目立つ「周辺地域」、両者の緩衝地帯としての「半周辺地域」。周辺は絶えず中心の搾取にあい、換金作物栽培などの「開発」がおこなわれるが、それによって中心地域が発展するのとは対照的に「低開発」状態がもたらされる。

(10) NGO／NPO　Non Governmental organization, Non Profitable Organization の略。非政府組織、民間非営利団体のこと。これらはほぼ同じ意味

い収入、劣悪な生活環境を改善するための人道主義的、理想主義的試み」（Bennett, 1988）として位置付けられた。しかしそれにもかかわらず、援助する側（アメリカや日本などの中心国）の動機は、実際には冷戦下のイデオロギー的対立(17)や新興諸国における資源と市場の獲得を意図した経済戦略に他ならなかった。それらの国々は、政治的にも、経済的にも、世界システムにおける役割として中心（あるいは半周辺）国への従属を余儀なくされてきた。

　中心国とそれ以外の国々との富の不均衡状態は、いわば国際社会（システム）における当然の帰結であった。その状況は、ＷＴＯ（世界貿易機関）(18)などを主舞台にした貿易の自由化傾向やＩＭＦ（国際通貨基金）(19)が非中心国に課す構造調整プログラム(20)などによって、結果的にさらに固定化されている。そのことに関連して、近年では新興諸国の抱える対外債務(21)を帳消しにすることを求める市民運動が活発である。一九九九年にドイツのケルンでおこなわれた主要国首脳会議（サミット）(22)ではその問題が議題として取り上げられた。その後の進捗状況を危惧する声もあるが、従来の姿に変化の兆候がみられたことは記憶に新しい。

インド・ナルマダ・ダム建設プロジェクトの事例から

　新植民地主義的状況は、国家間の関係としてだけあるのではない。新興諸国の国内においても、都市在住エリート層(23)や地主層とそれ以外の人々（特に少数民族）との関係に同様の植民地的関係が見出される。そのような国内格差の拡大を内的植民地主義（internal colonialism）(24)と呼び、新植民地主義的状況の主要な構成要素としてある。その点について、具体的に一九九〇年代以来インドで紛争化しているダム建設計画を例にみてみよう（鷲見、一九九〇：真実、二〇〇一）。

　一九九一年三月六日、インドのボンベイ＝アグラ国道にかかるカルガート橋上で、約一万二〇〇〇人の人々の座りこみがあり、橋が二七時間封鎖された。それは、「ナルマダ川広域開発構想」の一つ、サルダル・サロバルダム建設計画に反対する地元少数民族、支援組織による抵抗運動であった。

で使われるが、ＮＰＯは営利活動と一線を画していることを明確に表現するために使われていることが多い。

(11) 近代化　欧米を発展のモデルとして、人間と社会全体を欧米化させて編成し直してゆく過程のこと。

(12) ギデンズ（Anthony Giddens）（一九三八― ）イギリスの社会学者で、マルクス、デュルケーム、ウェーバーの諸理論において用いられてきた諸概念を、現代の社会理論としての再構築を試みた。

(13) 「税埋め込み」　ギデンズの提示した概念で、社会的諸関係が地域内で完結していた（埋め込まれていた）状態を逸脱して構築されること。

(14) 旧宗主国　特定の領域を植民地として

この計画は、インド第二の大河であるナルマダ川に、半世紀をかけて三〇基の大規模ダム、一三五基の中規模ダム、三〇〇〇基以上の小規模ダムを建設し、灌漑、家庭・工業用水の供給、水力発電をおこなうというものであった。またこの計画のためには、ナルマダ川流域の森林三五万ヘクタール、農地二〇万ヘクタール、一〇〇万人の移住が必要であった。

ナルマダ川流域には約二〇〇〇万人が居住しており、そのうちの約半数が少数民族であった。彼らは、焼畑(25)が禁止されてからは、基本的には定住農耕による自給自足的かつ換金作物栽培、あるいは単純労働を通じて生計を立てていた。そこでは、伝統的に小規模灌漑の歴史が長く保持されていた。しかし、イギリス植民地時代にその伝統的価値は無視され、大規模な近代的灌漑が導入された。

ナルマダ川は、地域住民だけでなくインド国民にとって信仰の対象である。神話に登場する「ナルマダ」は今日に至るまで処女のままとされ、純潔の象徴としてみなされる。ガンジス川（ガンガー）では沐浴によって罪業を洗い流せるが、ナルマダ川では川を眺めながらその名を唱えるだけで身を清めることができるといわれる。いずれにしても、ナルマダ川流域の肥沃な土地における非集約的農業に依存し、川自体を精神的な支え、日常生活における手段としていたのが、地域住民、特に社会の底辺層に属する人々であった。

インドは、独立直後から重工業優先の経済建設を進めた。工業向けの電力を供給するために大規模ダム群の開発は不可欠と考えられ、故ネール首相(26)もそれをインドにおける近代化達成のための重要施策と位置付けた。さらに、一九六〇年代から実施された「緑の革命(27)」により大規模灌漑の必要性がますます増加し、農業の近代技術への依存が助長された。それに伴う高収量品種(28)、化学肥料、農薬、農業機械の導入によって貨幣経済は一層浸透し、こうした生産手段にアクセスできない貧農の没落を招き、貧富の格差が拡大した。インド政府はじめ開発推進者は、ナルマダ・ダム建設計画によって、少数民族が移住によって新しい土地で近代的な暮らしが可能になることを強調し

所有する国家。一九世紀から二〇世紀の時代に限定すれば、イギリス、フランス、ドイツ、オランダ、アメリカ、スペイン、ポルトガル、日本などがこれに相当する。

(15) 新植民地主義
文中の説明を参照。

(16) 救世主的イデオロギー
非欧米地域の社会状況を欧米的価値観に基づいて判断し、独善的使命感によってその状況を改善しようとする行為や思考を正当化する論理。

(17) 冷戦下のイデオロギー対立
アメリカと旧ソビエト連邦という二つの超大国間の敵対関係が一つのネットワーク・システムとして世界を網羅した状態を冷戦と呼ぶ。基本的には資本主義と社会主義との間の対立として把握される。

(18) WTO
一九九五年にガット（関税

た。伝統の否定、「後進性」からの脱却を主要な論拠とする「近代化論[29]」が、この計画の原動力になっていたのである。

インド政府だけでなく、計画に対する主導的な資金拠出機関であった世界銀行[30]は、集約的な耕作の実施による年間七〇万人の雇用や飲料・工業用水の供給など、その便益の大きさを強調した。しかし、大規模潅漑がおこなわれても、土地配分の不平等が是正されない限り、プロジェクトの恩恵は既得権益のある富農層の手中に帰してしまうなど、その宣伝内容に疑念を抱く声も多かった。さらに、ダム建設に伴う水没村落民の強制移住、不毛な代替地の提供、森林水没による生態系破壊、国家機密法適用によるダム・サイトの立入禁止化、それの「違法者」へのスパイ容疑逮捕、反対運動への強権発動などもおこなわれた。

この状況を受けて、一九九〇年に日本政府は資金援助を凍結し、世界銀行も一九九三年に支援を凍結した。しかしインド政府は、その後も独力で一連のダム建設計画を進めている（真実、二〇〇一、八五—八六）。アメリカや日本の民間企業のなかには、受注を通して当該プロジェクトへの関わりをもち続けているところもある。

冒頭の反対運動の中心人物で、インド国内における著名なソーシャル・ワーカー、ババ・アムテは、現在おこわれている開発と称される行為が、開発ではなく「破壊」なのだということを強調した。そして、「人民を尊重し、人民を信頼し、人民の利益となるような新たな開発政策を求めて戦う」（鷲見、一九九〇、二〇四）ことを宣言した。それは、「上からの」大衆を無視した開発ではなく、民族的、文化的特性を活かした開発を意味していた。

「中心」と「周辺」：近代における差異

以上の内容を概観すると、政府、地主、資本家層と小規模・零細農民や少数民族は、相互に結合することなく重層化した「非接合」の状態にある。前者が大規模ダムプロジェクトや「緑の革命」を推進することは、巨大な資金、近代技術、機械、化学肥料を獲得するために、海外の「中心諸国」に従属し続けることを意味する。同時に前者が国内の「中心」となって後者を「周辺化」し、従属

および貿易に関する一般協定）が終結し、それに伴い国連の関連機関の一つとして設立された。

(19) ＩＭＦ　一九四五年にブレトンウッズ協定に基づいて設置された国連機関で、貿易やその他の金融取引に必要な比較的短期の資金の融通を目的とする。

(20) 構造調整プログラム　ＩＭＦや世銀による市場経済メカニズムに依拠した一連の経済改革政策。途上諸国に対するマクロ経済安定のための融資条件を厳しく設定したため、社会的諸問題が頻発した。

(21) 対外債務　国家が外国政府のＯＤＡ（政府開発援助）や、ＩＭＦ・世銀などからの公的債務、外国の民間銀行からの借り入れによって抱える債務の総称。

(22) 主要国首脳会議

させる関係も発生しており、人権、文化、環境といった経済外的課題も深刻化している。

本章の冒頭で述べた「対話年」は、異なる文化を背景にもつ人々の間の差異に注目していた。その差異は、いわゆる近代の文脈においては、国家や組織、階層、民族、個人などさまざまなレベルの社会関係における中心的存在とそれに従属する（あるいは、従属せざるをえない）周辺的存在との間で、複合的に顕在化する。近代の文脈における各主体（国家、組織や民族など）は、文脈に応じて「中心的」、「周辺的」双方のカテゴリーの間を移動するのである。そしてその関係における差異は、近代の生成および展開が西洋諸国による植民地主義や新植民地主義と不可分の関係にあることから、西洋の「ローカル」な論理や独特の政治的、社会的、経済的、宗教的組織や伝統（知の体系、行動原理、価値観など）を基礎にする「文化」と、直接それとの連続性をもたない「文化」との間にあらわれる。特に前者は、「市場経済」と「民主主義」の概念を用いてその差異の関係を支配し、後者を含めた全体世界における普遍的原理として存在する。しかしそれは、「中心」でこそ有効であっても、それに従属する社会や人々にとっては同様の効果は期待できず、現実にさまざまな政治的、社会的、文化的問題を生み出していることは、ナルマダ・ダムの事例で示した通りである。「中心」に偏向した普遍原理は、必ずしも両者間の「対話」を成立させるものとして機能しているわけではない。

文化相対主義と「普遍」

一九九二年頃から、文化人類学者以外の人々からも、従来のイデオロギーのように自己を絶対視してそれを世界的に普遍化しようというのではなく、多元的な文化の相互承認を志向する、相対化の視座の必要性を指摘する声が聞かれるようになった（坂本、一九九七）。現代における「中心」と「周辺」の真の「対話」を可能にする普遍的原理について考える一つの手がかりとして、相対主義に着目してみよう。

人類学者のハースコヴィッツ（Herskovits, 1948

一九七五年から先進工業諸国間のもちまわりで年一回開催される。開始当初は「経済サミット」の様相を呈していたが、次第に政治問題も含めて議論されるようになった。

(23) 都市在住エリート層
主として西欧的な近代教育を受けた高学歴者で、国家の官僚機構やビジネス分野に進出している人々をさす。

(24) 内的植民地主義
文中の説明を参照。

(25) 焼畑
森などの草木を焼き、残った灰を肥料として雑穀イモ類を栽培する方法。同じ土地で数年間耕作した後別の土地へ移動し、適当な休耕期間をおいて再利用する。

(26) ネール首相
対英独立運動を主導し、独立後初代首相に就任した。国際政治の舞台では非同盟主義を提唱した。

,63）は、文化相対主義(31)を次のように定義付ける。「価値判断は経験を基礎としており、経験はある人自身の文化化（en-culturation）(32)において各個人によって解釈されるものである。したがって、あるひとつの文化に基づく価値判断を一般的な方法で他の文化全般に適用することはできない。価値判断はそれが生まれる文化的背景に相対的である」。さらに、「自然界の諸事実でさえも、文化化のスクリーンを通じて個人によって認識される。ゆえに時間・距離など、『現実』についての認識は、当該集団の慣習に導かれる」。この原則では、複数の社会の間で「進歩」の度合いを論じることは、同一の文化内であれば可能であるが、異文化同士で作用する普遍的基準は存在せず、それは不可能であるという。

文化相対主義は、一九世紀以降の植民地主義的時代状況と切り離して考えることはできない。それは、植民地主義がある一つの文化（西洋文化）に基づく価値判断を他の文化に強制するエスノセントリズム（自文化中心主義 ethnocentrism）(33)であると主張する反植民地主義的立場として登場した。

一九世紀は進化主義思想の時代であり、スペンサー(34)の社会ダーウィニズム（生物進化にみられる自然淘汰を人間社会にもあてはめて考えた）やモルガン(35)の文化進化説（西欧の文化を頂点に、各文化をそれに近いか遠いかの度合いに応じて単一のスケール上に配置できると考えた）などが唱えられた。それに対してアメリカの人類学者ボアズ（Boas, 1940）は、アメリカ先住民などの調査を通じて、類似の民族的現象が異なる原因に発した要素をもとに発展してきたことを知り、すべての人々が、特定の文化から独立した普遍的基準にしたがって生活しているわけではないことを指摘した。進化主義はいわば「類似性」を強調していたが、ボアズは「（優劣の対象としてではない）差異」や「多様性」を強調したのである。文化相対主義は、このようなボアズの進化主義批判（あるいは西欧中心主義的普遍主義批判）の主張を由来とする。

しかし、文化相対主義を価値理論として捉えるとき、原理的な矛盾が生じる。ジャーヴィー

(27)緑の革命
国際稲作研究所などで開発された高収量品種が途上国に導入され、一九六〇年代以降米や麦などの生産量が飛躍的に増加した現象のこと。

(28)高収量品種
緑の革命に含まれるものは、日長変化に対する反応が小さく、短桿で、生育期間が短い品種。

(29)近代化論
西欧社会をモデルとする単系的発展段階論。すべての社会は工業化に伴う社会構造の変化を経て西欧化が実現すると想定された。

(30)世界銀行
一九四四年に設立された国連の特別機関。当初、戦後復興を目的に設立されたが、現在は途上国に対する経済援助（貸付）に重点がおかれている。

(31)文化相対主義
文中の説明を参照。

(Jarvie, 1984,80-81) は、相対主義の問題は倫理的判断についてのものではないと述べる。つまり、あらゆる価値判断は、すべて倫理的、非倫理的双方の側面をもつものである。倫理的不一致を解決するための通文化的規範原理は存在しえず、両者は衝突するだけであり、最終的に優勢となった側（勝者あるいは大多数派）が「正当」となる(Schmidt, 1955, 172)。つまり、異なる文化同士による倫理的不一致は、価値理論としての文化相対主義によっては解決されえず、対話の停止を招くことになる。それは、文化相対主義自身が攻撃していたエスノセントリズムに自ら陥ることを意味する。ある国家が「独自の文化」を盾に自らを主張したり、相対主義的言説をナショナリズム(36)へ収斂させていく状況は珍しいことではない。

しかし文化相対主義は、すでに述べたように、非西洋的他者も文化的に異なる存在として認識されうることを念頭において、反植民地主義、いいかえると反エスノセントリズムの思想として登場したものである。対話の停止よりもむしろ、西洋と非西洋との「対等な対話」の促進を念頭においていたはずである。文化的他者の価値を認めない上記のエスノセントリズム的相対主義(37)は、実際のところ（エスノセントリズムの）普遍主義であるか、単なる排他主義あるいは孤立主義にすぎない。「真の」文化相対主義がエスノセントリズムに明確に対立する点は、強調されるべきである。その点に関連して浜本（一九九六、九二）は、個々の文化的他者にそれぞれの全体性を認めようとする文化相対主義と、単一の全体性を追求する普遍主義とが基本的に同根であることを指摘したうえで、次のように述べる。

「相対主義は、普遍主義を特徴づけていた単一の全体性への希求は、もちろん共有していない。が、それは捨て去られたわけではない。他者をどんなに異質な存在として捉えようと、あくまでも自分たちと同じ全体性を共有していると暗黙に想定されているからこそ、共通の足場を求めての自己相対化にも意味がある。単一の全体性は、自己相対化を支える背景の位置に退いているだけなのだ」。

近代における複合的な「中心」と「周辺」の関

---

(32) 文化化
個人が、自分の生まれた社会の文化を習得する過程。

(33) エスノセントリズム
文中の説明を参照。

(34) スペンサー (Herbert Spencer)（一八二〇―一九〇三）
一九世紀後半期におけるイギリスの思想界に指導的役割を果たした科学者。モルガンとともに当時の文化進化説を主導した。

(35) モルガン (Lewis H. Morgan)（一八一八―一八八一）
一九世紀後半期に活躍したアメリカの人類学者。主にアメリカ先住民の親族名称体系を手がかりに、文化の一系例的な進化論を唱えた。

(36) ナショナリズム
人々を国民国家（nation-state）に組織し、統合しようとする理念的な力、政治運動。

係を包みこむ「対話」と密接に関わるはずの「普遍」は、反エスノセントリズムという条件が付随する限り、文化相対主義に矛盾しない。いわばそれは、新植民地的状況の反省のうえにたつ「反エスノセントリズムの普遍主義」ともいえるものである。それは、一種アクロバティックな状況ではあるが、第2節で述べたような「中心」に偏ったエスノセントリズム的普遍主義が「対話」を実質的に成立させていないとすれば、それを真の「対話」に必要な枠組みとして想定することは不可能ではない。そのような「普遍主義」のために、文化相対主義を積極的に追究していく姿勢が不可欠なのである。

フィジーの首都スヴァ市中心部。都市はどの国においても画一的な西洋的特徴を備える（筆者撮影）。

今日、近代において育まれた諸システムや価値観を度外視して社会生活を想定することは不可能である。大野（二〇〇〇、四）は、新興諸国の経済発展について、「既存の国際システムに参加する形でしか経済発展を考えられないのが現実であり、後発国（新興諸国）にとっては受け入れざるを得ない事態」と述べる。「中心」による単一の全体性への指向は、経済に限らず、政治、司法などの公的諸制度や理念、マクドナルド化[38]（McDonaldization）やコカコロニー化[39]（CocaColonization）などといわれるような人々の生活様式や価値観などにおける画一化傾向にもあらわれている。そのような状

(37) エスノセントリズム的相対主義
文中の説明を参照。

(38) マクドナルド化
現代世界において生起する効率化・画一化現象に対する隠喩的表現。

(39) コカコロニー化
マクドナルド化と同様に、アメリカ発の通俗文化がマスメディアを通じて世界中に浸透する現象を象徴する。主に世界規模の文化的同質化の進行と地域文化の崩壊を招く現象として文化帝国主義的な文脈において用いられる。

況における「相対化」の試みは、「周辺」に属する社会や集団あるいは個人が単純に近代を遠ざけることと同義ではない。それは、彼らが近代的諸要素との相互関係において培ってきた経験と関連付

ソロモン諸島の首都ホニアラにおける伝統的パフォーマンス。非西洋的要素と近代的要素をいかに混淆させ，あるいは共存させるかが，現代の課題（筆者撮影）。

けて、近代を自らの文脈に位置付けることなのである。前に述べたインドのナルマダ・ダム問題におけるソーシャル・ワーカーの発言は、少数民族が開発そのものを拒否しているわけではなく、「彼ら自身の文脈」にそれを位置付けることを求めていることを示す。もちろん、そのような相対化の過程がエスノセントリズムに染められてはならないことは、すでに述べた通りである。

「対話」の可能性：普遍的価値を求めて

一九三二年にアインシュタイン(40)は、国際連盟(41)からの依頼に基づき、「人間を戦争というくびきから解放することはできるか」という課題についてフロイト(42)と書簡を交わした（アインシュタイン／フロイト (Einstein and Freud, 2000)）。アインシュタインは、「人間には、憎悪に駆られて相手を絶滅させようという本能的な欲求が潜んでいる。人間の心を特定の方向へ導き、憎悪と破壊という心の病に冒されないようにすることはできないのか」とフロイトに問いかけた。それに対してフロ

(40) アインシュタイン (Albert Einstein)（一八七九－一九五五）
光量子論、一般・特殊相対性理論、万有引力の場の理論などを定式化した。

(41) 国際連盟
第一次世界大戦後　一九二〇年に成立した世界初の常設一般国際機構。戦争の回避と国際協力を目的としていたが、全体主義国家の侵略に対し無力に終わった。

(42) フロイト (Sigmund Freud)（一八五六－一九三九）
精神分析の創始者。人間の潜在意識の領域に踏み込み、生／性（エロス）と破壊（タナトス）が交錯する無意識のレベルの研究を創始した。

イトは、「戦争が人間生来の破壊衝動（タナトス）のなせる業だとすれば、その反対の衝動、つまり『エロス』（愛）をよびさませばよい」と答えたという。

フロイトは、エロスの意味を一般に認識される「性」よりも幅広いものをさす用語として捉えている。それは、形あるものをつくりだし、成長させるものを望む「生」の衝動である。この書簡において彼自身が述べているように、エロスとその対極にある破壊の衝動との関係は、一般に知られる「愛」と「憎しみ」の関係を理論的に昇華させたものである。そのことを本稿の文脈に照らせば、「生」の衝動としてのエロスを現代世界における「対話」と読みかえることも可能であろう。

「中心」的な地域、国家、社会集団、価値観や思想と、その「中心」からはずれるものが併存することは、現実に近代世界がローカルな文脈における社会関係だけで完結しているわけではないことを考慮すれば、自明のことである。問題はそのような枠組み自体にあるのではなく、「中心」からはずれるもののあり方である。

近代を最も端的に特徴付ける資本主義は競争的市場経済という弱肉強食のメカニズムでしかありえないとする新古典派経済学(43)における論理に真理があるとすれば、近代における複合的な「中心」と「周辺」関係から「双方向の」エスノセントリズムが消えることはない。植民地主義的傲慢さとエゴイスティックなナショナリズムの連鎖やもつれ、その延長としての紛争や戦争、テロリズムなどの破壊的衝動を繰り返すのみである。「反エスノセントリズムの普遍主義」は、「中心」と「周辺」双方の人々に、自己と他者への「謙虚さ」（相対化）を求めている。真の「対話」を促す普遍原理は、それを日常性の中に組み込むことによって引き出されるものなのだ。「対話」が成立していない現状を憂う人々は、普遍的原理（価値）に対する欲求と、今のところそれを幻影でしか得られないもどかしさとの狭間で揺れている。

自己を絶対視する普遍主義のくびきから解放された「エロス」（「対話」）は、遙か彼方の幻影であってはならない。

---

(43) 新古典派経済学
資本主義的な市場経済分析を中心とする支配的な経済理論の総称。社会を構成する個人は常に合理的な経済行動をとるという想定に基づく。

練習問題

アメリカで発生した同時多発テロ事件後に、「正義の戦い」という表現が繰り返し聞かれた。近代における「正義」の意味について、歴史的、政治経済学的、文化的視点を含め、多角的視野から考えてみよう。

引用・参考文献

A・アインシュタイン／S・フロイト（二〇〇〇）『ヒトはなぜ戦争をするのか：アインシュタインとフロイトの往復書簡』花風社。

Bennett, J.（1988）Anthropology and Development: The Ambiguous Engagement. In H.M.Mathur（ed.）, *The Human Dimension of Development: Perspectives from Anthopology*. New Delhi: Concept Publishing.

Boas, F（1940）*Race, Language and Culture*. New York: The Macmillan Company.

Giddens, A.（1990）*The Consequences of Modernity*. Cambridge: Polity Press.（松尾精文・小幡正敏訳　一九九三『近代とはいかなる時代か？』而立書房）。

浜本　満（一九九六）「差異のとらえかた：相対主義と普遍主義」青木保他（編）『岩波講座文化人類学第一二巻・思想化される周辺世界』岩波書店、六九-九六頁。

Huntington, S.P.（1993）*The Clash of Civilizations and the Remaking of World Order*.（鈴木主税訳　一九九八『文明の衝突』集英社）。

Herskovits, M.J.（1948）*Man and His Works*. New York: Alfred A.Knopf.

Jarvie, I.C.（1984）*Rationality and Relativism*. London: Routledge.

真実一美（二〇〇一）『開発と環境：インド先住民族、もう一つの選択肢を求めて』世界思想社。

大野健一（二〇〇〇）『途上国のグローバリゼーション：自立的発展は可能か』東洋経済新報社。

坂本義和（一九九七）「相対化の時代：市民の世紀をめざして」『世界』六三〇（一九九七年一月）三五-六七頁。

Schmidt, P.S.（1955）Some Criticism of Cultural Relativism. reprinted in R.A.Manners and

D.Kaplan（eds.）1968, *Theory in Anthropology: A Sourcebook*. Chicago: Aldine Publishing. pp.169-174.

鷲見一夫（一九九〇）『きらわれる援助:世銀・日本の援助とナルマダ・ダム』築地書館。

鈴木治雄（編）（一九九九）『現代「文明」の研究:普遍的価値の絆を求めて』朝日ソノラマ。

Wallerstein, I.（1974）*The Modern World-System: Capitalist Agriculture and the Origins of the European World-Economy in the Sixteenth Century*. New York: Academic Press.（川北稔訳　一九八一『近代世界システムⅠ・Ⅱ:農業資本主義と「ヨーロッパ世界経済」の成立』岩波書店）。

Wallerstein, I.（1979）*The Capitalist World-Economy*. New York: Cambridge University Press.（藤瀬浩司他訳　一九八七『資本主義世界経済Ⅰ:中核と周辺の不平等』名古屋大学出版会）。

推薦図書

E・W・サイード　今沢紀子訳『オリエンタリズム　上・下』平凡社ライブラリー。

V・ザックス『脱「開発」の時代：現代社会を解読するキーワード辞典』晶文社。

S・ハンチントン『文明の衝突』集英社。

A・G・フランク『リオリエント』藤原書店。

第Ⅱ部　言語と情報：グローバル・コミュニケーションの不均衡

3

「英語＝国際共通語」への疑問
英語支配の問題点とことばのエコロジー

津田幸男
（筑波大学 現代語・現代文化学系）

はじめに

英語は現在事実上国際共通語になったといってよい。英語のネイティブ・スピーカーは三億人程度だが、英語を第二言語とする人の数は世界で少なくとも一〇億人から一五億人はいるといわれている。世界の人口はおよそ六〇億なので、世界の人々の約四人に一人は英語を話していることになる。しかも、世界の国際的活動のほとんど――ビジネス、政治、外交、科学、メディア、芸術――において英語が共通語として使われている。

しかし、本章では、この事実に対して根本的な異議申し立てをおこなう。つまり、英語が国際共通語でいいのだろうか、という疑問を投げかける。

なぜそのような異議申し立てが必要なのかというと、英語が国際共通語であることによりあまりにも多くの問題が噴出しているからである。それは究極的には人類の滅亡にもつながる大きな問題をはらんでいる。これを「英語支配(1)」と名付け、

(1) 英語支配
国際コミュニケーションにおいて英語が優勢であるため、不平等、差別、偏見が生じている状況を示す。津田幸男著『英語支配の構造』（一九九〇）で「英語支配」という表現が定着した。

その問題点を明確にする。

英語支配が生み出す問題

「英語支配」がさまざまな問題を生み出していることはすでにたびたび指摘されてきた（津田、一九八六、一九九〇、一九九三、一九九六、一九九八、二〇〇〇：中村、一九八九、一九九三：大石、一九九〇、一九九七：Phillipson, 1992：Pennycook, 1994）。ここではそのうちの六つの問題に焦点をあて議論を進める。それにより、英語が国際共通語であることの問題性を明らかにしていく。

六つの問題とは、(1)コミュニケーションの不平等と差別、(2)言語支配・言語抹殺、(3)文化の画一化、(4)情報の格差、(5)精神の植民地化、(6)英語を基盤とした階級社会の形成、である。

コミュニケーションの不平等と差別

英語が国際共通語として使われた場合、まず非英語圏の人間は大きなハンディキャップを負わされる。これが第一の大きな問題である。

つまり、英語が国際共通語になるとアメリカ人やイギリス人は生まれた時点から、国際コミュニケーションの鍵をもらったようなものであり、絶対的に有利な立場になる。他の英語国、英語とは言語的に近い西ヨーロッパ諸国の人々、そして旧イギリス植民地の国々（インド、マレーシアなど）の人々にとっても有利な状況である。英語はこれらの人々にとって、「外国語(2)」ではなく、「母[国]語(3)」あるいは「第二言語(4)」であるからだ。

英語ができないことが大きなハンディキャップになると、当然さまざまな不平等と差別が生じてくる。私が考えた範囲では、次の五つの不平等と差別を生み出している。

①言語的不平等と差別、②教育的不平等と差別、③心理的不平等と差別、④社会的不平等と差別、⑤政治的不平等と差別。

まずは「言語的不平等と差別(5)」について。

これはすでに述べた通り、英語圏の人間が英語を使えて、非英語圏の人々が大きなハンディキャップを負わされるという不平等である。コミュニケーションにおいて、英語圏の人間がいつも中心

---

(2)外国語
母語あるいは母国語ではない言語。

(3)母[国]語
「母語」は個人が第一言語とみなしている言語。例外も多い。「母国語」は個人が生まれ育った国の言語。あるいは「母国」とみなしている国の言語。これも例外が多い。

(4)第二言語
母語の次に習得した言語。「外国語」よりも日常生活に密着して使われる。多くの日本人にとって英語は「外国語」で「第二言語」ではない。

(5)言語的不平等と差別
文中の説明を参照。

的存在になり、非英語圏の人間を疎外、あるいは除外することさえ考えられる。

英語が重視され、他の言語が軽視される。そのことは、英語を話す人が重視され、英語を話さない人が軽視されるという事態をも生み出す。

言語的不平等が差別を生み出すのである。差別はまた不平等を正当化して、不平等な状態が当たり前のものとされてしまうのである。現在英語を使うことがいかにも「当たり前」と見なされている認識と態度はこのような不平等と差別から生まれているのである。

第二に、英語支配が原因となって、「教育的不平等と差別[6]」も現実にある。

これは端的に言って、英語を学ぶ負担をさしている。英語圏の人々は英語を改めて学ばなくともよいのに対して、非英語圏の人々は否でも応でも学ばなくてはならず、膨大な時間とエネルギーが要求される。すると肝心の教育の中身がおろそかになり、英語を学ぶことに時間とエネルギーが偏ってしまう。

たとえば、日本に「外国語大学」が多いのに対して、英語圏の国々では「外国語大学」が少ない（あるいはない）という事実がそれを物語っている。しかも外国語を学んでもそれが身に付く保証はないのである。非英語圏の人々はこのようなあやうい「教育的負荷」を負わされているのである。

さて第三は「心理的不平等と差別[7]」である。

これは、英語が国際共通語であると、非英語圏の人々は常に心理的不安を抱えることをさしている。外国語である英語を使わなければならないので、非英語圏の人々は、自分の発音や表現や文法が気になり、間違いを恐れるようになり、びくびくおどおどしがちである。

対照的に英語圏の人々は、自分たちの言語を使えるので、常に心理的に優位でいられる。言いたいことを十分に表現し、コミュニケーションを独占することさえ可能であり、実際に「まくし立てるアメリカ人」は少なくない。

逆に非英語圏の人々はコンプレックスを抱きやすくなり、沈黙しがちになり、周辺的存在となってしまう。

あのガンジー[8]はイギリス留学に向かう船中で、

---

(6)教育的不平等と差別
文中の説明を参照。
(7)心理的不平等と差別
文中の説明を参照。
(8)ガンジー
第1章「マハトマ・ガンジー」注(51)を参照。

英語へのコンプレックスから、食堂に行くことができず、自室で故郷から持ってきた食べ物を食べていたのである。

英語を使わなければならない心理的不安から、人はその行動を狭めざるをえないのである。

第四に「社会的不平等と差別(9)」である。

これは、英語が国際共通語になると、英語が「規範」「モデル」として機能し、それにより英語を話す人に社会的権力が付加され、非英語話者を差別することをさす。

英語を話すこと、話せることは現代では「ステータス・シンボル」になっている。それが付加価値となり、そのひとに余分な権力を与えている。

たとえば、日本では、無名の人でも、欧米人で英語が話せれば、テレビのコマーシャルに出演することができるが、日本人ならば有名な俳優やタレントでないと出演できないことを考えると、欧米文化と英語に付加価値が付けられていることを意味している。

英語に「規範」「モデル」という特別な権力、権威が付けられているために、英語圏の人々を高い位置に上げてしまっているといえる。

最後に「政治的不平等と差別(10)」もある。

これは、国際政治やコミュニケーションにおいて、英語が共通語として使われることが多いので、英語圏の国々が有利になり、非英語圏の国々が不利になる状態をさしている。

国際会議において英語が共通語になると、どうしても英語圏の国々が会議の主導権を握ることになる。英語圏の代表たちが発言しやすく、会議のルールや枠組みも彼らの考えでおこなわれがちになり、非英語圏はますます沈黙を余儀なくされる。あるいは誤解されやすい立場に追い込まれる。

これでは国際政治や外交で、平等な協議や交渉がなされているとは言いがたい。平等どころか、軍事力や経済力がある英語圏の国々がますます発言権を強めてしまい、平等な国際政治と外交が不可能になってしまう。この点で、欧州連合（EU）で、英語を共通語とせずに、多言語政策を取っているのは注目に値する。

以上が英語が国際共通語である現在生み出されている「コミュニケーションの不平等と差別(11)」

(9)社会的不平等と差別
文中の説明を参照。
(10)政治的不平等と差別
文中の説明を参照。
(11)コミュニケーションの不平等と差別
文中の説明を参照。

のさまざまな問題である。

英語支配のコミュニケーションにおいては、非英語圏の人々の「言語権」(12)は奪われ、コミュニケーションから排除、または周辺に追いやられ、さまざまな不利益を被るのである。これは「言語差別」(13)とも呼ばれる。

言語支配・言語抹殺

英語が国際共通語になると、英語による言語支配(14)が起こる。英語が特権化されることにより、人々は自分の言語を捨てて、英語へと乗り換えていくのである。すると、特に少数言語はその話者を失い、衰退、消滅してしまう。つまり、言語抹殺(15)が起こるのである。

少数言語は通用性が低いがゆえに、経済的価値も低く位置付けられる。それゆえに、少数言語話者は、就職に有利な大言語、特に英語を習得し、英語に「乗り換え」る人々も少なくない。アメリカに移住した人々が自分の母語を捨てて（あるいは忘れて）、英語に乗り換えるのが典型的な例である。


また、南西アラスカのエスキモー(16)語の調査を通して、言語学者の宮岡伯人は次のように証言している。

> 全体として原住民の英語に対する受け止め方じたいも、顕著な変化をとげたように思われる。（三、四〇歳以上の）親・祖父母の世代は、英語を押し付けられた言語として受け止めていたのだが、二言語教育で育ったテレビ世代の若年層では、むしろこれを受容する心理に傾いてきている。言語の変化にとってこの差はおおきい。
> 急速に英語化（単純化）しつつあるエスキモー語と、エスキモー語なまりのある英語が彼らの現実の言語生活である。前者は老人の軽蔑の、後者は社会的差別の対象になるが、これが無意識ではあれ選択しつつある言語なのである。固有の言語はすでに過去のものであり、英語へのシフトが安定と成功への道だと感じ始めた原住民も少なくない（宮岡、一九九六）。

(12) 言語権
第4章注(13)を参照。

(13) 言語差別
Linguicism 言語を基にした差別。「人権差別」(racism)や「性差別」(sexism)ほどいまだに十分に認識されていない。

(14) 言語支配
通常「優勢言語」が「弱小言語」より上位に位置し、さまざまな権力と結び付いて優勢を保持、再生産する状況をさす。

(15) 言語抹殺
民族虐殺（genocide）という表現を基にlinguicide（言語抹殺）がつくられた。「英語支配」により多くの言語が衰退するのがその例である。

(16) エスキモー
「イヌイット」とも呼ばれる。どちらにするかの議論に関しては、ヘンリ・スチュアート「イヌイットか、エスキモーか：民

これはまさに「英語への乗り換え(17)」以外のなにものでもない。「固有の言語はすでに過去のもの」という証言が重苦しく響く。

しかしだからといって、エスキモーたちを責めるわけにもいかない。彼らとて生きていくためには社会の変化に適応していかなければならないのである。その社会が英語優先であるのだから、少数民族はそれに合わせて英語に乗り換えたほうが生きやすいのである。

これはアメリカでの例であるが、世界的な英語支配の現実を考えると、世界中の少数言語民族は「英語への乗り換え」の傾向をもっているといっても過言ではない。このような傾向により、世界の少数言語がその固有性と存在そのものを喪失させているのが現実である。

アラスカ大学のクラウス博士の推定によれば、現在世界にある約六〇〇〇の言語は次のように三種類に分類される（後藤、二〇〇一）。

①子供が母語として習得しなくなった言語：
　二〇～五〇パーセント
②二一世紀末までに①に仲間入りする言語：
　四〇～七五パーセント
③将来にわたって安泰な言語：五～一〇パーセント

つまり、最も悲観的にみると世界の言語の九五パーセントは二一世紀末までに消滅することになる。これは非常に深刻な環境問題である。個々の言語は人類の貴重な精神的遺産であることを考えると、世界の言語的多様性が失われてしまうことは、人類にとって大きな損失であるばかりか、英語支配の構造を増長させてしまうことになる。

しかも皮肉なことに、少数言語民族が必要に迫られて英語に乗り換えることにより、少数言語が衰退する一方で、英語は益々支配的になるのである。

さらに、各国の国内の少数民族が「英語への乗り換え」をおこなうと、そのことにより国内の言語的秩序が乱れて、その国の主要な言語の安定が脅かされることも考えられる。日本でも、あまり英語が支配的になると、日本語とて安泰とはいえないのである。

文化の画一化

族呼称の問題」（『民俗学研究』一九九三年六月号）が参考になる。

(17) 英語への乗り換え
少数言語話者が自分の言語を使わずに優勢言語に変えることを「言語変更」(language shift) という。

言語は文化の中核だから、言語支配が文化支配[18]につながることは、誰の目にも明らかである。つまり、英語が支配的になるということは、英語圏の文化、特に現代では強大な政治力、軍事力、経済力を有するアメリカの文化が支配的になる、いや実際になっている、ということがわかる。つまり世界文化のアメリカ化[19]である。

英語はその中核を成している。英語が広がり、世界中の人はアメリカの文化、特に消費文化にひきつけられる。コカ・コーラやマクドナルドといったアメリカ的な食べ物や飲み物をはじめ、ジーンズやTシャツといったアメリカ的な衣服も世界中の隅々まで浸透している。

東京ディズニーランド

たとえば、時々アジアやアフリカに住む人々に関するドキュメンタリーがテレビで放映されるが、その時に取材された人々の中に、Tシャツを着てジーンズをはいている者を見たりすることがある。これはまさに世界文化のアメリカ化を物語っている。

つまり、衣食住という文化の根幹部分にまでアメリカ文化は食い込んでいるのである。

文化は一言で言って「生き方、信念、価値の体系」といえるだろう。それが根本的なところまで「アメリカ化」しているのが現実ではないだろうか。

前節で述べたように、少数言語の衰退が危惧されるが、同じことが文化にもいえる。少数文化はもちろん、大文化でさえも、アメリカ文化の侵略に圧倒されている。

その代表例がフランスである。フランスはすさまじい英語の侵略に対して危惧の念を抱き、一九九四年に「トゥーボン法[20]」を成立させた。これによりフランス国内での国際会議やメディア、商

(18)文化支配
優勢文化が劣勢・弱小文化の上に位置し、影響を与え、変容させる状況をさす。

(19)世界文化のアメリカ化
特にアメリカの消費文化、物質文化が世界に浸透していく状況をさす。

(20)トゥーボン法
「フランス語の使用に関する法律」が正式名。商品の説明書もフランス語の使用が義務付けられている。

取引などにおけるフランス語の使用を義務付けることになった。これはフランスが「言語純粋主義(21)」に陥っただからではなく、それほどに英語の侵略がすさまじいからである。

　さらにそれよりも数年前に、世界の自由貿易の振興を決めた当時のＧＡＴＴ(22)のいわゆる「ウルグアイ・ラウンド」で、フランスは「文化特例(23)」という議論を展開し、ビデオや映画は文化的アイデンティティーを成すものであるから、これを制限なく自由貿易の対象にしてはならないと主張した。結局この主張は認められ、以後アメリカ映画やビデオのフランスへの輸入は制限されることとなった。

　フランスとは対照的に、中国は今「アメリカ化」に向けて邁進しているといってよさそうである。その様子がすでに一九九七年七月のASIAWEEK誌に鮮明に報告されている。

　Forget politics. U.S. culture has invaded the mainland and the Chinese will never be the same.（政治のことは忘れろ。アメリカ文化が中国を侵略した。だから中国人はもはや今までとは違う。）

同誌はこのような見出しで中国で進行中のアメリカ化現象を報告している。そしてアメリカのさまざまな商品が中国中に浸透している様子を報告し、次のように断言する。

　The Chinese want the American lifestyle, a modern lifestyle, the way they think Americans live.（中国人はアメリカン・ライフスタイル、現代的なライフスタイル、アメリカ人の生き方を求めているのだ。）

この記事によると、現在中国では故毛沢東主席よりも、ナイキの宣伝に出ているマイケル・ジョーダンの方が人気があるそうだ。

　フランスと中国の反応は対照的であるが、いずれもアメリカ文化の浸透力の強さと規模の大きさを物語っている。この二つの大国でさえ、アメリカ文化の影響下に置かれているのである。大部分

(21)言語純粋主義　linguistic purism 外国語の影響や侵入を嫌い、言語の純粋性を保とうとする主張。

(22)ＧＡＴＴ　現在の「世界貿易機関」（ＷＴＯ）の前身組織。「貿易と関税に関する一般協定」。

(23)文化特例　ヨーロッパにおけるアメリカのＡＶ（視聴覚）市場独占に対して、フランスがこれらの文化商品を自由貿易の項目から除くことを提案した。

の少数文化への影響と支配は測り知れないものがある。

情報の格差

言語支配はまた情報支配をも生み出す。英語が国際共通語になることによって、世界に発信される情報は英語で運ばれることになる。すると英語でないと情報として認めてもらえなくなるのである。そして、英語ができないと情報を理解や発信することもできないし、情報のネットワークからはずされることになる。するとみんなそのような不利益を被りたくないので、英語を勉強し使うということになる。その結果英語支配はますます強くなっていき、それはまた情報の格差を生み出すことになる。

このように世界には今「情報の格差(24)」が厳然として存在している。そして「英語支配」がそれに加担していることは間違いない。

実際「情報の格差」への問題意識はかなり以前から始まっていた。

一九七〇年代の半ばより、ユネスコではいわゆる「非同盟諸国(25)」を中心に国際情報の流れの不均衡について不満が噴出しており、これを是正すべくユネスコで「新世界情報コミュニケーション秩序(26)」という構想がもち上がった。実際、一時は「非同盟諸国」を中心としたメディア網が設立されたりしたのである。

この運動の問題意識は、欧米の先進諸国が世界の情報の発信を独占しており、情報の流れがアンバランスであり、しかもその内容も欧米に関するものがほとんどで、発展途上国に関する情報があったとしても欧米先進諸国の偏見に満ちたものが多い、というものであった。

これに対して、アメリカは「情報は商品だから、需要のあるものが多く流れているだけだ」と反論し、「公平な情報の流れ」よりも「自由な情報の流れ」を主張して、ユネスコを脱退した。イギリスとシンガポールも同時に脱退した。

そして一九八〇年代の半ばで、この構想は中止となってしまったのである。アメリカの脱退によりユネスコが多くの財源を失ったことが原因であった。

---

(24) 情報の格差
詳細は第5章。

(25) 非同盟諸国
東西両陣営に属さず、中立、非核を貫く諸国の組織。一九六一年結成。一二ヶ国が加盟。

(26) 新世界情報コミュニケーション秩序
詳細は第5章注(12)参照。

これにより「情報の格差」は是正されることなく現在でも続いている。

続いているというよりも、悪化しているといった方がよいだろう。というのも九〇年代に入ると、アメリカのいわゆる「情報スーパー・ハイウエー構想[27]」により、全世界にインターネットのネットワークがはりめぐらされ、アメリカ主導の情報網が確立されたからである。インターネットのサイトのほとんどは英語で書かれたものである。

英文学者の山口均は、インターネットによるアメリカの支配力の増強について次のように警告している。

実はインターネットはアメリカの国策だということだ。その原型は国防政策にあり、情報という基軸通貨において優位にたつことを目的としている。つまり、世界を覆う蜘蛛の巣であるインターネットは「膨張するアメリカ」そのものである。（津田、一九九六に引用）

アメリカは、ドル、英語、情報という「機軸通貨」を独占して、その支配力を継続、強化している。「情報の格差」は益々広がるばかりである。

精神の植民地化

英語が支配的になり、国際共通語として使われると、最も懸念されるのが「精神支配[28]」である。言葉は思考、価値、思想をつかさどる重要な役割をもっているが、英語が支配的になるということは、英語により表されている思考、価値、思想が支配的になるということになる。

言い換えると、マインド・コントロール[29]といってもよく、英語的な考え方、精神構造が支配的になるということである。

『言語帝国主義』の著者ロバート・フィリップソン（一九九二）も次のように証言している。

英語が広がるときに何が問題かというと、それは単にある言語が他の言語に置き換わったり、追いやられるということばかりでなく、新しい「精神構造」が英語を通して植え付けられるということである。（一六六頁、筆者訳）

---

(27)情報スーパーハイウェー構想
一九九三年アメリカの当時の副大統領ゴアが提案した国家情報戦略。インターネットの普及の引き金となった。National Information Infrastructure とも呼ばれている。

(28)精神支配
文中の説明を参照。

(29)マインド・コントロール
「精神支配」とほぼ同義。「洗脳」にも近い。

そしてその「新しい精神構造」とは多くの場合、英語とその文化、人々、国々を礼賛する精神構造であり、同時に、自分の言語、文化、人々などを軽視、蔑視するものである。つまり、「英語信仰」「アメリカ信仰」「イギリス信仰」「欧米信仰」が植え付けられるのである。英語、アメリカ、イギリス、そして欧米がすばらしいという「信仰」にも似た精神、態度が培われるのである。しかも、誰からも強制されるのではなく、自ら「自発的に」この精神支配に同意していくのである。

これを「精神の植民地化(30)」と呼ぶ。

日本人の「精神の植民地化」はその「英語の濫用(31)」から明らかである。英語を使うことが良いことであり、そして自発的に英語支配に協力しているのである。

まさに日本には英語が充満している。会社名、商品名、店名、人名（マリア、リサといった洋風の名前）、雑誌名をはじめとして、日常会話全般にも英語が浸透してきている。

特にスローガンやキャッチフレーズ（この二つも英語だが）となると英語だらけである。少し古いが、「ストップ・ザ・自民党」。最近では「保守ピタル」や「日本アゲイン」など、日本の政治家は英語好きである。というよりも日本の国民が英語好きなのでそれに迎合しているといった方が妥当だろう。

またファッション関連の言葉はほとんどが英語もしくはフランス語である。女性たちは、衣服はもちろん、英語（フランス語）という言葉で自分を装い、白人への「変身願望(32)」を満たしているのだろう。

このように日本人の生活の隅々にまで英語は浸透している。この事実がまさに「精神の植民地化」を表している。日本人は、英語・欧米は良いという憧れの精神構造をもっているばかりでなく、英語支配に自発的に同意して、英語を多用、濫用、信仰しているのである。英語支配への問題意識を失っている状況であるが、これはまさに支配の究極の形であり、これがまさに「精神の植民地化」であり、これは日本に限ったことではなく「英語は国際共通語だ」と信ずる世界の多くの人々も同

---

(30) 精神の植民地化
文中の説明を参照。特に西欧諸国により植民地支配を受けた諸国にこの現象が残っている。

(31) 英語の濫用
文中の説明を参照。

(32) 変身願望
憧れている対象のようになりたいという欲求。自己卑下、自己否定の意識が作用している。

じである。

英語を基盤とした階級社会の形成

さて、最後の問題は「英語を基にした階級構造の形成(33)」である。英語が国際共通語という機軸言語(34)になると、それができる人はより上位に、できない人は下位に置かれるということがもうすでに起きている。

それが最も顕著なのは英語圏であろう。特にアメリカは、白人で英語ができる人が有利な国である。移民たちの多くは英語を話さない有色人種であり、多くは社会的地位が低い。言語の力が大きく左右しているといってよい。

問題は、英語が国際共通語だと、このアメリカの常識が世界に広がることである。英語を話すということが、国境を越えて人を社会的に上位にのし上げることになる。

こうなると、英語圏の人が断然有利になる。さまざまな職種で英語力が求められているので、英語ができる人が就職しやすくなり、その結果、経済的報酬や社会的地位において、非英語圏の人々に差をつけることになる。

英語のコミュニケーションの場においても、英語を基にした階級構造が出現するであろう。英語のネイティブ・スピーカーはこの階級構造の「上流階級」、英語を第二言語として流暢に使う旧イギリス植民地の人々は「中流階級」、英語を一生かけて勉強しても実が結ばない英語を外国語として学ぶ日本人などが「労働者階級」、そして英語とはほとんど接触のない人々は「沈黙階級」とでも呼べるであろう。

英語が共通語であるコミュニケーションでは、上流階級のネイティブ・スピーカーや中流階級の人々が話し合いを独占するであろう。労働者階級やその下のものたちは聞き手に回って沈黙せざるをえないであろう。私が今まで散見した英語のコミュニケーションはだいたいそんな様子であった。

もちろん英語だけで人は富や権力を握れるわけではないが、英語が大きな役割を果たしていることは否定できない。英語支配の構造が厳然としてあるわけで、それが英語を話す人を優位にさせているのである。しかもかりに経済的に優位になら

---

(33) 英語を基にした階級構造の形成　文中の説明を参照。

(34) 機軸言語　中心となる言語。世界標準語。

なくとも、心理的優越感を得られる。英語のコミュニケーションでは、普通のネイティブ・スピーカーは、非英語圏の大富豪よりも、心理的に上位に位置するのである。

ことばのエコロジー・パラダイム

さて今まで英語が国際共通語であるがゆえに生ずる問題点を見てきたが、それに対してどのような対応が考えられるだろうか。

そこで私が提案したい新たなパラダイムが「エコロジー(35)」である。これを「英語支配」に異議を唱える一つの大きな理論・思想体系（パラダイム）として提案する。

すでに一九九三年に私はハワイのイースト・ウエスト・センター(36)の講演において「ことばのエコロジー・パラダイム(37)」を「英語普及・パラダイム(38)」の対抗パラダイムとして発表している。

それを簡単に述べると、「英語普及・パラダイム」は、資本主義、科学工業文明を基に単一言語主義、文化帝国主義、グローバリゼーションを肯定、助長しているパラダイムであるのに対して、「ことばのエコロジー・パラダイム」は、コミュニケーションの平等、人権の視点、少数言語の保護などの思想を基に、多言語主義、多文化主義、外国語教育の振興を意図するパラダイムである。

この二つのパラダイムの概要は後に論文としてまとめたが（Tsuda,1994, 1999）、フィンランド出身の言語学者スクトナブ－カンガスがこれを基にさらに両パラダイムの特徴を対照的にあらわしている。それが次頁の表である。

「英語普及・パラダイム」は「西洋文明パラダイム」といってもいいような内容であることは一目瞭然である。言い換えると、英語を国際共通語にするということは、「西洋文明パラダイム」を推し進めることだといえよう。グローバル化を推し進めることも同様である。

しかし、すでに指摘したように、このパラダイムを推し進めることは、不平等、差別、言語抹殺、文化の画一化、情報の格差、精神の植民地化を一層推し進めてしまうことを意味する。これに対する対策が必要である。

---

(35)エコロジー
自然の生態系とその学問、およびそれを守る思想。

(36)イースト・ウェスト・センター
ハワイのホノルルにあるアメリカ政府の研究機関。

(37)ことばのエコロジー・パラダイム
文中の説明を参照。

(38)英語普及・パラダイム
文中の説明を参照。

英語普及パラダイムと言語エコロジーパラダイム(スクトナブ-カンガス, 2000)

	英語普及パラダイム		言語エコロジーパラダイム
1.	単一言語主義と言語抹殺	1.	多言語主義と言語的多様性
2.	支配言語の引き算的な（少数言語を犠牲にする）学習の促進	2.	足し算的な異言語・第二言語学習の促進
3.	言語的、文化的、メディア的帝国主義	3.	コミュニケーションの平等
4.	アメリカ化と世界文化の均質化	4.	諸文化の維持と交流
5.	グローバル化と国際化のイデオロギー	5.	ローカル化と交流のイデオロギー
6.	資本主義、階層化	6.	経済の民主化
7.	科学と技術に基づいた合理化	7.	人権のパースペクティブ、全体的、包括的な諸価値
8.	近代化と経済的効率、量的成長	8.	多様性の促進による持続可能性、質的成長
9.	超国家化	9.	地域の生産物や国家主権の保護
10.	二極化及び持てる者と持たざる者の格差の拡大	10.	地球の物質的資源の再配分

そこで、「西洋文明パラダイム」の代わりの選択肢として「ことばのエコロジー・パラダイム」を提案するわけである。

上の表の第一項目にあるように、このパラダイムは「多様性[39]」を追求するものである。「多様性」の追求は「エコロジー」の基本的な考え方である。なぜなら自然は本来多様な生き物を共存させる「共生の摂理」を基に成り立っているからである。あらゆる生き物はある意味では人智の及ばないところの微妙なる「バランスの摂理」によって生きているというよりも、「生かされている」という厳粛な事実を認識しなければならない。

対照的に「英語普及・パラダイム」は、「競争原理」「弱肉強食」の原理を肯定する理念である。弱小言語は経済的価値がないから、人々が使わない。だから英語のような強大な言語が国際語となるのは当然であり、そうなることも進化の一つの形であるというダーウィンの進化論を肯定する「社会進化論[40]」と同じ立場である。

その結果、現在の地球環境はどうであろうか。世界中の森林破壊は進み、海も空気も汚れ、地球

(39)多様性
異種の生物、言語、文化、価値が調和して存在している状態。

(40)社会進化論
「適者生存」の論理を人間社会にあてはめて、社会の進化を肯定する主張。第2章注(34)、(35)も参照。

温暖化の危機が叫ばれている。地球上には多くの「絶滅の危機に瀕する生物」がいるのと同様に、言語においても「絶滅の危機に瀕する言語(41)」が何千とある。

これらの言語を守ろうとするのが「ことばのエコロジー・パラダイム」の目標である。英語支配の批判はそのために必要な一つのアプローチといえる。

結び

以上、「英語が国際共通語でいいのか?」と問いかけながら、英語支配によるさまざまな問題を明らかにすると同時に、その対応策として、「ことばのエコロジー・パラダイム」という思想を提案してみた。

二一世紀には人類にとって「環境問題」が最大の問題である。英語支配も人類にとって大きな言語環境問題として取り上げられるように、言語とコミュニケーションを考えるときに、言語学に「エコロジー意識」を取り入れることが強く望まれる。

練習問題

1. あなたは英語が国際共通語でいいと思いますか? 賛成もしくは反対の理由を三つ述べなさい。
2. 英語のほかにどのような言語が国際共通語としてふさわしいと思いますか? 国際共通語の条件を三つ述べなさい。

引用・参考文献

ASIAWEEK 'The Americanization of China'. July 4,1997, pp.38-44.

後藤斉(二〇〇一)「インターネットと言語」『宮城教育大学情報処理センター年報』、第八号、四一―四五頁。

宮岡伯人(一九九六)「消滅の危機に瀕した言語を追って」『月刊言語』、二五巻、六月号、二〇―二六頁。

中村敬(一九八九)『英語とはどんな言語か』三省堂。

中村敬(一九九三)『外国語教育とイデオロギー』

(41) 絶滅の危機に瀕する言語 詳細は第4章。「消滅に瀕する言語」ともいう。

近代文芸社。
大石俊一（一九九〇）『英語イデオロギーを問う』開文社出版。
大石俊一（一九九七）『英語帝国主義論』近代文芸社。
Pennycook, A.（1994）*Cultural Politics of English as an International Language*. London : Longman.
Phillipson,R.（1992）*Linguistic Imperialism*. London : Oxford University Press.
トーヴェ・スクトナブ=カンガス（二〇〇〇）「言語権の現在:言語抹殺に抗して」三浦信孝・糟谷啓介（編）『言語帝国主義とは何か』藤原書店、二九三―三一四頁。
Tsuda,Y.（1986）*Language Inequalityand Distortion*. The Netherlands:John Benjamins
津田幸男（一九九〇）『英語支配の構造』第三書館。
津田幸男（編著）（一九九三）『英語支配への異論』第三書館。
Tsuda,Y（1994）The diffusion of English: Its impact on culture and communication. *Keio Communication Review*, No. 16, pp. 49-61.
津田幸男（一九九六）『侵略する英語　反撃する日本語』ＰＨＰ研究所。
津田幸男（編著）（一九九八）『日本人と英語:英語化する日本の学際的研究』国際日本文化研究センター：日文研叢書十四。
Tsuda,Y.（1999）. Hegemony of English and Strategies for Linguistic Pluralism:Proposing the Ecology of Language Paradigm. In M.Tehranian（Ed.), *Worlds Apart: Human Security and Global Governance*. London: I.B.Tauris, pp.153-167.
津田幸男（二〇〇〇）『英語下手のすすめ:英語信仰はもう捨てよう』ＫＫベストセラーズ。

注：本章は、津田幸男著「英語が国際共通語でいいのか――言語環境学の確立に向けて――」『外国語教育論集』（筑波大学外国語センター）（二〇〇二年、第二四号、二〇五―二二〇頁）を改訂したものである。

4 グローバル化と「危機に瀕した言語」

松原好次
（湘南国際女子短期大学）

はじめに

現在、ごく少数の国際語が世界中に広まっている一方で、先住民族の言語は驚くべき速さで衰退している。二一世紀末までには、約六〇〇〇の言語のうち九〇%以上が死滅すると警告する言語学者もいる（Krauss, 1992）。また、太平洋・オーストラリア地域の言語を研究するミュールホイスラー（Mühlhäusler, 1996, 238）は、「今こそ、脆弱な言語生態系を守り、言語多様性を保つために、言語学者が立ち上がるべき最後のチャンスだ」と警鐘を鳴らしている。このような状況下、消滅の危機に瀕した言語（以下、危機言語(1)）の再活性化に向けて、英国の「危機言語基金(2)（FEL：Foundation for Endangered Languages）」などが活発な取り組みを始めるようになっている。

わが国においても、危機言語に対する関心は高まりつつある。一九九七年にアイヌ文化振興法(3)が制定されたことは記憶に新しい。一九九〇年代

(1)危機言語
endangered languages あるいは threatened languages の日本語訳。

(2)危機言語基金
英国のバースに本拠を置く民間財団。ニューズレターOgmios（http://www.ogmios.org）を発行。

(3)アイヌ文化振興法
「北海道旧土人保護法」の廃止条項を含んでいるため

の末には、危機言語をテーマとした国際シンポジウムが開催されている(4)。また、世界各地の危機言語についての現地調査研究報告書も出されるようになっている（角田、一九九九、二〇〇〇、松村、二〇〇〇、ELPR、二〇〇〇）。

この章では、グローバル化および英語一極集中化(5)のプロセスが急速に進行していくなかで、危機言語の生き残る可能性がありえるのかを考えることにする。その際、一九九八年から二〇〇二年にかけて開催されたシンポジウムやワークショップで取り上げられた重要課題のいくつかを再検討してみたい。

「危機言語」と「ハイパー中心言語」の出現

多くの言語が危機言語と称されて擁護の対象になったのは、いつ頃からであろうか。おそらく、一九九〇年代に入ってからであろうと思われる。それ以前にも、社会言語学者たちによる個々の報告はおこなわれていたが、九〇年代ほど顕著なものではなかった。それでは、なぜ、一九九〇年代以降、危機言語に対する関心がにわかに高まったのであろうか。

第一の理由として、一九六〇年代後半に燃え上がったエスニック・リバイバル運動(6)の結実をあげることができよう。黒人解放運動に端を発した民族解放運動は、世界各地の民族を鼓舞し、伝統的な文化や言語の復権運動を後押しすることになった。また、一九八〇年代以降の欧州における地域語・少数言語を擁護する動きの結実も忘れることができない。文化的・言語的多様性を尊重する精神が、他の地域の少数民族言語にとってプラスに働いたからである。先住民族の権利を擁護しようとする国際的な動きも次第に加速し、国連の提唱による「国際先住民年」(7)がさらに一〇年間（一九九四―二〇〇四）継続されたことによって、危機言語の問題を積極的に取り上げる気運が高まった。一九九一年には、アメリカ言語学会がシンポジウム「危機に瀕した言語」を開催した。さらに、危機言語擁護の団体が世界各地に設立され、わが国においても、ユネスコの提唱を受けて、一九九

「アイヌ新法」とも呼ばれるが、アイヌ民族を日本の先住民族として認知していない点で問題を残している。

(4) 一九九五年および二〇〇〇年に、東京大学大学院人文社会系研究科附属文化交流研究施設東洋諸民族言語文化部門が「国際危機言語シンポジウム」を開催（松村編、一九九八参照）。また、日本言語学会もシンポジウム「危機に瀕した言語」を一九九八年に開催（危機言語小委員会・編、一九九八参照）。二〇〇〇年には、国際学術講演会「消滅に瀕した言語」（環太平洋の「消滅に瀕した言語」に関する緊急調査研究）が京都で開催された。

(5) 英語一極集中化
中村（二〇〇〇）は、英語という大言語による一元化がもつ非倫理性、不平等性、非相互性を指摘している。

(6) エスニック・リバイバル運

五年、東京大学にＩＣＨＥＬ(8)が誕生した。この国際センターは、世界各地の危機言語に関する情報の集積を積極的におこなっている。

第二の理由としては、冷戦の終結と相まって、情報通信技術の飛躍的発展に伴うグローバル化が国民国家という枠組みを外した結果、それまで不可視の状態に置かれていた少数言語を表舞台に躍り出させることになった点をあげるべきであろう。さらに、この急速なグローバル化が言語の均一化をも加速させ、英語を「ハイパー中心言語(9)」(Calvet, 2000) に押し上げ、それ以外の言語にとって脅威になってきたという言説が広まっていることも忘れてはなるまい。フィリップソンとスクトナブ－カンガス (Phillipson and Skutnabb-Kangas, 1996) が指摘しているように、フランス人やドイツ人でさえ、英語の絶対的優位を憂えているわけであるから、先住民族や移民など少数言語話者が英語の脅威にさらされているのは当然のことであろう。一九世紀に西欧列強が世界各地を植民地化していく過程で、現地語を駆逐していった様子は壮絶であったが、インターネットに象徴されるグローバル化現象が引き起こす影響力の絶大さには、とうてい及ぶべくもない。英語による情報が世界を覆う速さ・甚大さは、一九世紀の入植者や宣教師による現地語の弱体化とは比べものにならないからである。

しかし、ここで留意すべきことがある。まず、一九世紀の帝国主義的侵略と一九九〇年代以降のグローバル化による言語生態系の破壊には、規模の違いこそあれ、質的には一貫性があるという点である。「文明化の使命(10)」に後押しされて、西欧諸国がアジア・アフリカ、太平洋地域、南北アメリカなどを植民地化していった姿勢は、形を変えてはいるものの、現代にも残存している。英語を国家語とする米国と英国について考えてみると、どうなるであろうか。自由主義経済、および、それを支える民主主義こそが「正義」であり、その「正義」を守り、安全と秩序を取り戻すためには武力行使も正当化されるという論理である。二〇〇一年九月一一日の同時多発テロ事件後に米国が強行したアフガニスタンにおける報復爆撃は、「文明化の使命」と「正義」の間に連続性があることを

動
米国における黒人の公民権運動が発端となって世界に拡がった民族復権運動。

(7)「国際先住民年」
国連は、一九九三年を International Year for the World Indigenous People と定めたが、先住民族は国際社会の中で民族自決権の対象となる Indigenous Peoples の表記を要求している。

(8) ＩＣＨＥＬ
国際危機言語クリアリングハウス
(The International Clearing House for Endangered Languages) このホームページ (http://www.tooyoo.l.u-tokyo.ac.jp/ichel/ichel.htm) にアクセスすると、危機言語および少数言語関連のＷＷＷにリンク可能である。

(9) ハイパー中心言語
カルヴェの提唱している言語の重層的「中心―周辺」

白日の下にさらけ出した。さらに、この大義の実行を支え続けてきたのが、ドルや政治や軍事と並んで、英語という言語であった事実も見逃してはなるまい。CNNによって散布される強者の言説とは対照的に、弱者の声は強者にも、強者の側に立つ多くの者にも届かないのである。日本のマス・メディアの大半が、英語の取材源偏重であるため、「正義」の前で思考停止状態になりがちであることを岡（二〇〇一）は指摘している。米国通用語学会が「9－11」を「二〇〇一年の言葉」に選び（『朝日新聞』二〇〇二年一月六日）、七月四日やパールハーバーと同様の歴史的重さをもたせた意味を吟味すべきであろう。

つぎに留意すべきことは、グローバル化の進展と危機言語の問題を、単純に英語との関係のみで見てはいけないという点である。地域ごとの大言語（フランス語、スペイン語、アラビア語、北京語、ロシア語、インドネシア語など）が危機言語にとって直接の脅威になっているという事実を見逃してはならない。このことは、アイヌ語の危機的状況をグローバル化や英語支配と絡めることによって、日本語という大言語が果たした犯罪性を隠蔽することになりかねないことを考えれば納得できるであろう。

ワークショップ「英語化とグローバル化」（一九九八年八月・名古屋）

さらに、英語の絶対的優位性をグローバル化の結果であると短絡視してはならない点にも注意を払うべきである。一九九八年八月、名古屋で開催されたワークショップ「英語化とグローバル化」（津田幸男 名古屋大学教授（当時）主催）のなかで、中村（一九九九）は、「言語のグローバル化とは言語の一元化と言い換えることができる」としたうえで、「英語による言語の一元化が今日のグローバル化現象を産み出したのであって、グローバル化が真の英語の一極集中状況を産み出したのではない」と指摘した。中村によれば、英語という言語は一九世紀までに「普遍化」のプロセスを完了していたのであって、グローバル化によって急に「ハイパー中心言語」が誕生したものではないということになろう。このことはインターネット

モデルの最高位に立つ言語。

(10) 文明化の使命
西洋文明とキリスト教によって未開の異教徒を文明化する使命が白人に与えられているとする、一八世紀半ば西欧に広まった考え方（civilising mission）。

出現の経緯を想起すれば容易に理解されよう。

国際シンポジウム「言語帝国主義の過去と現在」（一九九九年一〇月・東京）

英語が「ハイパー中心言語」として別格の位置に押し上げられている現代において、グローバル化とは、ある意味で、アメリカン・スタンダードの普及であり、その背後に英語という言語が潜んでいる事実を認識しておく必要があろう。この認識を無視したところで、危機言語への対応を探ったとしても意味をなさない。その意味で、一九九九年秋に東京でおこなわれた国際シンポジウム「言語帝国主義の過去と現在」（日仏会館・一橋大学・国立東洋言語文化研究所共催）は正鵠を射たものであった。また、このシンポジウムの報告・討議を土台にして翌年刊行された論文集『言語帝国主義とは何か』も、言語帝国主義論の射程を定めつつ、「少数言語の抵抗」をテーマの一つにしている。ここでは、言語生態学の重層的（中心‐周辺）モデルを提唱したルイ‐ジャン・カルヴェに焦点をあてて、危機言語の問題を考えてみたい。

英語が絶対的優位を保っているという状況認識の下、カルヴェ（二〇〇〇）は群生言語(11)の直接的な保護に消極的な立場を示している。少数語の言語的権利を徹底的に保障することは非現実的であり、「英語というハイパー中心言語のステータスを強化することにもなりかねない」と主張する。国家語であると同時に媒介語でもあるフランス語、スペイン語、アラビア語など複数言語の機能保持のために戦うことこそ、「諸々の母語に生態学的な救済の空間を保存することができる」と結論付けている。

一方、カルヴェの現実主義的・機能主義的なモデルに抗して、フィリップソン（二〇〇〇）やスクトナブ‐カンガス（二〇〇〇）は少数言語の擁護を主張している。絶滅に瀕する動植物と同様、すべての言語を保護の対象にすべきだとして、「言語エコロジーのパラダイム」(12)を提唱している。そして、基本的人権の一部としての言語権(13)が確立されることによって、初めて、弱小言語が絶滅の危機から脱することができるとして、カルヴェの掲げた重層的モデルに異議を申し立てている。

(11)群生言語　カルヴェの重層的モデルにおいて、ハイパー中心言語や中心言語の下位のレベルに属する言語。

(12)言語エコロジーのパラダイム　このパラダイムは「英語普及パラダイム」に対抗するものとして、津田幸男が最初に提唱したものである。「ことばのエコロジー・パラダイム」とも呼ばれる。詳しくは第3章「ことばのエコロジー・パラダイム」参照。

(13)言語権　公私の表現において自己の選択する言語を使うことや、母語を次世代に伝えていくことなどを含む言語に関わる諸権利。基本的人権の一部として保障されるべきだという動きが高まっているが、まだ法制度上確立されているとは言いがたい。

市場原理にゆだねれば英語による支配を抑止できないという見方は両者に共通している。しかし、カルヴェの論理は、一見、群生言語にとっての生き残りを保障しているように見えるが、実は、フランス語などの媒介言語の没落を食い止めようとする強者の論理が見え隠れするものである。視点を変えて眺めるならば、米国主導のグローバル化に対抗して自己主張するEUの論理を代弁していると思われる。実際、多言語主義を標榜するEUとはいえ、すべての少数言語・地域言語を公用語・作業語にするわけにもいかないという悩みとともに、共通の作業言語としての英語使用の度合いが極度に強まっていることに対する危惧も抱いているからである。『言語帝国主義とは何か』の編者の一人である三浦（二〇〇〇）は、「少数言語話者の言語権を最後の一人まで守れと主張する倫理的な多言語主義と、複数言語制をより害悪の少ない必要悪と考える現実主義的な多言語主義は、収拾不能な論争を呼び起こさずにはいない」と編集後記に記している。

いかなる少数言語であろうと、その言語を第一言語とする人たちに言語権が認められ、たとえ政治的、経済的に自立が果たせない段階にあっても、現段階で可能な限りの言語機能が、その言語によって発揮できる仕組みを模索していくべきである。その際、指針となるべきものは、一九九六年にバルセロナで調印された「言語の権利に関する世界宣言[14]」の精神であろう。

事例報告：ハワイ語再活性化の試み

情報、経済、文化その他さまざまな領域でグローバル化が進展している現在、危機言語の再活性化は実際問題として可能なのであろうか。ここでは、グローバル化と英語支配[15]の波が容赦なく押し寄せるハワイに焦点をあてて、先住民族言語復権運動[16]の現状を考察してみたい。

クック船長の来航（一七七八年）から半世紀の間に、ハワイの先住民族は急激に人口を減らし（一七七八年の三〇万から一八九二年の四万）、一八九八年の米国による併合で学校教育を始め社会のさまざまな領域からハワイ語が放逐されること

---

(14)言語の権利に関する世界宣言
一九九四年、国際ペンクラブの「翻訳及び言語の権利に関する委員会」などが五〇余名の専門家に編集を委託してまとめた宣言。

(15)英語支配
第3章注(1)を参照。

(16)先住民族言語復権運動
文化的独自性の核となる民族言語の再活性化を要求する先住民族の運動。

になった。その結果、二〇世紀半ばには、母語話者数がわずか二〇〇〇人（一八歳未満は三〇人）ほどに落ち込んでしまった（Haas, 1992, 196）。しかも、そのうち九割が七〇歳以上の高齢であった（Kimura, 1994）。

ワイアウ小学校の1年生のクラス（1994年 筆者撮影）

　ところが、一九七〇年代初めからハワイに拡がった「ハワイアン・ルネッサンス(17)」が先住民族の意識を鼓舞したうえ、ニュージーランドのマオリから民族言語復権の手だてを学んだことにより、一九八〇年代初めから、ハワイ語を再生させようとする動きがハワイ諸島全域で活発化してきている。ハワイ語のみで就学前の子どもたちを保育するプーナナ・レオ（Pūnana Leo）が、ハワイの各主要島に誕生したのは八〇年代の半ば頃であった。また、八〇年代終り頃から、すべての教科をハワイ語で教えるカイアプニ・ハワイイ（Kaiapuni Hawaiʻi(18)）が各地の公立小学校に設置されるようになった。ハワイ州教育局は、このプログラムの発展を通してハワイ先住民族の言語および文化がハワイ社会によみがえるよう施策を講じている（松原、一九九五）。

　一九九〇年に入って、プーナナ・レオが七ヵ所、カイアプニ・ハワイイが六校に設置され、ハワイ語再活性化の動きは順調に滑り出したかのように思えた。ところが、本土における英語公用語化運

---

(17) ハワイアン・ルネッサンス　先住ハワイ民族の文化に対する誇りを取り戻そうとする動き。一九七八年には州憲法を修正し、英語と並んでハワイ語を州の公用語に格上げさせた。

(18) Hawaiʻi は、元来の語形 Hawaiki の [k] が消失したもので、ハワイ語の発音を忠実に表すものとして、先住民が好んで用いる。

動(19)(Official English movement)の波がハワイにも押し寄せ、ハワイ語による保育・教育に疑義を差しはさむ声が聞こえるようになった。エスニシティを過度に強調すると連邦国家という枠組みが崩れてしまうため、英語という求心力に救いの手を求めるようになったと思われる。『ホノルル・スター・ブルティン』の論説委員スマイザーによる「ハワイ語イマージョン(20)という考えは我々を分断しかねない」という文章(Smyser, 1991)から波紋が拡がり、「カイアプニ・ハワイイの子どもたち自身が情報化社会を生き抜くことができず、将来不利な目にあうこと必至である」とするスマイザーの意見に賛否両論が寄せられた。

体制側からの批判に続き、一九九〇年代末からは、他のマイノリティ・グループによる異議申し立てが目立つようになった。先住権の制限を要求する法案という形をとって、先住民族優遇策に対する不満が噴出した(松原、一九九九)。

カイアプニ・ハワイイ支援集会(二〇〇〇年三月・ハワイ)

以上のような逆風のなか、二〇〇〇年三月、カウアイ島のカパア小学校で第二回カイアプニ・ハワイイ支援集会(Paipai Kaiapuni II)が開催され、ハワイ語再活性化に携わる教師、親、校長、教育委員、教育行政担当者、支援グループなど一五〇名が参加した。討議のキーワードになったのはkuleana(責任)というハワイ語で、二一世紀を生きる子どもたちに対する責任を果たすために、いかに協力体制を築いていくべきかが話し合われた。イマージョン・プログラムの教員養成、カリキュラムや教材の開発、予算獲得、スクールバスの確保、チャータースクール化の可能性など、さまざまな問題が論じられた(松原、二〇〇〇)。

二〇〇一年八月現在、一八のカイアプニ・ハワイイで約一八〇〇人の子どもたちが、ハワイ語のみで教育を受けている。これに一〇ヵ所のプーナナ・レオで保育を受けている子どもを加えると、約二〇〇〇人がイマージョン保育・教育の対象に

(19) 英語公用語化運動
憲法を修正して、英語を連邦や州の公用語にし、他の言語の使用を制限しようとする運動。二〇〇三年一月現在、二七州がなんらかの形で英語を州の公用語に指定している。

(20) ハワイ語イマージョン
英語話者の子どもをハワイ語に「どっぷり浸けること(immersion)」によって、バイリンガル能力を付けさせようとする教育方法。

なっていることになる。ハワイ語のみを教育言語とする中学・高校、大学も設置されたうえ、二〇〇二年五月には、ハワイ大学ヒロ校の大学院から初めての修士課程修了者が出た。数人の有志によってプーナナ・レオ協会が設立された一九八三年当時、一八歳以下でハワイ語を話せる子どもが五〇人足らずであったことを考えると隔世の感がある。グローバル化の進展のなかで、自らのアイデンティティーを確立しようとしているハワイ先住民族の動きは、危機言語再活性化にとって一つの方向性を示しているといえよう。

先住民女性フォーラム二〇〇〇（二〇〇〇年八月・札幌）

「『公式の公共性』を独占している言語が、社会を画一的に規制することのないよう、『対抗的な公共性』を作り上げる必要がある」というイ（二〇〇〇）の提唱に沿った形で、ハワイ語の再活性化運動は定着しつつあるように思われる。このような意味で、二〇〇〇年八月、札幌で開催された「先住民女性フォーラム二〇〇〇」（アイヌの女の会[21]主催）が、アイヌ語再活性化に対する公的プログラムの必要性を決議して、公立学校のカリキュラムにアイヌ語の導入を提唱したことは注目に値する（アイヌの女の会、二〇〇〇）。

民族語の存続を最終的に決定するのが当該民族自身の意思であるとするならば、この一歩は大きな一歩であると言えよう。ハワイの先住民族言語の復権と比較して、言語社会学的与件（母語話者数、表記法の確立、方言の多寡、先住民族権利回復運動の拡がり、法律による先住権の擁護、等）が大きく異なるとはいえ、アイヌ語再活性化にとって、ハワイ語の復権運動から学ぶべき点は多々あるように思われる。

グローバル化のなかで危機言語の救済は可能か

グローバル化とメディアが不可分の関係にあることは、否定できない事実である。そして、英語最優先のマス・メディアが世界を席巻している現在、多くの危機言語がグローバル化のなかで、埋

(21) アイヌの女の会　「フォーラム'99」（一九九九年二月、札幌と白老で開催）に集まった海外先住民女性に刺激され、二〇〇〇年二月にアイヌ女性が創設した会。

没し、消滅するだろうということも否定しきれない。メディアの存在そのものが危機言語にとって脅威となっているという見方もできよう。

第五回FEL国際会議（二〇〇一年九月・モロッコ）

ところが、情報技術革新を逆手にとって、危機言語の擁護を図ろうとする動きが出ている。二〇〇一年九月、モロッコで開催された第五回FEL国際会議も、そのような動きの一つである。この会議のテーマは「危機言語とメディア(22)」で、世界各地の少数言語再活性化に関する事例が報告された。印刷やラジオ・テレビといった伝統的なメディアを有効に使用することによって、危機言語の保持を探る報告（たとえば、フロリダ半島のクリーク語とミカスキ語、ニカラグアのマヤ語）の他に、インターネットなど新しいメディアの可能性を模索する報告（北アフリカのタマズィフト語(23)、アッシリア人(24)の新アラム語、バスク自治政府(25)下のバスク語）が目立った。

さて、FELモロッコ大会で報告された事例の中には、インターネットの出現によって、危機言語の保持が容易になるというものがある。しかし、コンピューターによる「バーチャル」言語共同体の構築が、果たして危機言語の再活性化にとって特効薬になるであろうか。アラビア語のような「中心言語(26)」（カルヴェ、二〇〇〇）、そして「スーパー中心言語(26)」としてのフランス語や「ハイパー中心言語」としての英語の優勢に圧倒されるなかで、たとえバーチャルな社会がネット上に構築されたとしても、真の解決には到底なりえないであろう。そもそも、言語の習得は、「中心言語」であろうと「周辺言語」であろうと、差し向かいの関係において成立するものだからである。フィッシュマン(27)（Fishman, 1991）が少数言語の再活性化において、家族を中心とした言語共同体に最も重きを置いているゆえんがここにある。前項でみたハワイ語イマージョン・プログラムのような学校教育での試みと並行して、町ぐるみのアイルランド語復興の催し（Fishman, 1991）や、次世代へネイティブ・アメリカン(28)諸語を継承しようとするプログラム（Tomei, 1995）が導入されない限

---

(22)危機言語とメディア　同名の報告書が出されている。参考文献FEL（二〇〇一）参照。

(23)タマズィフト語　通称ベルベル語。

(24)アッシリア人　イラン、イラク、トルコなどに居住するキリスト教徒。イスラム政権の弾圧を受け、世界各地へ離散しているが、民族としての団結心が強い。

(25)バスク自治政府　一九七九年、スペイン・バスクに地方自治が承認され、自治政府下でバスク語が公用語として認められた。

(26)中心言語、スーパー中心言語　たとえばモロッコでは、「周辺言語」のベルベル語を第一言語とする人たちにとって、すぐ上位にあるアラビア語が「中心言語」であり、さらにその上位に

り、危機言語の保持は困難きわまりないものとなるであろう。

結びにかえて

日欧シンポジウム「ヨーロッパの多言語主義はどこまできたか―二〇〇一年欧州言語年を振り返る」（二〇〇二年一月・東京）

二〇〇二年一月に開催された右記のシンポジウム（多言語社会研究会主催）において、アンリ・ジオルダンは「ヨーロッパの地域語少数言語」という講演のなかで、グローバル・コミュニケーションの手段としての英語の役割を認めたうえ、「グローバル化の動きは逆説的に多言語主義の新しい可能性を開く」と力説した。EU内の苦渋の選択が発言の背後にあるとはいえ、言語多様性(29)を擁護しようとするこの精神は、欧州のみに閉じ込められてはならない。グローバル化による新しい地域主義の出現と歩を合わせて、危機言語も含めすべての少数言語を擁護していこうとする姿勢こそが、人類の多様な文化を守ることにつながるからである。

練習問題

1.「危機言語は消滅する運命にあるのだから、再活性化の努力をする必要はない」という意見がある。この意見に対する反論をまとめなさい。

2.グローバル化は危機言語に対してさまざまな作用を及ぼすものと考えられる。肯定的な面と否定的な面を一つずつ指摘しなさい。

引用・参考文献

アイヌの女の会（二〇〇〇）『アイヌの女の会ニュース』創刊号。

Baker, C.（1993）*Foundations of Bilingual Education and Bilingualism.* Clevedon: Multilingual Matters.（岡秀夫訳編　一九九六『バイリンガル教育と第二言語習得』大修館書店）。

Calvet, L.-J.（2000）*Un modèle gravitationnel pour une écologie des langues.*（西山教行訳「言語生態学の重層的（中心―周辺）モデル」三浦信孝・糟谷啓介編　二〇〇〇『言語帝国主義

「スーパー中心言語」としてのフランス語がある。

(27) フィッシュマン（J.A.Fishman）
少数言語・弱小言語の保持・再活性化に取り組む代表的な社会言語学者。

(28) ネイティブ・アメリカン
米国の先住民の総称で、インディアンの他にイヌイット、アリュート、ハワイのポリネシア人なども含む。

(29) 言語多様性
「言語の庭園」というたとえで、多様な種類の花（言語）を保っていくための計画性と手当が必要であることをベーカー（一九九三）は主張している。

とは何か』藤原書店、二七–三八頁）。

Dixon, R. M.W.（1997）*The Rise and Fall of Languages*. Cambridge: Cambridge University Press.（大角翠訳　二〇〇一『言語の興亡』岩波書店）。

ELPR（Endangered Languages of the Pacific Rim「環太平洋の言語」総括班）（編）（二〇〇〇）『危機に瀕した言語について・講演集⑴』（環太平洋の「消滅に瀕した言語」にかんする緊急調査研究）。

FEL（Foundation for Endangered Languages）（2001）*Endangered Languages and the Media*. Proceedings of the Fifth FEL Conference: 20-23 September 2001, Agadir, Morocco.

Fishman, J. A.（1991）*Reversing Language Shift: Theoretical and Empirical Foundations of Assistance to Threatened Languages*. Clevedon: Multilingual Matters.

Fishman, J. A.（Ed.）（2001）*Can Threatened Languages Be Saved?: Reversing Language Shift, Revisited: A 21st Century Perspective*. Clevedon: Multilingual Matters.

Haas, M.（1992）*Institutional Racism: The Case of Hawaii*. Westport: Praeger Publishers.

イ・ヨンスク（二〇〇〇）「「国語」と言語的公共性」三浦信孝・糟谷啓介（編）（二〇〇〇）『言語帝国主義とは何か』藤原書店、三三七–三五〇頁。

Kimura, L. L.（Aug.2, 1994）Personal communication with the present writer.

Krauss, M.（1992）The world's languages in crisis. *Language*, **68**, 4-10.

松原好次（一九九五）「ハワイにおけるハワイ語再生運動—ワイアウ小学校のハワイ語イマージョン・プログラムを中心に」『湘南国際女子短期大学紀要』、第三号、四一–一〇〇頁。

松原好次（一九九九）「英語優位に対する少数民族言語の抵抗—クラ・アーヌエヌエにおけるハワイ語復権の試み」*Oliva*, No.5, 193-210.

松原好次（2000）*Indigenous Languages Revitalized?* 春風社。

松村一登（編）（1998）*Studies in Endangered Lan-*

guages. Papers from the International Symposium on Endangered Languages, Tokyo, November 18-20, 1995. ICHEL Linguistics Studies, Vol.1. ひつじ書房

松村一登（編）(2000) *Studies in Minority Languages*. In ICHEL Linguistics Studies. Vol.4.

三浦信孝（二〇〇〇）「編集後記―シンポジウムの社会言語学」三浦信孝・糟谷啓介（編）（二〇〇〇）『言語帝国主義とは何か』藤原書店、三八七―三九二頁。

三浦信孝・糟谷啓介（編）（二〇〇〇）『言語帝国主義とは何か』藤原書店。

Mühlhäusler, P. (1996) *Linguistic Ecology: Language Change and Linguistic Imperialism in the Pacific Region*. London and New York: Routledge.

中村敬（一九九九）「言語・ネイション・グローバリゼーション」『ナショナリズム／グローバリゼーション』（記号学研究一九）日本記号学会（編）東海大学出版会、六五―八四頁。

中村敬（二〇〇〇）「船橋洋一、志賀直哉、そして森有禮―西洋の大言語と皇国言語の狭間で―」『成城大学文芸学部紀要』一七〇、一―三二頁。

Nettle, D. and Romaine, S. (2000) *Vanishing Voices: The Extinction of the World's Languages*. Oxford: Oxford University Press.（島村宣男訳二〇〇一『消えゆく言語たち―失われることば、失われる世界』新曜社）。

日本言語学会危機言語小委員会（編）（一九九八）「シンポジウム「危機に瀕した言語」予稿集」。

岡真理（二〇〇一）「テロと空爆・なぜ遠いパレスチナ人の死」『朝日新聞』一〇月二九日。

Phillipson, R. (2000) *English linguistic imperialism, past and present*.（臼井裕之訳『英語帝国主義の過去と現在』三浦信孝・糟谷啓介（編）二〇〇〇『言語帝国主義とは何か』藤原書店、九五―一一〇頁。

Phillipson, R. and Skutnabb-Kangas, T. (1996) English only worldwide or language ecology? *TESOL Quarterly*, **30:3**, 429-452.

Skutnabb-Kangas, Tove (2000) Language rights:

problems and challenges in recent human rights instruments.（木村護郎編訳「言語権の現在—言語抹殺に抗して」三浦信孝・糟谷啓介（編）二〇〇〇『言語帝国主義とは何か』藤原書店、二九三−三一四頁）。

Smyser, A.A.（1991）Hawaiian immersion idea may divide us. *The Honolulu Star-Bulletin*, Feb. 26.

Tomei, J.（1995）The practice of preservation: views from linguists working with language renewal. A report on a session of the 1993 meeting of the American Anthropological Association. *International Journal of the Sociology of Language*, **115**, 173-182.

角田太作（研究代表者）（一九九九）『消滅の危機に瀕した言語の現地調査研究』平成八年度〜平成一〇年度科学研究費補助金国際学術研究成果報告書。

角田太作（編）（二〇〇〇）『少数言語の基礎的資料』（ICHEL Linguistics Studies,Vol.5.）ひつじ書房。

5

国際情報の流れの不均衡
「情報リッチ」と「情報プア」

津田幸男
（筑波大学 現代語・現代文化学系）

言語は文化の象徴であると同時に、情報を運ぶ媒体でもある。英語が国際共通語であるということは、英語による情報が多くなるということを意味し、そして英語ができないと情報を送信することも受信することもむずかしくなる。逆に英語ができる人、そして英語圏の国々は自分たちの情報を送信することはもちろん、世界中の情報が英語化されているのでそれらを受信しやすくなっている。これが英語支配による「情報支配(1)」である。

世界の情報の流れはいつも不均衡で不平等であった。つまり、世界の情報はいつも欧米先進国から発展途上国へと流れていて、発展途上国から世界へあるいは先進国へと情報が発信されることは少ない。これは、ひとつには先進国側が世界のマスメディアを握っていることが原因している。そしてさらに英語が国際共通語であるということも大きく影響している。

先進国側、特にアメリカは情報の経路（チャンネル）と情報の媒体(2)（言語）の両方を握っており、「情報超大国」といえる。最近は「情報スーパ

(1)情報支配
文中の説明を参照。

(2)情報の経路と媒体
媒体（メディア）は情報を運ぶ手段。経路（チャンネル）はその情報を伝える装置、通り道。

ーハイウェー構想[3]」により、世界中にインターネットが網の目のようにはりめぐらされ、英語のサイトは増え続ける一方である。これにより、英語の支配力はますます強まったといえる。

「情報支配」は言い換えると「情報の南北問題[4]」といえ、北半球に集中する先進国側が情報とその流れを独占するいっぽうで、南半球の発展途上国は、先進国からの情報を受信、消費する受け身的な役割を強いられている。「情報リッチ」と「情報プア」[5]という明らかな格差が出てきている。

この章では、この「情報支配」を次の項目にわたって検討する。

(1) 国際情報の流れの不均衡の実態
(2) 「新世界情報コミュニケーション秩序」構想について
(3) 英語国の盗聴組織「エシュロン」について
(4) Jihad vs. McWorld

国際情報の流れの不均衡の実態

情報資源の偏在化

まず、情報の不平等な流れの話に入る前に、「情報資源[6]」、つまり情報の発信源や受信装置・設備などもいかに先進国の方に偏って存在しているかについて触れる。

ある報告によると、世界のニュースの流れの不均衡は、その源となっている国際通信社が偏在しているからだという。国際ニュースは、主に五大通信社――ＡＦＰ（フランス）、ＡＰ（アメリカ）、ロイター（イギリス）、タス（ロシア）、ＵＰＩ（アメリカ）――により発信されており、これらの通信社は一つを除いて欧米先進国に集中している（猪瀬、一九八四）。

これが一九九〇年代以降は、特にアメリカに本部をもつＣＮＮＩ(Cable News Network International)の衛星放送網の発達により、ますます情報資源の偏在化が進んできている。

また、その他の情報資源――テレビ受像機とラジオ受信機の台数、新聞の発行部数、図書の発行数、郵便の通数、電話機の台数――においても、格差が縮まっているとはいえ、ヨーロッパ、北アメリカ、日本といった先進国に依然として偏在し

(3) 情報スーパーハイウェー構想
第3章注(27)参照。

(4) 情報の南北問題
南半球と北半球の情報格差と不均衡の問題。

(5) 情報リッチと情報プア
情報資源、設備、媒体を豊富に有する者とそうでない者。

(6) 情報資源
文中の説明を参照。

ている（表5－1参照）。言い換えると、世界の全人口の内の三〇%にも満たない人々が、全情報資源の七〇-九〇%を所有していることがわかった。さらに、データベースに関しては、九〇%以上がアメリカに偏在しており、他の国はそのコピーを利用している。

表5-1　ラジオ・テレビ受信機の所有数（人口1000人当りの）

国／受信機／年	先進国		発展途上国	
	ラジオ	テレビ	ラジオ	テレビ
1970	643	263	90	9,9
1980	880	424	120	27
1990	987	492	220	124
1997	1061	548	245	157

資料：ユネスコ編　永井道雄監訳『ユネスコ文化統計年鑑1999』
（Unesco Publishing & Bernan Press),pp. 608-610.
（上記資料を基に筆者が作成した）

こういった情報資源の偏在を指摘し、猪瀬博は次のように嘆いている。

私どもは情報の豊富さを享受しているけれども、世界の人口の七〇パーセント以上の人々はたいへん情報枯渇に悩まされている（猪瀬、一九八四）。

まさに「情報の格差」「情報の南北問題」が厳然としてあるということである。これは一九八〇年代の報告書を基にしているが、それ以来この問題が改善したという報告は聞いたことがない。それどころか、新たな情報テクノロジーの登場によって、情報資源の偏在化はますます肥大していると考えられる。

情報先進国、中等国、後進国

情報資源を豊富に所有し、情報を流通させている国々を「情報先進国[7]」、これを一方的に受け取

(7) 情報先進国
文中の説明を参照。

るか、あるいは受け取らずに、発信もできない国々を「情報後進国(8)」と名付けられるであろう。しかし、たとえば日本はこのどちらに属するかというと、情報資源を多く所有するもののその発信力は欧米諸国に比べると必ずしも強いとはいえないので、いわば「情報中等国(9)」といえるだろう。日本は国際情報に関しては「輸入超過」であるからだ。

結論から先に言うと、「情報の格差」は国家間の政治力、経済力、軍事力などの格差の反映であるということである。

この点に関して慶応大学の伊藤陽一は「近年における日本を中心とした情報交流の変化――ニュース報道と大衆文化」(伊藤、一九八八)と題する論文で一九六〇年代から八〇年代の日本と外国との情報交流の変容を調べている。

伊藤はこの三〇年間の日本のニュース報道の内容について次のようにまとめている。

日本からのニュース報道の流れを全世界的規模で見ると、米中ソ三大国からは入超、英仏西独との間では均衡、そして世界のその他の国々に対しては日本側の出超になっている(伊藤、一九八八)。

つまり、日本よりも政治力の強い国からは情報をより多く受信し、同等と思われる国々とは同等に、そして日本より力の弱い国々にはより多くの情報を送信しているということになる。このように、情報の流れは、政治の力関係と相関していると考えられる。

言い換えると、自分より強い国の情報は積極的に摂取する一方で、弱い国には自分の情報を一方的に押し付けているということである。

世界の超大国アメリカもこの原理に則っている。アメリカは自国がナンバーワンだと思っているので、他の国に関心を示して情報を受信するというよりも、自国の情報を世界中に送信しているのである。

日本は果たしてこれから「情報先進国」あるいはアメリカのような「情報超大国」になれるだろうか？　このことに関して、伊藤は否定的な意見

(8) 情報後進国
文中の説明を参照。

(9) 情報中等国
文中の説明を参照。

を述べている。なぜならば、日本には、情報源になる国際通信社がないからだという。

しかも英語がますます主流になってきている。「情報の格差」はこのように、アメリカを中心とした英語国が何歩もリードすることによって、ますます拡大している。

アメリカの情報支配政策

「情報の格差」はこのように事実であり、「情報先進国」はこれをなくそうとする努力をおこなってはおらず、逆にこの「情報の格差」が固定化し、さらに広がるような行動を起こしているのが現実である。

「情報先進国」のリーダーであるアメリカは自国の優勢を確保し、強化するために世界のコミュニケーション・システムを支配することを長い間国策としてきたと、アメリカのコミュニケーション学者H・シラーは指摘している。シラーは、たとえばすでに一九六〇年代のアメリカ議会の報告書には次のようなメッセージが表されていた、と報告している。

> アメリカの行動が、今出現しつつある国際コミュニケーション・システムを大きく形作るであろう。……わが国の情報技術と情報資源をもってすれば、アメリカは世界のコミュニケーション・システムの中枢となることは明らかである。(Schiller ,1970)

ここにはアメリカの「情報支配」へのなみなみならぬ意気込みが出ている。情報テクノロジーを開発し、世界のコミュニケーション・システムの主導権を握れば、アメリカの覇権は揺るぎないものになると考えていたのである。

その後、アメリカの主導により「インテルサット[10]」(International Telecommunications Satellite Organization)という通信衛星の運営を決める国際組織が作られ、世界の衛星システムはアメリカ主導でおこなわれる体制がつくられた。すでに述べたように世界の五大国際通信社のうち二つはアメリカにあるので、衛星システムにおける支配はこのすでに存在する支配に輪をかけるものとなり、

---

(10) インテルサット
「国際電気通信衛星機構」一四三ヶ国が加盟している。暗殺されたジョン・F・ケネディ大統領の発案といわれている。

アメリカのコミュニケーション支配は揺るぎないものになった。

それに加え、一九九〇年代からはインターネット網の世界的普及が起こった。これもアメリカの情報戦略の一つであり、グローバル・コミュニケーションにおけるアメリカの覇権はますます強固なものとなったといえる。

「新世界情報コミュニケーション秩序」

このような「情報の格差」「情報の流れの不均衡」に対して、発展途上国は指をくわえて傍観していたわけではない。

一九七〇年代より主に「非同盟運動[11]」の諸国を中心に、後に「新世界情報コミュニケーション秩序[12]」といわれる運動が展開された。

一九七六年の「ニューデリー宣言[13]」には「情報の格差と不均衡」を厳しく指摘する条項が含まれている。いくつかの条項を以下に挙げる。

一、現在の国際情報の流れは深刻な不適切さと不均衡が特徴となっている。情報コミュニケーション手段はほんの数か国に集中している。大多数の国はこれらの数か国から流される情報の受け身的な受信者におとしめられている。

三、情報の伝達はいくつかの先進国にあるほんのわずかの通信社の手中にあり、世界はお互いを、そして自分自身をこれらの通信社の媒体を通して見ざるをえないのである。

五、情報手段が少数により支配され独占されている状況では、情報の自由はこれらの少数者が彼らの勝手なやり方で情報を広げる自由を意味するものでありわれわれが情報を客観的かつ正確に送受信する権利の否定を意味するのである。

(Nordenstreng and Kleinwachter, 1990, 90–91, 筆者訳)

---

(11) 非同盟運動
第3章注(25)参照。

(12) 新世界情報コミュニケーション秩序
(New World Information and Communication Order)
一九七〇年代より非同盟諸国を中心に、国際情報の流れの不均衡を是正しようとした運動。

(13) ニューデリー宣言
新世界情報コミュニケーション秩序のニューデリー会議における宣言。

この運動は八〇年代に入っても継続され、いくつかの成果をあげることができた、と国際コミュニケーション学者のNordenstrengとKleinwachterは次のように論じている。

まず、この運動により発展途上国の情報システムの改善が進んだということである。各国の問題意識が芽生え、それがそれぞれの国の情報システムの改善に結び付いたのである。

第二に、発展途上国の間に協力体制が発展したことである。八〇年代前半には、アジア、アフリカ、ラテンアメリカにそれぞれニュース・ネットワークができ上がり、各地域ごとの通信網が設立された。

第三に、非同盟運動のなかで、この運動が認知を受けてそれを促進する体制が確立されたということがあげられる。非同盟運動において、この問題が継続的に審議されることになったのである。

第四には、七〇年代からの議論の積み重ねによって、この運動の目的や理念が明確になってきたことがあげられる。数々の会議と宣言の採択を通して、その目的は、脱植民地化と民主化であり、その原理は、自己決定、主権、非介入、そして協力であるということが明確になった。

そして第五の成果として、この運動が国際連合の組織であるユネスコでも取り上げられて、議論されたことである。これにより、「新世界情報コミュニケーション秩序」は非同盟諸国のみならず、世界全体の問題として幅広い認知を受けたのである。

しかし、この運動の発展にもかかわらず、現状は改善されることはできなかった。それどころか、先進国と発展途上国の情報の格差は広がるばかりであった。しかも、発展途上国の間にも格差が生じてきて問題は複雑になるばかりであった。

そんな状況のときに、アメリカ、そしてイギリス、シンガポールがユネスコからの脱退を宣言した。「新世界情報コミュニケーション秩序」に異議を唱えてである。アメリカは、この運動は現在おこなわれている情報の「自由な」送受信に対する妨害であると主張し、さまざまな通信関連の組織も動員して、「反・新世界情報コミュニケーション秩序」の議論をユネスコで展開し、そして脱退したのであった。

これにより、ユネスコは財政難を招き、国連の中でのこの運動の勢いは衰えてしまった。

そして九〇年代に入ると、グローバル化に乗って、多国籍企業が情報産業を地球的規模で展開し、さらにアメリカの「情報スーパーハイウェー構想」が発表され、インターネットが爆発的に広がると、「新世界情報コミュニケーション秩序」構想は、学者たちの間でさえも急速に忘れさられてしまったのである。

しかし、「情報の格差と不均衡」は厳然として実在しているし、それはむしろ悪化しているといってよい。

非同盟諸国はまだこの運動を現在でも継続している。二〇〇〇年九月マレーシアで非同盟諸国のメディアの役割に関する会議が開かれ、欧米によるサイバー空間(14)の支配に対抗するために「非同盟諸国メディア協議会(15)」の本部がマレーシアに置かれることが決まった。この運動はまだまだ続くであろうし、またそうすることが必要なのである。なぜならば、「情報の格差と不均衡」のそもそもの原因は数百年にわたる西洋諸国による植民地支配にあり、その「負の遺産」として残っているからである。植民地支配からの真の脱却を果たすために、情報の格差と不均衡の解消をその第一歩にすべきであろう。

英語国の盗聴組織「エシュロン」

二〇〇一年六月二七日「毎日新聞」朝刊はその一面にスクープ記事を載せた。その記事には「エシュロン(16)：日本の外交電文も傍受」という見出しがついていた。そのリード文は次のような内容であった。

米英など英語圏五カ国の通信傍受機関（暗号名エシュロン）の一環として、ニュージーランドの情報機関がオセアニア地域で日本の在外公館の外交電文を傍受している実態が二六日、明らかになった。エシュロン問題を調べ、欧州議会調査委員会で証言したニュージーランド在住の研究者、ニッキー・ハガー氏

(14) サイバー空間
インターネット上の空間。

(15) 非同盟諸国メディア協議会
文中の説明を参照。

(16) エシュロン（Echuron）
英語五ヶ国の諜報組織の作戦コード名。

（四二）が毎日新聞に明らかにした。日本の外交情報は「ＪＡＤ」の暗号名で呼ばれ、八一年以降、貿易や漁業など経済分野の情報を中心に収集され、米国に報告されていた。

つまり、ニュージーランドが日本の外交電文を傍受、解読し、アメリカに報告していたというわけである。英語国間で共謀して、友好国であるはずの日本の秘密情報を盗聴しているという事実はもちろん、英語国のあいだにそのような諜報組織(17)があるということも大変ショッキングなことである。

この「エシュロン」は長い間秘密のベールに覆われていたらしく、今回その活動が明らかになったのをきっかけに、欧州議会(18)は今後も調査を続け、異議申し立てをおこなう予定である。欧州議会の調査報告書は「エシュロンによる通信傍受は人権侵害やプライバシー侵害に該当する」（『毎日新聞』二〇〇一年七月四日号夕刊）と厳しく批判している。

鹿児島大学の指宿信助教授は、「エシュロン」について一九九九年にすでに論文を発表している（指宿、一九九九）。それによると欧州議会が一九九九年にすでに「エシュロン」についての報告書を出しており、それによれば、「エシュロン」とはそもそもアメリカとイギリスが秘密裏に作った諜報組織「ＵＫＵＳＡ(19)」が実施している作戦のコード名であるという。この組織は一九四七年に作られ、以後カナダ、オーストラリア、ニュージーランドが加わり五つの英語国による諜報組織である。

「エシュロン」の存在が明らかになったのは一九九七年で、その時ヨーロッパを通過するファックス、テレックス、電子メールがＵＫＵＳＡ同盟によりスキャンされていることがわかった。そしてヨーロッパで本格的な調査が始まり、今日に至っている。

アメリカは、「エシュロン」の存在を否定しているが、全貌が明らかになるのは時間の問題であろう。

「情報流通の自由(20)」を唱えているアメリカが、影ではこのような諜報活動をおこなっていることはまことに由々しきことである。さらに五英語国

---

(17)課報組織　秘密裏におこなわれている通信傍受、情報収集などの活動組織。

(18)欧州議会（European Parliament）欧州連合（European Union）の議会でその主要な機関である。

(19)ＵＫＵＳＡ　文中の説明を参照。

(20)情報流通の自由　情報は商品であり、市場論理で自由に売買するという考え。

で同盟を組んで諜報活動をおこなっているということも問題である。テロ(21)に対する備えという大義名分があるかもしれないが、それなら隠れて諜報活動をやらずに、国際的な対テロ組織を作るべきであろう。

「情報先進国」であるアメリカをはじめとする英語国が残念なことに「情報の格差と不均衡」を是正しようとするのではなく、自国の利益を守り拡大するために諜報活動をしているという事実は、「情報戦争(22)」が静かに進行していることを物語っている。

Jihad vs. McWorld

二〇〇一年九月一一日は全世界の人々にとって忘れられない一日となった。ニューヨークの世界貿易センタービルに飛行機が二機も突っ込み、数時間後二つの高層ビルは崩壊し、五〇〇〇人以上の死者が出たのである。飛行機が激突し、貿易センタービルが崩壊する衝撃的な映像が何度も報道され、まさに全世界を震撼させたのであった。

これにより、はからずも、あのS・ハンチントンが『文明の衝突(23)』で警告したように、アメリカに対抗する最も強力な勢力としてイスラーム諸国がその力を誇示したことになった。アメリカの覇権に異議を唱える「聖戦」(ジハード)(Jihad)(24)となったのである。

しかし、この「聖戦」は純粋に政治的なものというよりも、文化を根拠にしたものといえる。

イスラームはアメリカがグローバル化を通して世界に浸透させようとしている「市場論理」「消費文化」「資本主義文化」に強烈な違和感を感じており、そのような「物質文化(25)」が自分たちが営々と築き上げてきたイスラム教を基にした「精神文化(26)」を圧迫していることに常々不安と苛立ちを感じてきたのである。

つまり、アメリカはハンバーガーの「マクドナルド」やコンピューターの「マッキントッシュ」に象徴されるように世界を"McWorld(27)"に塗り替えることにより、文化、情報、コミュニケーションにおいても全世界をその支配下に置こうとしていることに対して、イスラームはある意味では強

---

(21)テロ
テロリズム(terrorism)の略。

(22)情報戦争
情報をめぐる国際間の競争。

(23)「文明の衝突」
序章及び第2章注(3)参照。

(24)聖戦
ジハード(Jihad)
原義は「一定の目的に向かって努力すること」。

(25)物質文化
文中の説明を参照。

(26)精神文化
物質よりも精神、内面を重視する文化、生き方、思想。

(27)McWorld
文中の説明を参照。

烈な危機意識をもっているといえる。その危機感が彼らをして、テロ行為に走らせたともいえる。

ことばを換えて言えば、「グローバル化」という名の世界の“McWorld”化をもくろむアメリカと日本を含めたG７先進諸国(28)に対して、自らの民族的、宗教的、文化的アイデンティティーを守ろうとするイスラーム勢力は、「聖戦」を通して「ローカル化」を進めようとしているといえよう。それは彼らの「伝統的価値」を守り通そうとする態度に明確に表れている。

情報テクノロジーの急速な発達と「グローバル化」の進展により、世界は急速に“McWorld”になりつつある。しかしその世界というのは、ディズニーランドやハリウッド映画が中身のない味気無いものであるのと同じように、情報の氾濫により生活そのものがすべて「疑似化」「間接化」しており、生活の実感が失われてきている。

「聖戦」を仕掛けるべきなのはこの“McWorld”ですでに捕らわれの身になっている私たち自身なのではないだろうか?

結び

第一章でテヘラニアン氏が述べているように、私たちは「情報文明」という新たな文明に生きている。すなわち情報をもっている者、発信・送信能力が高い者、そして情報商品を作り、それらを市場化する方法や組織をもっている者が権力を握る文明といえる。

この点からいっても、アメリカを筆頭とする先進諸国の絶対的優位は揺るがない。これらの国々が情報を作り、売り、利益を上げながら、世界中をその支配下に置いているのが現状である。「情報リッチ」と「情報プア」の格差がますます広がっている。

現在情報は商品として自由に売買されているが、そもそも情報は公共性の高い性質のものである。富と同様に、平等に分配されてしかるべきなのではないか?

そして、CNNニュースで世界の現実が本当に

(28) G７先進諸国
アメリカ、イギリス、カナダ、フランス、ドイツ、イタリア、日本、の七ヶ国。G７とは「七ヶ国蔵相・中央銀行総裁会議」のこと。

わかるであろうか？　アメリカに支配されている世界のメディアが果たして正しい情報を伝えているだろうか？「情報リッチ」から見た「世界」というものが本当の「世界」なのか、と私たちは私たち自身に問いかけなければならない。

練習問題

1.国際情報の流れを平等にするにはどのような方策が必要でしょうか？

2.日本が「情報発信国」になるにはどのような方策が必要でしょうか？

引用・参考文献

伊藤陽一（一九八八）「近年における日本を中心とした情報交流の変化―ニュース報道と大衆文化」慶応義塾大学法学研究会（編）『法学研究』第六一巻、第一号、二六三―二九三頁。

猪瀬博（一九八四）「国際社会と情報」『情報化と社会』東京大学出版会　二三七―二七八頁。

指宿信（一九九九）「これが国際通信盗聴網「エシュロン」だ！――EU報告書を読む」『法学セミナー』、No.五三九、五七―六一頁。

「エシュロン:日本の外交電文も傍受」（二〇〇一）『毎日新聞』、六月二七日。

「エシュロン存在認める」（二〇〇一）『毎日新聞』、七月四日夕刊。

Nordenstreng, K. and Kleinwachter,W.（1990）“The new international information and communication order” in M.K.Asante and W.B.Gudykunst (eds), *Handbook of International and Intercultural Communication*. Newbury Park, CA: Sage, pp.87–113.

Schiller, H.I.（1970）*Mass Communications and American Empire*. New York :Augustus M.Kelley.

推薦図書

Barber,B.R.（1995）*Jihad vs. McWorld:How Globalism and Tribalism are Reshaping the World*. New York: Ballantine Books.

UNESCO（1980）*Many Voices,One World*. Paris: Unesco.

6 インターネット・パラドックス
在日留学生の調査を通して

橋元良明
（東京大学 社会情報研究所）

日本におけるインターネット普及の現状

ここ数年、日本でもインターネットは爆発的な普及を遂げつつある。二〇〇一年九月に実施された野村総合研究所の情報通信利用者調査[(1)]（調査対象は全国一五歳から五九歳の男女。N＝一四一四）によれば、現在、日本におけるインターネットの個人利用率は五六・八％、自宅でのインターネット利用率は四四・二％に達している。ただし、この数値はiモード[(2)]など携帯電話単体でのインターネット利用を含めた数値であり、パソコンを通して利用する人の比率は四四・九％、自宅でパソコンを通して利用する比率は三四・七％である。

『平成一三年版情報通信白書』によれば、二〇〇〇年末時点の日本の個人利用率（推計値）の三七・一％は、普及率で世界一四位であるが、この数値には携帯電話単体でのインターネット利用も含まれているから、パソコンを通した利用率はそれより順位が下位とみなさなければならない（携

(1) 調査結果については、野村総合研究所から直接許可を得て引用した。

(2) iモード
NTT ドコモが提供する携帯電話網を使ったインターネット接続サービス。

帯電話単体でのインターネット利用は、現在、米国でも北欧諸国でもあまり進んでいない）。授受される情報量や比較の公平性から、現状ではパソコンを通したインターネット利用で普及率を比べるのが適切であろう。この一年間で、日本ではインターネット利用率が急速に上昇したとはいえ、欧米諸国やシンガポール、韓国などのアジア諸国の一部でも普及は急伸しており、また、日本でのインターネット普及の伸びは、携帯電話単体での利用が底上げしている部分も大きいため、世界的にみて現時点では、日本のインターネットの普及は、その経済力のわりに、欧米や一部のアジア諸国と比較して、まだまだ立ち後れている状況である。

日本在住の留学生とインターネット利用

文部科学省の発表によれば、二〇〇一年五月現在、日本で学ぶ留学生は七万八八一二人であり、出身地域別に見れば、表6－1に示される通り、アジアが圧倒的に多く九割以上を占めている。出身国別にみれば、中国、韓国、台湾がそれぞれ五五・八％、一八・七％、五・四％であり、この三カ国で約八〇％を占めている（図6－1）。

日本で学ぶ留学生たちは、メディア利用に関してどのような状況にあり、インターネットをどの程度利用しているのだろうか。橋元らは、二〇〇一年四月から五月にかけ、首都圏在住の留学生を対象に、携帯電話やインターネットを中心としたパーソナル・メディア(3)利用に関する質問票調査を実施した(4)（N＝四八五、調査の詳細は注(6)参照）。

調査の結果、在日留学生のうち「インターネットを現在利用している」と答えた比率は八六・九％にも達した。彼らは主にパソコンを通してインターネットを利用し（携帯電話単体利用等、他

表6-1　出身地域別の留学生数
(http://www.mext.go.jp より)

(　)内は構成比(%)

アジア	72,197	(91.6%)
欧州	2,389	(3.0%)
北米	1,360	(1.7%)
中南米	943	(1.2%)
アフリカ	872	(1.1%)
オセアニア	526	(0.7%)
中近東	525	(0.7%)
合計	78,812	(100%)

(2001年5月1日現在)

---

(3) パーソナル・メディア　個人で利用する情報伝達媒介。

(4) 留学生のメディア利用調査は二〇〇一年四月から五月にかけ、橋元、金相美、戴智軻（金、戴は東京大学大学院人文社会系研究科大学院生）の三名で実施した。調査対象は首都圏一二大学の留学生で最終有効回答票は四八五票。調査は日本語授業を担当している大学教官を通して、原則的に授業中に調査票を配布して回収した。調査票は中国語、韓国語、英語、日本語の四言語バージョンを用意し、母語ないし四言語中もっとも習熟している言語で回答してもらった。回答者の分布は、中国人（人民共和国）二一三（四四・〇％）、韓国人一三八（二八・五％）、その他の東南アジア系六一（一二・六％）、欧米系その他（非回答者も含む）七三（一五・一％）であった。

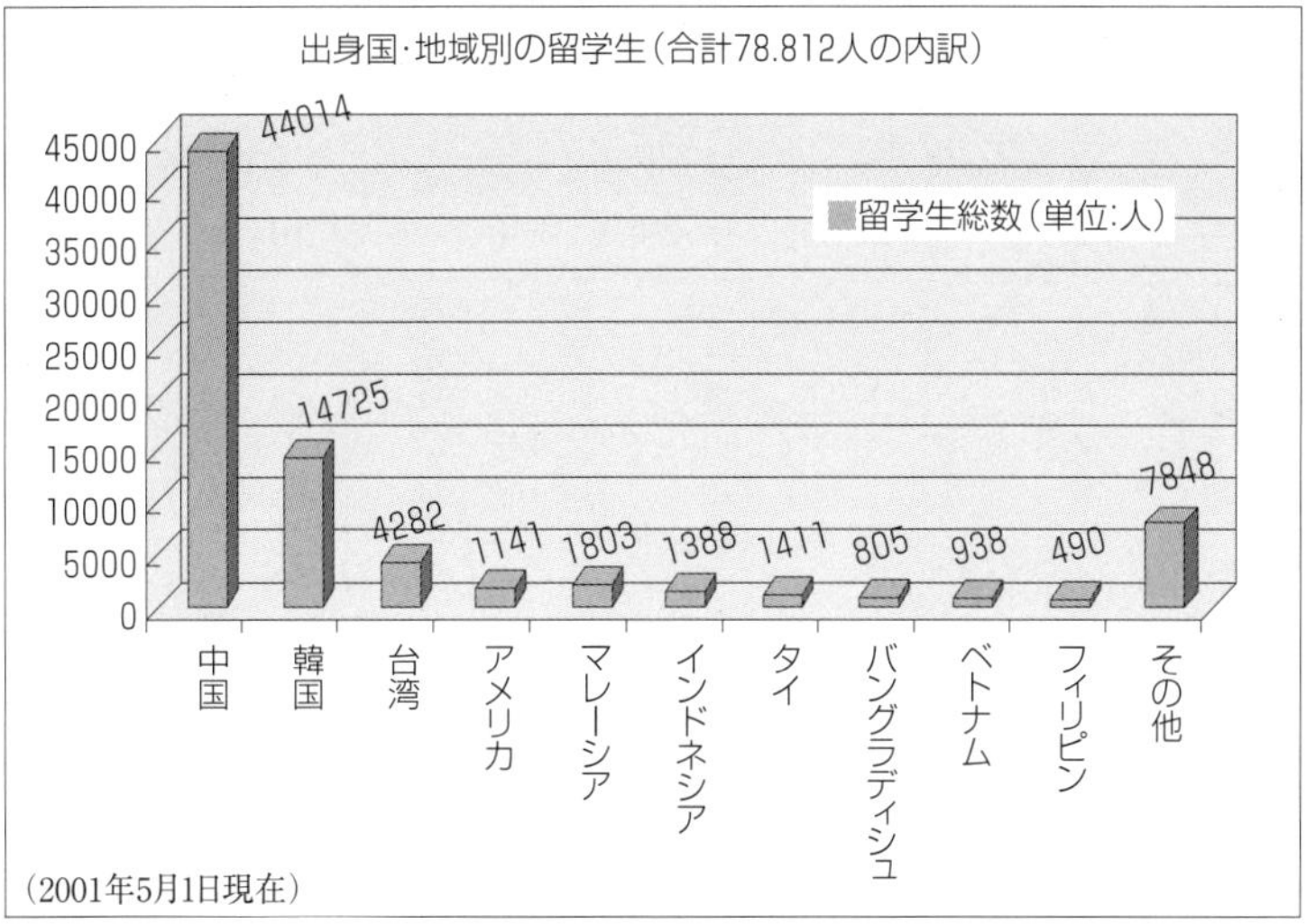

図6-1　出身国別の留学生数（http://www.mext.go.jp より）

のメディアによる併用も含め、九五・七％がパソコンでも利用）、「利用する場所（複数回答）」としては、「学校」が八六・七％、「自宅」が五六・八％であり、教育用も含めた学校での利用以外に、自宅でもかなりの比率の留学生がインターネットを利用していた。インターネットの利用頻度も、「ウェブを一日一回以上見る」が六五・二％、「Eメールを一日一回以上利用する」が五一・一％で、留学生はかなり頻繁にアクセスしていることが示された。なお、国籍別にみた場合には、中国人留学生の利用率は七八・〇％でその他の国の留学生よりやや低い傾向にある。

　ちなみに、橋元ら（二〇〇一）が二〇〇〇年一一月に実施した首都圏調査（調査対象は一五歳から三九歳の男女、無作為抽出、N＝五一五）によれば、「学生」だけに限定した場合、インターネット利用率は六九・四％であり、学生は日本人全体に比べてかなり高い利用率を示しているが、留学生の場合、日本の学生よりさらに高い比率で利用していることになる。

　在日留学生のインターネット利用率がこれほど

高い理由として次のようなことが考えられる。まず第一に、彼らの多く（七七％）が、来日前にすでにインターネットを利用しており、すでに勉学や生活の一部として必需品になっていることである。われわれの留学生調査の回答者の出身国別分布では、中国人（四四・〇％）と韓国人（二八・五％）で合わせて七割以上を占めたが、大学生のインターネット利用率が日本より高い韓国の場合、来日前に利用していた比率が高い（八三％）のは当然として、中国人留学生の場合も約六割の学生が来日前に利用していた。中国のインターネット普及率に関しては信頼のおけるデータに乏しいが、中国ネットワークインフォメーションセンター(5)（CNNIC）の調査(6)によれば、二〇〇一年一月時点で利用者数は対人口比二％程度、都市部でも五％と推定されている。しかし、われわれの調査結果を見る限り、学生の利用率は一般市民の利用率よりはるかに高いようであり、特に海外留学を目指す大学生は、事前に留学先の情報を入手する必要性もあってか、母国でのインターネット利用率はかなり高い。

第二に、学校での利用率が高いことでも示されるように、大学教育の一環としてインターネットが導入されたり、また容易に利用できる環境が整えられていることがあげられる。実際、調査を依頼した日本語担当教官の約半数が、学習の一環としてEメールを積極的に利用していると話していた。たとえば、あるテーマに関して作文を課し、Eメールで教官に送付することを義務付けたり、授業用に掲示板を開設し、事務連絡や意見交換の場としているという教官が多かった。

第三は、Eメールが彼らにとって、母国の家族、友人との連絡のためになくてはならない手段になっていることである。後述するように、彼らはEメールを「日本以外の国にいる母語話者」との連絡に非常によく利用している。電話ではコストがかさみ、郵便では時間がかかりすぎることを考えれば、彼らにとってEメールの利用は母国在住者とのコミュニケーションに必需品であろう。

第四は留学生にとって、ウェブが母国情報の重要な収集手段になっていることである。実際、調査によれば、留学生は日本語より母語のサイトを

(5) 中国ネットワークインフォメーションセンター　中国互連網絡信息中心。

(6) http://www.cnnic.net.cn

よく見ており、特に新聞・雑誌関連のサイトにはインターネット利用者の八割がアクセスすると答えている。

以下、留学生の場合のインターネット利用の功罪を検討していくことにする。

インターネット利用による情報交流上のメリット

母国在住者とのコミュニケーション

在日留学生にとって、インターネットを利用することの最大の利点は、Eメールによって、低コストで簡便に母国在住者とのコミュニケーションがはかれることであろう。

図6－2は、われわれの留学生調査で「Eメールや携帯電話で最もやりとりすることの多い相手」を質問した回答の分布であるが、Eメールの場合六六・七%が「日本以外の国にいる母語話者」と答えており、その大半が母国在住者と推察される。ちなみに、調査では留学生の八三%が携帯電話を利用しており（固定電話の保有率は四五%）、電話でも国際通話が可能であるが、図に示される通り、おそらくコスト面から、携帯電話では海外在住者とはあまりやりとりしていない。日本在住の母語話者とは携帯電話で、海外在住の母語話者とはEメールで、というように、相手の在住地によってメディアをはっきり使い分けていることがみてとれる。

ちなみに、別質問で、主な連絡手段としてEメールを用いて交流している相手について、本人との間柄をたずねているが、「恋人・友人」が七〇・〇%、「家族・親族」が一四・四%を占め、Eメールが特に母国の友人との連絡手段に活用

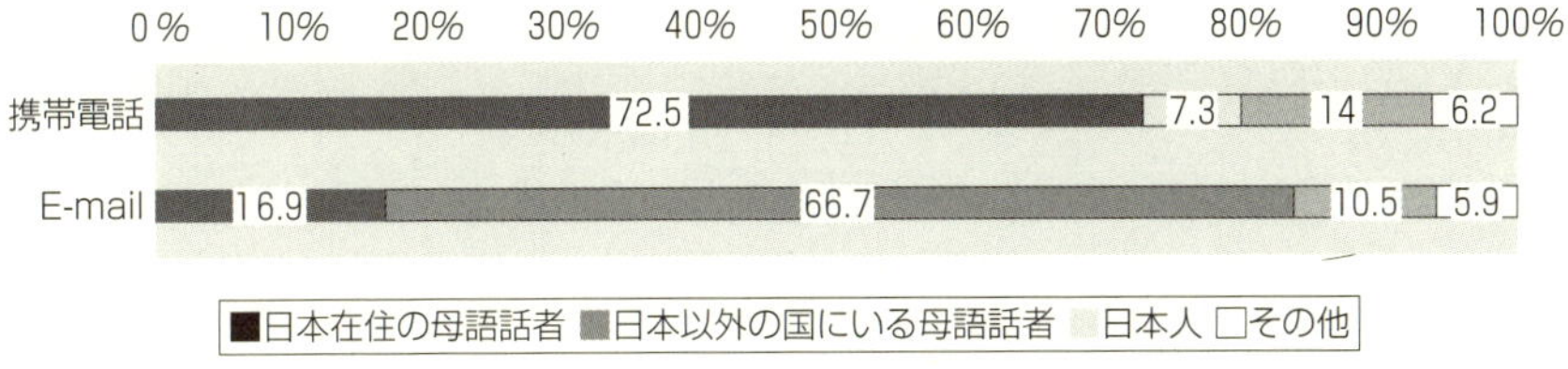

図6-2　Eメール，携帯電話で最もよくやりとりする相手

され、彼らとの関係維持に寄与していることが示唆される。なお、インターネットを利用している在日留学生は、Eメールを一週間平均一八・九通受信し、一二・〇通発信しており、かなり頻繁にEメールを利用していることがわかる。母語使用率も質問しているが、発信メールの母語使用比率は平均五八・九％であった。彼らにとって、Eメールは主に母国の友人との、母語によるコミュニケーション手段として重要な役割を果たしているといえよう。

　なお、留学生はEメールの他、チャットやメッセンジャー系通信[7]（ICQ[8]、MSN messenger[9]など特定の相手との文字メッセージによるリアルタイム交信）の利用も活発である。インターネット利用者のうち、チャットを利用していると答えた人は四三・四％（日本の若者を対象とした首都圏調査では、学生の利用率二七・九％）、メッセンジャー系通信の利用者は四二・八％であった。言語的には、それぞれの利用者の九二％、九〇％が母語で利用している。つまり、Eメールだけでなく、チャットやメッセンジャー系通信も、留学生にとっては、母語話者との貴重なコミュニケーション・ツールとして機能している。現状では、日本のインターネット利用者において、メッセンジャー系通信の利用者は非常に少ない（二〇〇一年一一月にわれわれが実施した全国調査[10]で利用率はインターネット利用者のうちで九・二％）。その理由として、そもそもその存在があまり認知されていないこと、常時接続利用者が少ないことがあげられ、また日本語の文字変換操作が、リアルタイムの交信にある種の違和感をもたらすからともいわれている。しかし、常時接続利用者の比率が高い米国や韓国では、かなり普及したコミュニケーション・ツールとなっている。留学生に対するインタビューでも、特に韓国からの留学生のほとんどが、このメッセンジャー系通信を利用しており、主に本国の友人との交信に利用していると答える学生が多かった。利用者によれば、電話にも匹敵する臨場的存在感があり、在住地の距離を忘れさせ、相手との間に強い親密性を感じるという。

　さらに留学生の間ではインターネット電話[11]（Dial Pad[12]など）の利用も比較的さかんでインタ

---

(7)メッセンジャー系通信
文中説明を参照。

(8)ICQ
特定の個人とチャット形式の文字会話ができるソフトウェアの一つ。

(9)MSN messenger
MSN：Microsoft Network。マイクロソフトが運営しているネットワーク。

(10)World Internet Project 2001
インターネット利用調査。二〇〇一年一一月実施。調査主体は通信総合研究所および東京大学社会情報研究所。調査対象は全国一二歳以上七五歳以下の男女。最終回収票N＝二八一六。

(11)インターネット電話
インターネットを利用して通話ができるシステムまたはサービス。

(12)Dial Pad
ダイヤルパッド。インターネット電話サービスの一つ。

ーネット利用者の二五・六％が活用している（上記の全国調査では日本人インターネット利用者のうちインターネット電話の利用率はわずか二・二％）。インターネット電話の利用にはパソコンの他に別途専用ソフトや追加装置を必要とするが、通常の電話代がかからない。そのために、留学生は、本国の友人や家族とのコミュニケーション手段として積極的に利用している。二〇〇一年末に市場投入されたWindowsXP(13)には、インスタント・メッセージング(14)のほか、音声や映像もリアルに交信できるWindows Messengerがアプリケーションとして標準装備されている。今後は、留学生に限らず、国際的コミュニケーションにこの機能が非常に重要な役割を果たすことが予想される。

母国情報の収集

インターネットを利用する留学生たちはウェブサイトにも頻繁にアクセスしており、「一日数回以上」と答えた学生が三六・二％、「一日に一回くらい」が二九・〇％で、利用者の六五％が一日に一回以上、情報サイトにアクセスしていることにな

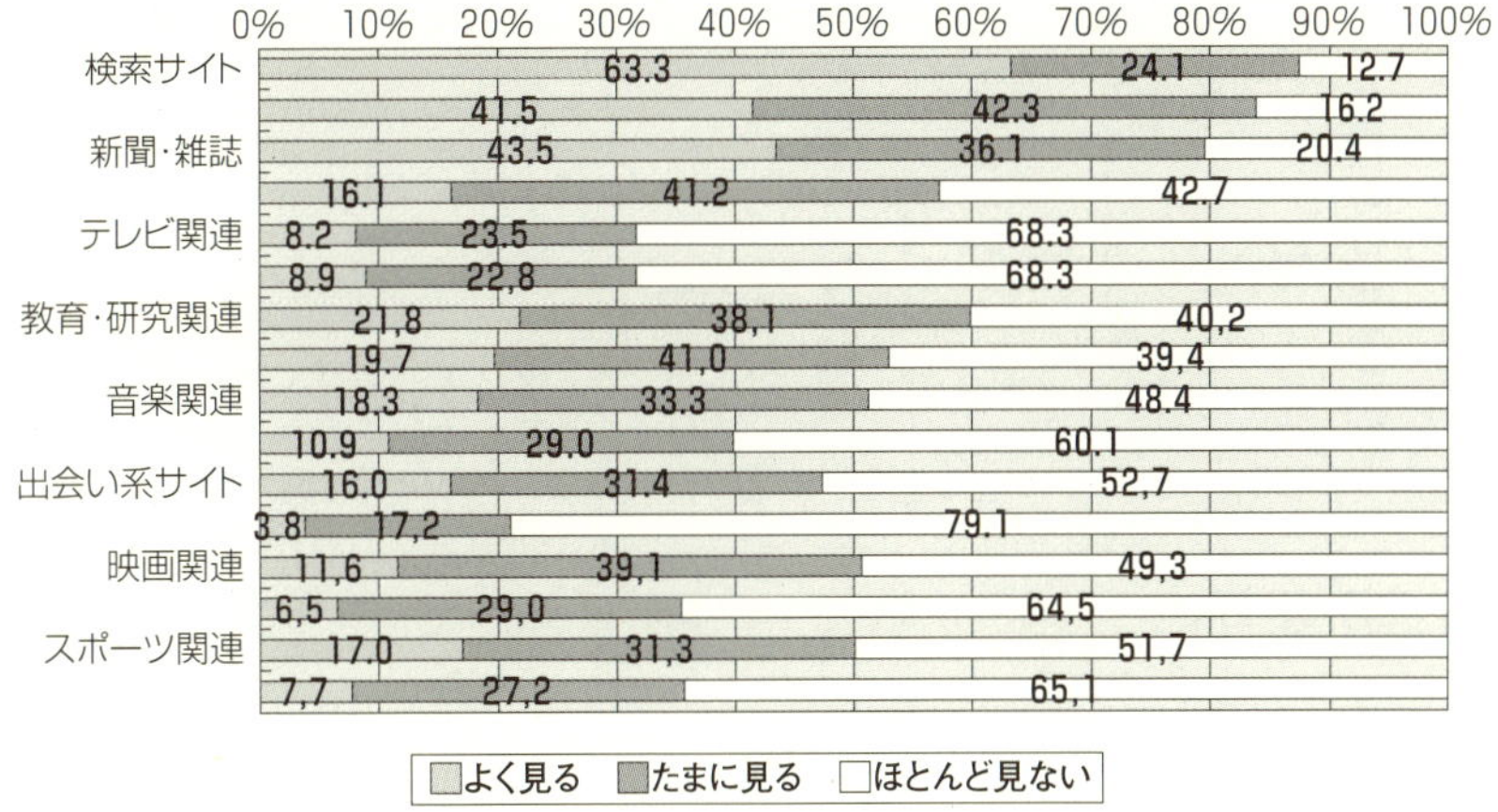

図6-3　主なサイトへの留学生のアクセス状況（各項目で上段が母語，下段が日本語サイト）

(13) WindowsXP　アメリカのマイクロソフトが開発し、二〇〇一年に発売したOS。

(14) インスタント・メッセージング　チャット形式で特定の相手とメッセージをリアルタイムでやりとりできるしくみ。

る。彼らがどのようなサイトをよく利用しているのか、主なものについて、母語サイトと日本語サイトに分け、質問した結果を示したのが図6－3である。

図に示される通り、「新聞・雑誌」関連の母語サイトは「よく見る」「たまに見る」を合わせれば七九・六％に達し、留学生が頻繁に母国の社会情報を入手しようとしていることがみてとれる。また、音楽関連、映画関連、スポーツ関連に関しても、母語サイトへのアクセス頻度は高く、留学生たちが母国の最新文化情報に接触している様子がわかる。インターネットのウェブ・サイトは、彼らにとって、母国の動静を知り、文化的動向を察知する重要なソースになっている。

母語サイトだけでなく、「新聞・雑誌」に関しては日本語サイトも比較的よくアクセスしている。調査によれば、「日本語の新聞をほぼ毎日読む」と答えた留学生は一六％程度であり、日刊紙の定期購読率は低い。日本人でも最近、新聞を宅配購読せず、インターネットから新聞情報を得るという学生が増えているが、留学生はコスト的な面からも、新聞よりむしろ、日本の社会情報をテレビ（留学生の日本での平均視聴時間二時間三二分）やインターネットから得ている。「教育・研究関連」サイトについては、母語、日本語ほぼ同率であり、勉学にインターネットを積極的に活用していることが示唆される。

概して留学生のウェブ・サイトへのアクセスは日本語サイトより母語サイトの方が多い。このことは、「ふだん何語のウェブサイトを見ていますか。日本語、母語、英語以外の外国語に分けて合計が一〇〇％になるようにご記入下さい」という質問でも確認でき、平均値でみれば、日本語サイトが三一％、母語サイトが五五％、その他が一四％であった。

異文化適応の促進

インターネットによって母国在住者や日本にいる母語話者とのコミュニケーションが容易化し、また、母国の情報を継続的に入手することができることにより、留学生たちにおいて、外国生活中に鬱積するストレスや不安がかなり解消されてい

---

(15) 異文化適応　価値観や言語、習慣や行動様式など、自分が親しんでいる文化と規範の異なる文化に合うように行動の仕方や考え方を変えること。

(16) インターネット非利用者／利用者別にみた適合度の平均値は左表の通りである。各「適応度」は総計一五の質問項目を因子分析した結果に基づく。
表注1）精神的適応度
「いらいらした気持ちを感じる」「孤独で寂しいと感じる」「よく疲れを感じる」等の質問項目から構成。精神的な不安、孤独感に関する安定度を表す。
表注2）親和的適応度
「日本の大衆文化に関してイメージダウンした」「最近日本人との交友関係が薄くなった」等の質問項目から構成。当初の期待を裏切られた程度を表す（数値は高いほど、失望が少ないことを示す）。
表注3）脱自文化固執適応度
「母国の文化は一般的に日

るのではないかと考えられる。実際、調査では、「異文化適応(15)」に関してもいくつか調査しているが、われわれが構成した四つの異文化適応スケールのいずれにおいても、インターネット利用者の方が非利用者より、高い適応度を示した(16)。すなわち、インターネットの利用者の方が、精神的不安やストレスが少なく、生活満足度が高く、日本への失望度も低いという結果が示された。もちろん、インターネットを利用できる状況にいる者とそうでない者とのデモグラフィック(17)な属性的相違も背景にあることが考えられるが、インターネット利用者に限っても、Eメール利用頻度やウェブアクセス頻度が高いほど、適応度が高くなる傾向がみられ、インターネット利用自体が、異文化適応にプラスに作用していると考えられる。

カーネギーメロン大学のクラウトら（Kraut et al., 1998）は、ピッツバーグにおけるパネル調査によって、インターネット利用が孤独感を深め、社会的ネットワークをむしろ縮小させる可能性を実証的に示した。彼らはその理由の一つを、オンライン・コミュニケーション(18)の紐帯の浅薄さに求めているが、この実験的調査では、インターネット普及初期ということもあり、調査対象者のインターネット上の交信相手の多くが、実生活上ではあまり交流のない人であり、そのことが当該の結果をもたらした原因の一つとも解釈されている。留学生のインターネット上での交信相手には、すでによく知っている母国の友人や、同じ日本で学ぶ母語話者が多く、彼らとのコミュニケーションは、精神的安定に確実に寄与している。また、ウェブ・サイトへのアクセスによる母国の情報入手も、同様に、彼らの孤独感や不安を軽減するのに役立っているといえよう。

インターネット上の国際的情報交流の実態と留学生におけるデメリット

インターネットは空間的制約を克服したメディアであり、グローバルな情報交流を促進するといわれている。また、対人ネットワークを国際的規模で拡大するメディアだともいわれる。しかし、少なくとも日本の場合、個人的利用ベースでは、

本文化より優れていると思う」「母語話者と日本人と母語の違いについてよく話す」等の質問項目から構成。自国文化へのこだわりを表す（数値は高いほど、こだ

表　インターネット利用有無でみた各種適応度

（数値は大きいほど適応度大を示す）

	インターネット非利用者平均		インターネット利用者平均
精神的適応度1)	12.4	<	13.0
親和的適応度2)	7.5	<	8.1
脱自文化固執適応度3)	8.3	<	8.8
生活文化的適応度4)	8.1	<	8.8

インターネットによる情報収集の対象はほとんど国内のサイトであり、またEメールが海外との交信に利用されることも少ない。

たとえば、われわれが実施したインターネット利用に関する全国調査(19)では留学生調査同様、「あなたはふだん何語のウェブを見ていますか。日本語、英語、英語以外の外国語に分けて合計が一〇〇%になるようにご記入下さい」という質問を設けた。その結果、日本語サイトが九六%で英語が三・五%、その他が〇・五%であった。つまり、日本人は、世界中のサイトにアクセスできるはずのインターネットで、ほとんど日本語のサイトにしかアクセスしていない。言語の壁がその最も大きな要因であるが、ニーズからしても、ニュースや買物、趣味に関する情報などは、ほとんど国内のサイトで用が足りるということであろう。

また、「Eメールでよくやりとりする相手で外国に住んでいる人がいますか」という質問に対して、「いる」と答えたのが一七・三%にとどまり、「いる」と答えた人でもその平均人数は二・五名でしかない。この中には海外在住の日本人も多いはずであるから、実際に海外在住の外国人と頻繁に交信している人はごく少数であろう。

インターネットによる国際情報流通に関して、われわれは個人ホームページの外部リンクという側面からも分析した(20)。すなわち、ホームページ上の情報フロー構造の一端を明らかにすることを目的として、日米の個人ホームページを無作為抽出し、その内容分析を実施するとともに、ホームページ上にはられた外部リンク先のドメイン名の分布状況を明らかにした。その結果、表6－2に示される通り、日本の個人ホームページのリンク先の八八%が日本のサイトであり、海外とのリンクを形成しているサイトはごく少数であった（なお、ドメイン名がjp以外でも、実際には日本人が取得しているものも多く、純粋に外国人が開設しているサイトにリンクされている件数は数値よりさらに低いと考えられる）。なお、リンクされた海外のサイトでは、米国のものと推定されるものが合計約一〇%と最も多かった。

米国の個人ホームページに関しても同様の分析をおこなっているが、米国の場合もリンク先で多

わりが薄くなったことを示す）。

表注4)生活文化的適応度 「日本の大衆文化に興味がある」「日本の生活に満足している」等の質問項目から構成。日本の生活への満足度や文化への興味を表す。

(17)デモグラフィック 性別、年齢、職業などの人口統計学的要因。

(18)オンライン・コミュニケーション コンピューターの入出力装置が本体に直接連結されて、情報が直接出し入れされる状態によるコミュニケーション。

(19)World Internet Project 2000 インターネット利用調査、二〇〇〇年一一月実施。調査主体は通信総合研究所および東京大学社会情報研究所。調査対象は全国一二歳以上七四歳以下の男女。最終回収票N＝二五五五。

表6-2　日本の個人ホームページ上にはられた外部リンクのドメイン名の分布

ドメイン	個数	%	累積%	国名	ドメイン	個数	%	累積%	国名
jp	33111	87.9	87.9	日本	de	25	.1	99.2	ドイツ
com	3070	8.1	96.0	米国	nl	24	.1	99.2	オランダ
net	483	1.3	97.3	米国	se	19	.1	99.3	スウェーデン
edu	226	.6	97.9	米国	fr	18	.0	99.3	フランス
org	152	.4	98.3	米国	tw	12	.0	99.4	台湾
to	102	.3	98.6	トンガ	no	11	.0	99.4	ノルウェー
uk	74	.2	98.8	イギリス	ch	10	.0	99.4	スイス
gov	65	.2	98.9	米国	sg	9	.0	99.4	シンガポール
au	39	.1	99.0	オーストラリア	us	8	.0	99.5	米国
ca	27	.1	99.1	カナダ					

かったのが米国内のサイトと推定されるもので八五%に達している。

つまり、個人ページの外部リンクという側面でみた場合でも、個人利用レベルではインターネットによる情報流通のグローバル化はさほど進んでいない。

われわれの留学生調査において、留学生たちがEメールで母国や日本に住んでいる母語話者と頻繁にやりとりをし、また、母国のウェブサイトにアクセスすることで継続的に母国のニュースや文化情報を収集していることをみてきた。しかし、このことは、逆に言えば、日本に来てもなお、母語話者とのコミュニケーションがその中心としてありつづけ、また母国の情報環境をそのままもち込んでいることを意味している。その結果、母語話者を中心とする対人ネットワークが維持・強化され、日本人との新たな交流を切り開くモティベーション(21)が低下する危険性も生じうる。実際、調査では、インターネットを利用することによって「日本人より母語話者と連絡する時間や回数が増えた」と答えた学生が五二・四%(「母語話者よ

(20) 内容分析による個人ホームページの国際比較調査。文献は石井健一・橋元良明他(二〇〇〇)。この調査では、Yahooに登録された個人ページから日本六〇〇、米国四〇〇のサイトを無作為抽出して分析した。なお、リンク先に「トンガ」が多いのは、ドメイン名の「to」に人気があるためであり、実際には日本人が多く取得している。

(21) モティベーション　動機付け。誘因。

り日本人と連絡する時間や回数が増えた」は二四・一%。それぞれ「はい／いいえ」の二択独立質問）おり、しかもEメールの利用頻度が高い学生ほど、その傾向が強いという結果が示されている。

上述したように、特に日本人の場合、インターネット・Eメールの連絡相手はほとんど日本人であり、アクセスする情報サイトの大半が日本語サイトである。日本人は、海外に一時的に居住する機会をもった場合、頻繁にインターネットを利用するが、Eメールの相手は日本在住の知人であり、アクセスするウェブ・サイトは日本語サイトであって、海外在住地に日本をもち込んでいる、とよく指摘されるが、構図としては、日本在住の留学生たちもこれと同じであろう。

もちろん、Eメールを中心とするインターネットのコミュニケーション・ツールは日本人との連絡手段としても利用されている。同じ調査で携帯電話と比較した場合、携帯電話よりむしろEメールの方が日本人との連絡によく用いられるという傾向がある。しかし、グループ・インタビューによれば、日本人とのEメール・コミュニケーションでは、事務的な用件連絡が中心であり、音声通話や直接的コミュニケーションでは言語的な問題が生じることが多いため、それを回避するためにEメールを使うことが多いという。Eメールでは、日本人と親密度を高めるような、コンサマトリー(22)な会話はあまりなされていない。

インターネットが留学生のコミュニケーションにおいてもつ意味

これまでみてきたように、インターネット、特にEメールは留学生にとって、母国の友人や家族、同じ日本で学ぶ母語話者仲間との重要な連絡手段となっている。また、母国の情報を継続的に入手するのに貴重な役割を果たしている。そうしたことにより、彼らの精神的安定を維持するのにも寄与している。

しかし、一方で、インターネットが、留学先のホスト国の人々とのネットワークを広げたり、ホスト国文化を吸収するのに大きく寄与したりして

(22) コンサマトリー (Consummatory)
「即時的な、欲求満足完了の」。ある行為をすること自体が目的であること。

いるかという点については疑問である。むしろ、インターネットによって、母語話者との絆が益々強化されることにより、日本人と新たな交友関係を形成する余地が少なくなっている可能性が大きい。また常に最新の母国のニュースや文化情報に接し続けることができるということは、ホスト国の情勢や文化に目を向ける機会を時間的にも減少させ、当地の文化に「どっぷり浸る」体験を剥奪してしまう可能性がある。

　インターネットは、確かに情報の交流に関して空間的制約を取り払った。しかし、ある人間が、空間的に移動して、もといた空間の情報環境をそのまま維持するためにインターネットを利用しているとすれば、国際交流という側面からみれば、一つのパラドックス(23)を形成しているともいえよう。

練習問題

異文化コミュニケーションの活性化という角度からみた場合、特に留学生のインターネットの利用にはどのような功罪があるのか、本章であげたデータも参考にしながら整理してみよう。

引用・参考文献

石井健一・橋元良明他（二〇〇〇）「内容分析による個人ホームページの国際比較」『東京大学社会情報研究所調査研究紀要』、一四、一―八一頁。

橋元良明他（二〇〇一）「首都圏若年層のコミュニケーション行動―インターネット、携帯メール利用を中心に」、『東京大学社会情報研究所調査研究紀要』、一六、九四―二一〇頁。

Kraut,R. et al.（1998）Internet paradox: a social technology that reduces social involvement and psychological well-being?, *American Psychologist*, September, 1017-1031.

総務省（編）（二〇〇一）『平成一三年版通信白書』。

(23) パラドックス　逆説。矛盾。

7

グローバル・コミュニケーションとしての広告　日本の広告と世界の広告

真鍋一史
（関西学院大学 社会学部）

はじめに

はじめに「グローバル・コミュニケーションとしての広告」という問題の立て方について述べておかなければならない。問題の立て方といういい方をしたが、それは視座(1)と呼ばれることもある。じつは社会科学においては、この問題の立て方、あるいは視座こそが研究の重要な出発点となる。いうまでもなく、問題の立て方、あるいは視座によって、捉えられる現実（reality）の姿がまったく異なったものとなるからである。この点は「サーチライトによって照らし出される経験的世界（T. Parsons(2)）」という比喩を用いて説明される（高根、一九七九、六〇）。こうして、どのような問題の立て方、視座をとるかが、社会科学における知的創造にとっての重要な課題となるのである。

さて、このような問題の立て方、視座のとり方の第一歩は「概念」の検討である。それは、具体的にいえば、「グローバル・コミュニケーション」

(1) 視座
文中説明を参照。

(2) タルコット・パーソンズ（Talcott Parsons）（一九〇二―一九七九）
アメリカの代表的な理論社会学者。「行為理論」の統合、「社会体系論」の構築、「構造＝機能分析」の確立などが特筆される。その著作は、社会科学にとって概念の宝庫といえる。

とは何か、「広告」とは何かということである。いずれの概念についても、それを取りあげる視座によってさまざまな定義がなされてきた。特に「グローバル・コミュニケーション」、つまりグローバル化したコミュニケーションを問題にする場合の「グローバル化」という概念については、一方の「グローバル化は非西欧世界にも福音をもたらす変化である」というポジティブな捉え方と、他方の「グローバル化は西欧世界への非西欧世界の従属をもたらす変化である」というネガティブな捉え方がある（藤原、二〇〇〇、三―六）。しかし、ここでは以下のような当面の定義(3)（working definition）をしておくことにする。「グローバル・コミュニケーション」とは国家を越える「意味の伝達」で、それは「異文化コミュニケーション」に比べて、その単位がより実体的・具体的（概念的・分析的に対して）である。この点は、「文化」「国家」という概念についての、従来の定義を検討すれば明らかとなる。「文化は習得された行動と行動の諸結果の総合体であり、その構成要素がある社会の成員よって共有されているものである」（Linton 清水ほか訳、一九六四、四九―五〇）、とあり、そして「国家は一定の地域（国境によって区別された領土）を基盤にし、そこに住むすべての住民（その国家に属する国民）の上に、唯一最高の権威（主権）を持つ権力組織を持つようになった政治社会を指している」（高畠、一九七五、五）とされている。こうして、グローバル・コミュニケーションとは、地球社会において厳然として存在しつづけている国境を越えて人・組織・団体の間でなされる意味の伝達としておこう。

つぎに「広告」であるが、たとえば小林太三郎が「広告とは広告主（個人・組織体）が所定の人々を対象にし、広告主の意図した方向にその対象を誘導し、所期の反応を得るためにおこなわれる広告主の商品・サービス・アイディアについての、広告媒体を通じておこなわれる支配可能な情報伝達活動である」（小林、一九七三、二一）と定義しているところからも明らかなように、それはその意図や目標に照準を合わせることによって、はじめて明確に定義されるものなのである。では、その広告の意図や目標がどこに置かれてきたかと

(3)当面の定義（working definition）経験的な議論を進めるための具体的な定義。

いうと、それはひとまず商品広告に限っていえば、その広告を通して商品の販売量を増やし（販売促進）、企業の利潤を高めるということ（マーケティング効果）であったといえる。

以上から、グローバル・コミュニケーションとしての広告という問題、視座を展開する準備が整った。

視座

以上のような準備を踏まえて、つぎにグローバル・コミュニケーションとしての広告という問題、視座について議論を展開していきたい。そのような視座は、再び以上において検討した「グローバル・コミュニケーション」「広告」という二つの概念をめぐって論じられることになる。

まず「グローバル・コミュニケーション」であるが、この点については現代という時代を「国際化・世界化(4)の時代」として捉えることが出発点となる。たとえばライシャワー(5)は現代を「地球社会」と呼び、（Reischauer 西山訳、一九七四）、バーンランド(6)も「地球的村落への時代」と称した（Barnlund 西山訳、一九七三）。しかし、このように捉えたからといって、国境を越える人類の交流がいま始まったというわけでは決してない。人類は古代にまでさかのぼる国際交流の歴史をもっている。では、グローバル・コミュニケーションの現代的特徴がどこにあるかというと、一つは経済問題にしても、外交問題にしても、環境問題にしても、もはや直接その問題に関わる国々だけでは解決が困難で、そのような問題の解決のためにはどうしても世界の国々の地球的規模での協力・連帯が不可欠となってきたということである。

もう一つはグローバル・コミュニケーションがその量と質において大きく変化してきたということである。まず量については、現代では人・組織・団体の交流やコミュニケーションが指数曲線(7)——さまざまな面における倍率での加速——的に増加するとともに、それが不可逆——いったんその方向に進むともはや後戻りできない——的に進展している。

つぎに質については、かつては国際交流に関わ

---

(4)世界化
「グローバル化」「地球化」のこと。

(5)ライシャワー
(Edwin O. Reischauer)
（一九〇一―一九九〇）アメリカの歴史学者。ケネディ政権の駐日アメリカ大使。『日本近代の新しい見方』などで日本近代化論を展開した。

(6)バーンランド
(D. C. Barnlund)
アメリカのコミュニケーション学者。「自己開示」の日米比較をおこなった。

(7)指数曲線
aを1でない正の数として$y=a^x$を指数関数という。仮にaを1より大きい数とした場合、xの増加に比してyは飛躍的に増加する。この増加の様子を増加の著しい諸現象に対してあてはめる時に、指数曲線的に増加するという。

りをもつのは特定の少数の人たちというのが通常であったが、現在ではごく普通の多数の人々が関わりをもつとともに、その普段の日常生活での行動が国際的な意味をもつようになってきた。

　以上のようなグローバル・コミュニケーションの現代的特徴のなかで、ここでの問題関心からするならば、最後の点が特に重要なものとなってくる。それは、現代社会というものの特徴をsalience——「目立つ現象」——という点において捉えるとするなら、それが「何でもないごく普通の人々の日常生活における行動」というところで最も鮮明に発現していると考えるからにほかならない。いうまでもなく、このようなsalientな社会現象を何でもない普通の人々の行動において、はじめてきわめて劇的に描き出したのはオルテガ(8)である。オルテガはそのような現象を「充溢」という用語を用いて、つぎのように記述している。「町は人で、家は借家人で、ホテルは客で、列車は旅行者で、カフェーは客で溢れている。街路には余りにも多くの通行人が、有名な医者の待合室には余りにも多くの患者がいる。劇場や映画館は、まったくの季節外れでもなければ、見物人で溢れ、海水浴場は避暑客で溢れている」(Ortega y Gasset 樺訳、一九五八)。もしオルテガが現代に生きていたとするならば、必ずやグローバル・コミュニケーションの領域における大衆の充溢の現象に注目したはずである。こうして、以上から筆者の視座はすでに明らかであろう。それは、現代社会にあっては大衆現象のなかにこそsalienceが見られるとする方法論的な立場に立ち、そのような大衆現象がグローバル・コミュニケーションの領域で典型的に捉えられるという考え方である。

　つぎに「広告」であるが、ここでも上述の視座が大きく関わってくる。その議論に入る前に、ぜひとも押さえておかなければならないことがある。それは「広告」をめぐる現象を捉えようとする場合の「効果」と「影響」の概念的区別である。コミュニケーション論の観点からするならば、前者は「送り手の目標あるいは意図という志向性」において、また後者は「受け手にとっての関連あるいは意味という関係性」において理解するのが一般的である(北村、一九六八、一五―一二四)。いう

(8) オルテガ (J.Ortega y Gasset) (一八八三―一九五五) スペインの哲学者。大衆社会の出現を先駆的に取りあげ、保守主義的な観点から分析を加えた。代表作は『大衆の反逆』。

(9) ウェーバー (Max Weber) (一八六四―一九二〇) ドイツの代表的な社会学者。同時に二〇世紀を代表する社会科学者、思想家。「社会科学方法論」をはじめ、「政治社会学」「経済社会学」「宗教社会学」などその領域は広く、社会科学の発展に大きな影響を残した。

(10) 意図せざる結果 「意図せざる結果」という用語はマートンによって、用いられたunintended consequencesあるいはunanticipated consequencesに由来するものである。マートンは社会現象の「機能分析」において、機能の主体

までもなく、送り手という範疇のなかには広告主（企業・団体）と広告会社が含まれる。また受け手という場合はいわゆる一般市民がそれに相当する。こうして、ここでも筆者の視座はもはや明らかであろう。それは、グローバル・コミュニケーションとしての広告という問題を捉えようとする場合、「効果」――その中心はすでに述べたように「マーケティング効果」ということになる――よりも「影響」に焦点を合わせるという問題の立て方、言い換えれば「意図」よりも「結果」の方がより重要であると考える視座である。それはウェーバー(9)（M. Weber）の「社会（科）学の発想を支えるのは時代における人間性の運命いかんという問いである」（田中、一九七一、三一四）という認識と軌を一にするものといえる。グローバル・コミュニケーションとしての広告という問題における一つの重要なポイントが「意図せざる結果(10)」というところに置かれることになるのは、まさにこのようなコンテクスト(11)においてである。

事実

さて、以上のような問題の立て方、視座から見えてくる「事実」の報告がここでの課題である。そのために筆者がこれまで取り組んできたさまざまな実証的研究(12)の諸知見を広く活用したい。それは、技法論的にはつぎの三つに区別される。①日本の広告における外国的要素と、外国の広告における日本的要素についての「内容分析(13)（content analysis）」の結果、②このような外国関連広告――この筆者の独自の用語については後で説明する――をめぐる人々の意識を捉えようとする「質問紙調査(14)（survey research）」の結果、③海外マス・メディア広告における日本語研究――「内容分析」「聞き取り調査(15)」「グループ・インタビュー」「質問紙調査」――の結果、というのがそれである（真鍋、一九九四、一九九八、一九九九、二〇〇〇）。

によって意図された結果を「顕在的機能」、意図されなかった結果を「潜在的機能」と呼んだ。このように社会現象の分析においては、行為主体の「意図」とそのことのもたらす「結果」とを明確に区別する概念枠組は、きわめて重要なものといわなければならない（Merton 森ほか訳、一九六一、一六―二一、二八）。

(11) コンテクスト
context「文脈」。

(12) 実証的研究
思考や推論によって論証をするのではなく、経験的な事実の観察・調査・実験によって検証をおこなう研究。

(13) 内容分析
(content analysis)
コミュニケーションの内容を客観的・体系的・数量的に分類・記述・測定する調査技法。

(A)日本の広告・商品の機能
―「意図せざる結果」―

普通の人々の何でもない日常の行動が国際的な意味をもつということについては、筆者がアメリカ合衆国、カナダ(ただしカナダの場合は調査対象者数が極端に少なかったため、分析の対象から除外した)、イギリス、フランス、ドイツ、ベルギー、シンガポール、韓国、中国、台湾の一〇カ国の大学生を対象に実施した「日本の広告に対する態度・意見・行動に関する質問紙調査」の結果を紹介したい。現代社会にあって、人々は多くの場合、マス・メディアを通して外国情報に接する。しかしマス・メディアのニュース・記事・解説が外国情報のすべてかというと、決してそうではない。近年、国際化の進展に伴って、世界の多くの人々が、いわゆる「外国関連広告」に接する機会が増えてきている。ここで、「外国関連広告」というのは、①外国の企業・団体・グループの広告、②外国の商品・催事・サービスの広告、③外国のシンボル――たとえば外国の文化・芸術・生活・風景・建物・音楽・言語・人物など――を取り入れた広告、をすべて含めている。一般に「国際広告[16]」といわれるのは、これらの①と②をさす場合が多い。これらの「外国関連広告」は、単に外国の企業・商品・サービスについての情報を提供するという役割にとどまらず、むしろそれを超えて、そのような「外国関連広告」で利用されるその「外国(あるいは外国的要素)」そのものについての情報を提供し、それを通してそれらに対する人々のイメージの形成に大きな役割を果たしているのではなかろうか、というのがここでの問題関心である。その意味では広告は外国情報(そしてイメージ)の「乗り物[17]」として位置付けられることになるのではなかろうか。さて、実証的研究の諸知見から、つぎのようなことがわかってきた。

①日本情報としての広告　日本情報という点からして、外国の人々の日本接触度(どのくらいの人々が接触しているかという集合的な意味での「度」)を「マス・メディア(新聞・テレビ・出版物)」と「広告」で比較してみるならば、アメリ

---

(14)質問紙調査(survey research)
調査票(質問票)を用いた調査。「世論調査法」という人々のものの見方・考え方・感じ方の観察法が科学論でいうところの「因果関係の推論法」と融合されて確立された。

(15)聞き取り調査
面接者(調査者)が対象者(インフォーマント=情報提供者)に対してさまざまなことを尋ね、その回答を記録するという形でデータを収集する調査。「グループ・インタビュー」もその一つの方法。

(16)国際広告
文中の説明を参照。

(17)乗り物
「乗り物」という用語は、従来のコミュニケーション論で用いられてきた「媒体」あるいは「メディア」にかわるものとして使用した。それらは「コミュニケーションをなかだちする手段」

カ・ヨーロッパの国々の場合は「広告」の方で接触度が高い。広告を通して日本のさまざまな事柄に接触する人々が多いということで、このことから外国情報の源としての広告という視座の妥当性が確かめられたといえよう。

ただし、シンガポールを除くアジアの国々の場合は様相を異にする。具体的にいえば、台湾においてはマス・メディアと広告で日本情報への接触度に差が見られず、韓国では逆に広告よりもマス・メディアの方で接触度が高く、中国ではテレビに限って広告の方で接触度が高い。

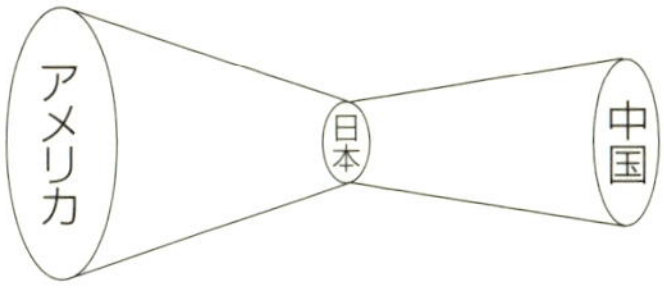

図7-1　マス・メディアによる外国接触度

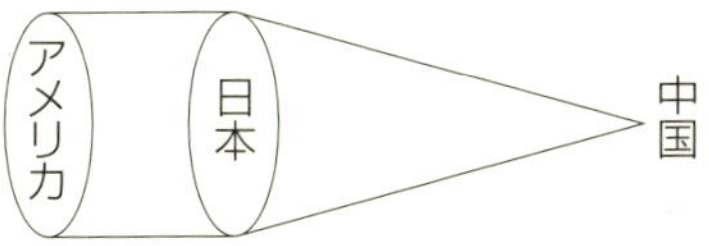

図7-2　広告による外国接触度

以上のアメリカ・ヨーロッパとアジアの相違点についてはさまざまな要因が関連していると考えられるが、その解明がここでの課題ではない。ここでは、ひとまず広告が外国情報の「乗り物」としての役割を果たしており、それが本来の広告の効果という視点からするならば、「意図せざる結果」ということになっているということが確認できれば十分であろう。以上のアメリカ・ヨーロッパとアジア（特に中国）との相違点については、アメリカ合衆国、中国、日本の大学生に焦点を合わせて実施した別の実証的研究の結果も利用できる。そこでも外国接触度についてマス・メディアと広告を比較しているが、結果は図7－1と図7－2のように図示されよう。

従来から、アメリカと日本との間の情報（国際情報）の流れに関しては、「日本が望遠鏡のこちら側からアメリカを見ている（つまり相手が大きく見える）のに対して、アメリカは向こう側から日本を見ている（つまり相手が小さく見える）」という比喩が用いられてきたが、マス・メディアについては確かにこのような比喩が妥当する。しかし

を意味する言葉として使われ、そこには「記号を乗せて伝達の役割を果たすものすべてが含まれる」（竹内、一九七一、五五五）とされてきた。ここで、「乗り物」と言い換えたのは、「記号論」のアイディアを取り入れようとしたからにほかならない。

図7－1と図7－2は、次頁の表のような調査結果から、人々のメディアと広告に対する接触度（「ほぼ毎日接触している」という回答の%）を楕円の大きさに変換して示したものである（真鍋、一九九八、二一二－二一三）。

広告についてはアメリカと日本はもはや対等――いうまでもなく、お互いの国についての情報への接触度という点において――の立場となっているといわなければならない。

また、中国の場合については、以上のような「量的データ」とは別に、現地での聞き取り調査による「質的データ」も紹介しておきたい。それは、中国でのテレビによる日本広告への接触は、商品や企業への関心を超えて、その広告に登場する日本人の服装、髪形、アクセサリー、さらにはオフィス、家庭、社会関係などおよそ広告作品に描かれたあらゆる要素に対する関心の表れとして捉えられるということで、人々はときには「番組」よりも「広告」により注目していたということである。筆者は、このような観察から、その当時日本の広告は中国の人々にとって、日本という外国に対して開かれた「窓」の役割を担っていたという結論を導き出した。では、なぜ広告はそのような役割を担うことになったのかというと、いうまでもなく中国では新聞・テレビなどのマス・メディアのなかで扱われる外国情報がいまだ限られたものにすぎず、そのような状況にあって、人々はそれを広告に求めたということである。ここでは、このような現象を「情報接触（あるいは受容）への補償（compensation）仮説[18]」として提示しておきたい。

②日本情報としての商品　国際化の進展に伴う人々の外国体験は、その広がりと深さという二つの次元において大きく増大してきたといえる。前述の海外一〇カ国の学生調査を用いて、海外の学生の日本体験の様相を検討してみたい。この調査では「あなたはつぎのような体験をしたことがありますか。当てはまるものをいくつでも選んで〇印をつけてください」として、「日本に行ったことがある」「日本関係のイベントに参加したことがある」「日本人の友人がいる」「日本人と一緒に勉強あるいは働いたことがある」「日本製品を買ったことがある」という五つの選択肢を準備した。この結果について注目すべきは、国際化の時代といわれる今日においても、海外の学生が日本および日本人と直接的な交流を体験するという割合はや

マス・メディアによる外国接触度と広告による外国接触度（「ほぼ毎日」という回答の割合による比較）

	マス・メディアによる外国接触度		広告による外国接触度	
	1位	2位	1位	2位
日　本→アメリカ	新　聞（43%）	テレビ（34%）	テレビ（36%）	店　頭（16%） 新　聞（11%）
日　本→中　国	新　聞（22%）	テレビ（10%）		
アメリカ→日　本	テレビ（17%） ラジオ（15%）	雑　誌（8%） 新　聞（7%）	新　聞（33%）	テレビ（26%） 店　頭（24%）
中　国→日　本	新　聞（14%） テレビ（12%）	ラジオ（6%）	テレビ（32%）	店　頭（21%）

はり低く、それに対して「日本製品を買ったことがある」という形での間接的な交流がいずれの国についても九五%以上の割合となっているという点である。では、「日本製品を買う」という行動は、グローバル・コミュニケーションの視点からしてどのような「意図せざる結果」を生むことになっているのであろうか。ここで、筆者の参加した国立国語研究所(19)・日経広告研究所(20)の共同プロジェクト「海外マス・メディア広告における日本語研究」の成果を紹介したい。それは少なくともつぎの三つの可能性を示唆している。

①日本商品が、日本で売られているのとほぼ同じ形で輸出され、商品名が日本語のままで海外の店頭に並ぶという例で、ビールの「一番搾り」、薬用酒の「養命酒」、タバコの「峰《みね》」、テレビの「画王」などがあげられる。

②日本商品とともに日本語で書かれた「商品取扱説明書」が海外に出ていくこともある。

③日本語搭載のままで輸出される日本製のコンピューター、あるいはテレビ・ゲームという例もある。

以上の三つのようなケースで海外に送り出される日本商品は、世界の国々で、いわば日本語環境とでも呼ぶべき状況を確実に作り出している。心理学でいう「図と地(21)」のアイディアを比喩的に借用するならば、それは世界の人々にとってすぐに「図」になるということはないにしても、すでにして「地」にはなっているであろうし、それが長期にわたる場合は、日本語識別能力を「培養(22)(cultivate)」することにもなるであろう。いうまでもなく、このような事態は商品の輸出国である日本にとっては「意図せざる結果」というものである。これまで「外国製品」の購入という人間行動は主としてマーケティング論の領域で取り扱われてきており、それを外国情報・文化(ここの例でいえば日本語)の「乗り物」という視点からグローバル・コミュニケーションの一環として分析するという試みはほとんどなされていない。今後の課題の一つといわなければならない。

(18) 情報接触への補償仮説
人が情報を求めているにもかかわらず、あるコミュニケーションの回路(チャンネル)が機能していない場合、別のコミュニケーションの回路がそれにかかわるものとして利用されるということを意味している。このアイディアは、精神分析学でいうところの防衛機制の一つとしての「補償」に由来するものである。

(19) 国立国語研究所
日本の国語および国民の言語生活に関する科学的調査研究機関。独立行政法人。昭和二三年設置。

(20) 日経広告研究所
日本経済新聞社が広告に関する理論的・実践的な研究をおこなう総合的な研究機関として昭和四二年に設立。

(21) 図と地
図形を知覚するさい、一方がよりきわ立った存在として現われ、他方が背景に押

(B)日本の国際広告の手法 ——「隠れ蓑」手法——

筆者はグローバル・コミュニケーションという視点から、日本の広告における外国的要素に関する内容分析と、日本の国際広告——海外に向けて出稿される広告——の内容分析を継続的に実施してきた。その結果は以下のようにまとめられるであろう。

日本の企業は、日本国内の場合の「日本離れ的」——外国の人物、風景、音楽、言語などがふんだんに出てくる「無国籍的」——な手法をしばらく置くとするならば、まずアメリカ合衆国やドイツにおいては、いわば「日本隠し的」な広告手法(23)をとっている。それは、具体的にいえば、アメリカ合衆国やドイツにおける日本の広告では、その広告に「トヨタ」「ミノルタ」「ソニー」などの企業名が出ていることを除けば、それが日本企業の広告であることは、人物、背景、表現、言語などのどの要素からもわからない——つまりアメリカ合衆国やドイツの企業の広告と区別がつかないという——広告手法が主流となっているということである。

ところが、これとは対照的に中国においては、いわば「日本晒《さら》し的」な——日本企業の広告であるということを広く誰の目にも触れさせようとするような——手法(24)が用いられている。つまり、中国における日本企業の広告では、日本人が登場し、日本のオフィスや工場の中で、日本商品の優秀さや日本企業の国際性あるいは技術水準の高さを訴え、日本企業の中国への貢献と奉仕、そして中国との友好関係を謳《うた》うというトーンの広告手法が中心となっているということである。しかし中国の場合の「日本晒し」に見えるもののなかにも、また別の意味での「日本隠し」が潜んでいないであろうか。日本企業はどこまで本気で中国に貢献し、奉仕し、友好関係を保とうとしているのであろうか。このように考えてくると、まったく異なる手法としていったんは区別されるものの背後に、ある共通の姿勢というものが見えてくるのである。それは「郷に入っては郷に従え(25)」で、何でもすぐに外国に合わせるという姿勢であり、その合わ

しやられる場合、前者を図、後者を地という。たとえば、白い盃の図が黒い横顔の図に見えたりするのは、図—地反転図形と呼ばれる。

(22) 培養
この用語は、ガーブナー(G. Gerbner)らの研究グループによる「培養分析」に由来する。ガーブナーらの基本的なアイディアは、「現代社会にあって人々はマス・コミュニケーションにさらされており、それも選択の余地もなく、絶えず同じ内容のメッセージに繰り返しさらされており、それによって人々のあいだに、共通の現実感覚や社会イメージや価値観が形成されている」というものである(真鍋、一九九四、二九四)。

(23) 「日本隠し的」な広告手法
文中の説明を参照。

(24) 「日本晒し的」な手法
文中の説明を参照。

せ方の手法が一方のアメリカ合衆国やドイツの場合と、他方の中国の場合とではまったく異なるということなのである。つまり前者の場合はそれが日本企業の広告であるということをできるだけ目立たなくすることで、ジャパン・バッシング(26)をうまくかわしながら売り上げを伸ばしていこうとする「隠れ蓑」手法となっているのであり、後者の場合は、それが日本企業の広告であるということをことさら誇らしげに示しながらも、しかし同時に中国の発展と成長のために尽くしたいという内容をいくらか大言壮語(27)的に述べることによって、その本音を隠した別の意味での「隠れ蓑」手法となっているのである。

おわりに

　以上においては、グローバル・コミュニケーションという視座からの日本広告――国内広告と国際広告――についての「事実」の報告につとめてきた。そこで、最後に、このような「事実」を踏まえて、グローバル・コミュニケーションとしての広告の今後の「あるべき姿」についての考察も展開しておきたい。

　まず(A)の事実については、つぎのような議論が可能ではあろう。(A)で報告した事実とは、国際化の時代といわれる現代にあっても、なお世界の人々が直接に日本および日本人と触れ合うという機会は必ずしも多くはなく、そこで広告接触や商品購入という間接的な形での触れ合いがやはり大勢となっており、そしてそのような広告や商品が日本情報の「乗り物」としての機能を果たしているのであるが、それはまさに「意図せざる結果」というべきものであるということである。ここで、グローバル・コミュニケーションとしての広告という視座からして重要な点は、グローバル・コミュニケーションにおける「意図せざる結果」の比重の増大ということである。

　現代における根源的な価値の変化の方向を表現するものとして「アイデンティティーの時代」「文化の時代」「自己表現の時代」などの用語が使われるようになってきた(Inglehart 真鍋訳、一九九七)。このような大きな時代の変化は広告にとっても決

(25)郷に入っては郷に従え　人はその土地に行ったときは、そこの習慣に従えという意味。

(26)ジャパン・バッシング　日本が激しく非難・攻撃されること。

(27)大言壮語　必要以上に大きなことを言うこと、また、その言葉。

して無縁のものではない。むしろそのような時代の変化を最も敏感に反映するものこそが広告のはずである。こうして、広告に「アイデンティティー」「文化」「自己表現」が求められることになる。このような文脈で「意図せざる」ところを、改めて「意図した」ものにしていくことも、今後の重要な課題の一つになるといわなければならないのである。

つぎに(B)の事実についても、グローバル・コミュニケーションとしての広告の今後の「あるべき姿」という視点から、つぎのような議論が展開できるであろう。ここでも再度(B)で報告した事実を確認しておきたい。日本の国際広告では欧米とアジアできわめて対照的な広告手法が使われてきた。それは、筆者の用語でいえば、前者における「日本隠し的な手法（日本的な要素をできるだけ少なくしていこうとする手法）」と、後者における「日本晒し的な手法（日本的な要素をできるだけ多くしていこうとする手法）」というものである。

この二つの手法の共通項は「効率」志向(28)ということであろう。この「効率」志向によって、日本は、繁栄を達成してきた。しかし、実はそのための代償も払ってきたのである。それは、異質なものを異質としてそのままで認め、なお自己のアイデンティティーを大切にしながらコミュニケーションを続けていこうとする強靭な姿勢の涵養や、そのための具体的な手法の開発を怠ってきたということである。その「つけ」が今ようやく回ってくることになった。何ごとによらずコミュニケーションが苦手であるというのがそれである。これは何も国際広告だけの問題ではない。

価値の多様化が叫ばれる現在、日本はそのグローバル・コミュニケーションをどう進めていくかを真剣に問い直さなければならない。「意図せざる結果」に依存していたり、「隠れ蓑」を着ていては、本当のコミュニケーションはできない。どこまで本気でコミュニケーションをする気になるか。これこそが今後のグローバル・コミュニケーションの最大の課題であろう。「意志あるところに道は開ける」。

(28)「効率」志向
物事を能率よくおこない、大きな成果をあげようとする行動・思考様式。

練習問題

1.グローバル・コミュニケーションとしての広告という問題の立て方、あるいは視座の現代的な意義について考えてみなさい。

2.現代社会においては、大衆現象こそがsalientな現象になってきているといえる。その理由について考えてみなさい。

3.このような問題の立て方、あるいは視座から見えてくる「事実」として、さらにどのようなことがあげられるかを考えてみなさい。

4.そのような「事実」を踏まえて、グローバル・コミュニケーションとしての広告の今後の「あるべき姿」について考えてみなさい。

引用・参考文献

Barnlund, D.C.（1973）（西山千訳『日本人の表現構造』サイマル出版会）。

藤原帰一（二〇〇〇）「グローバル化の二つの顔」『グローバル化の政治学』早稲田大学出版部、三―六頁。

Inglehart, R.（1997）（真鍋一史訳「近代化とポスト近代化」『関西学院大学社会学部紀要』、七七号）。

北村日出夫（一九六八）「広告の効果と影響」『新聞学評論』、一七号、一五―二四頁。

小林太三郎（一九七三）『現代広告の考え方とその定義――広告概念推移を踏まえて――』吉田秀雄記念事業財団研究報告書、二二頁。

Linton, R.（1964）（清水幾太郎他訳『文化人類学入門』創元新社、四九―五〇頁）。

真鍋一史（一九九四）『広告の社会学［増補版］』日経広告研究所。

真鍋一史（一九九八）『国際イメージと広告』日経広告研究所。

真鍋一史（一九九九、二〇〇〇）「海外マス・メディア広告における日本語使用の実態と人々の日本広告をめぐる意識（上）（下）」『日経広告研究所報』、一八八巻、一八九巻。

Merton, R. K.（1961）（森東吾他訳『社会理論と社会構造』みすず書房、一六―二一頁、一一八頁）。

Ortega y Gasset, José（1958）（樺俊雄訳『大衆社

会の出現――大衆の蜂起――』東京創元社）。

Reischauer, E.O.（1974）（西山千訳『地球社会の教育』サイマル出版会）。

高畠通敏（一九七五）「国家」内田満他（編）『現代政治学の基礎知識』有斐閣、五頁。

高根正昭（一九七九）『創造の方法学』講談社。六〇頁。

竹内郁郎（一九七一）「媒体」南博監修『マス・コミュニケーション事典』學藝書林、五五五頁。

田中義久（一九七一）「現代社会学における個人と社会」（解説論文）Tiryakian, E.A.（田中義久訳『個人と社会』みすず書房、三一四頁）。

第Ⅲ部　開発と文化：

グローバルとローカルの対立と接合

8 技術協力と文化

鈴木　紀
（千葉大学文学部）

文化交渉としての技術協力

本章では開発援助の手法としての技術協力について考える。開発援助は国家間に存在する貧富の差の解消を目的におこなわれているが、その方法として豊かな国が貧しい国の産業振興を支援することが一般的である。それは産業が発展すれば国民の所得が増え、貧困が解消されると期待されるからである。産業の発展には、元手となる資本、産業に従事する労働力、産業を進めるための技術の三要素が不可欠である。このため、開発援助は資本を提供する資金協力、労働力の質的向上を目的とする社会開発[1]、技術指導をおこなう技術協力という三手法を組み合わせて実施されることが多い。つまり技術協力とは、文字通り技術面における国際協力である。

それでは開発途上国の人々は先進国の技術を容易に身に付けることができるのだろうか。現実にはどんなに優秀で使いやすい技術であっても、先

(1) 社会開発
教育、保健、医療、住環境など人間の社会生活の基本となる分野に関する開発。

進国から開発途上国への移転は幾多の困難が伴う。その理由として私たちは、技術の移転は技術自体の問題というよりも、その技術を用いる人々の文化の問題であるという立場をとる。つまり文化が異なれば「優秀」や「使いやすい」という判断も異なる可能性があると考えよう。たとえて言えば、技術は川の水のように上流から下流へ流れるとはかぎらない。どちらが上流でどちらが下流かは流域に住んでいる人の文化が判断することだからである。

この意味で技術協力とは技術を媒介にした文化交渉[2]と表現することもできよう。私たちの目的は文化交渉として技術協力を認識し、技術協力の課題を展望することにある。このため以下では技術協力をグローバルとローカルの二文脈に分けて論じることにする。両文脈の識別は文化の意味の差異による。文化は私たちの日常用語であり、誰もがなんらかの意味をあてはめて使用する概念である。しかしそれだけに社会科学の分析概念として文化は相当曖昧であり、誤解を避けるためにはもっと意味を限定した別の概念で代替する方がよいこともある。ここではグローバルな文脈における文化として言説という概念をあてる。言説とは人々の思考や行動を一定の力関係に編成する言葉の働きのことであり、文化を言説と言い換えることにより、言語活動によって絶えず文化が更新されている点と、その更新には政治的関心が大きく関与している点を強調することができる。一方ローカルな文脈では文化は生活世界という概念で置き換える。これは個人が自分の体験や他者との関係を評価しながらたえず再構成していく世界のことであり、文化は集団に共有されつつも、その更新は個人的におこなわれる性質を強調した概念である。

続く第2節では、技術協力のグローバルな文脈として近代技術をめぐる諸言説間の争点を検討する。第3節では、技術協力のローカルな文脈として技術協力に携わる人々の生活世界の交渉を問題とする。グローバルな文脈で交わされる言説が、ローカルな文脈で人々の生活世界をどのように形成しているかが示されよう。以上の議論を踏まえて、第4節では異なる生活世界間のコミュニケー

---

(2) 技術を媒介にした文化交渉
特定の技術の意味を文化が異なる人々の間で比較し、その差異を対等な立場で学び合うこと。

ションの問題として技術協力の課題を整理したい。

近代技術を巡る言説

開発言説

技術協力は先進国の技術体系が開発の促進に寄与するという前提に基づいておこなわれている。しかしなぜ先進国の技術が開発に役立つといえるのだろうか。これに答えるには開発という概念を改めて考えてみる必要がある。

エスコバール（Escobar, 1995）やファーガソン（Ferguson, 1990）の開発言説(3)研究によれば、開発とは先進国や世界銀行など世界経済の中心勢力が世界の特定地域を貧困地域として選別し、開発政策を通じてそこに住む人々を支配することを正当化する言説であるという。しかしグリーロ（Grillo, 1997）やロング（Long, 2001）は、開発言説をそのような単一の支配関係に集約して理解するべきでなく、さまざまな力関係を反映した複数形であつかうことを提案する。開発言説というよりは開発諸言説として捉えようというわけだ。これに習い私たちは、開発諸言説の例として近代化論、従属論、持続可能な開発論、開発とアイデンティティー論という四類型を設定する(4)。これら四種の開発諸言説において技術協力で伝達される近代技術がどのように位置付けられているかを検討していこう。

開発と技術

近代技術をめぐる開発諸言説を検討する前に、ここでは開発と技術の関係を統計資料から確認しておこう。表8－1は開発に関わる指標と技術に関わる指標を先進国と開発途上国の間で比較したものである。参考のため日本とアメリカ合衆国の数値も掲載した。開発に関わる指標は出生時平均余命（平均寿命）(5)、成人識字率(6)、一人あたり実質ＧＤＰ（国内総生産）(7)、およびこれらの三要素を集計した総合的な開発指標である人間開発指数(8)からなる。技術水準を占う指標としては一人あたりの電力消費量に着目する。電気は必ず電気器具や機械とともに使用されるものであり、電力消費量の大きさはその国の技術水準を示唆すると考え

(3) 開発言説　文中の説明を参照。

(4) これら四類型については鈴木（二〇〇一）を参照。

(5) 出生時平均余命（平均寿命）　生まれた子どもが生存し続ける年数の平均。その国の健康状態を示す指標。

(6) 成人識字率　一五歳以上で、日常生活に関する短く簡単な文章を読み書きできる人の割合。その国の教育状態を示す指標。

(7) 一人あたり実質ＧＤＰ（国内総生産）　各国間の物価水準の差を考慮して修正した一人あたりの国内総生産額。その国の所得水準を示す指標。

(8) 人間開発指数　健康・教育・所得の三要素を考慮して算出した開発状況を総合的に示す数値。国連開発計画（ＵＮＤＰ）が

表8-1　人間開発と電力消費（UNDP,1999より著者が作成）

国	人間開発指数 1997	出生時平均余命（歳） 1997	成人識字率（%） 1997	1人あたり実質GDP（$） 1997	1人あたり電力消費量（kW/h） 1996
先進国平均	0.919	77.7	98.7	23,741	9,491
開発途上国平均	0.637	64.4	71.4	3,240	845
日本	0.924	80.0	99.0	24,070	8,074
アメリカ合衆国	0.927	76.7	99.0	29,010	12,977

られるからである。この表から明らかなのは、すべての指標について先進国平均と開発途上国平均との間に歴然とした差がみられることである。このことは同時に、開発の進展と技術水準の高度化の間に一定の対応関係があることを示している。しかしそれ以上の解釈は依拠する開発言説によって大きく異なってくる。

近代技術の性質

①近代化論　近代化論は冷戦時代にアメリカ合衆国など、西側諸国が採用した開発理論である。開発とは自由主義体制下に産業を育成して達成されるものと考えられ、産業化には経済・政治・社会・文化など生活の諸側面にわたる近代化が必要とされた。先進国と後進国（現在は開発途上国と呼ばれる）は近代化の程度による識別であり、近代化の進んだ先進国が後進国の開発の手本となる。冷戦後は近代化論という言葉はあまり聞かれなくなったが、先進国が開発途上国を支援するという開発援助の基本的枠組みは現在でも不変である。

近代化論の視野では表8－1の数値は明確なメッセージをもつ。それは開発途上国が健康、教育、所得の各分野にわたってバランスよく開発を進めていくためには、技術面も先進国並みに高める必要があるというものだ。つまり近代技術は開発に不可欠というメッセージである。

こうした見解は、たとえば、日本で技術協力を中心的におこなっている国際協力事業団（ＪＩＣＡ）(9)の「ＪＩＣＡは日本のもつ技術や経験を途上国の人たちに伝えることで、その国の発展を支援する『技術協力』をおこなっています」（http://www.jica.go.jp/activities/gikyo/index.html）とい

各国のデータを毎年発表している。

(9) 国連協力事業団（ＪＩＣＡ）技術協力を通じて開発援助をおこなう日本の中心的な機関。毎年多数の専門家を開発途上国に派遣している。

った言葉に明瞭である。その他、日本の技術協力を評価する文献には「日本の経験と技術がいかされる『協力』という名の道場」（荒木、一九九九）、「瑞穂の国を自任し、高い稲作技術とコメ文化をもつ日本」（武田、一九九九）、「職人国家日本の面目躍如」（長澤、一九九九）など、開発途上国への日本の技術的貢献を主張する言葉が頻出する。

②従属論　従属論は近代化論に批判的なラテンアメリカの社会科学者達が中心となって一九六〇−七〇年代以来論じてきた開発理論である。近代化論が先進国の経済発展の足跡を普遍化し、それをあらゆる開発途上国に適用可能と考えるのに対し、従属論は遅れて近代化を試みる国家には独自の開発問題が存在すると考える。これらの国々はすでに資本主義を確立している先進国に対して貿易・金融・技術などの面で従属を強いられており、その条件下に近代化を試みても十分な成果はあがらないと予想されるためである。その結果一部の産業が近代化しても、その効果が国民全体に波及することはなく、絶えず貧富の差が再生産される構造が存在すると従属論者は想定する。

従属論の視点から表8−1を眺めると、識字率や所得面で開発途上国と先進国の間に存在する格差に注目せざるをえない。そして開発途上国に近代技術が導入された場合、果たしてそれが十分に活用されるのか、仮に活用されるとしても誰に活用されるのかといった疑問が浮上する。

こうした疑問はしばしば不平等の促進要因として近代技術を批判する考え方を生み出してきた。古くは、農業の近代化の試みである「緑の革命(10)」について、「経済的不平等がすでに存在していた所では、緑の革命のためにますます不平等が拡大する傾向にある。大農場所有者は、一般に新しい方法を採用する。彼らは、そのための資本もあり、また危険をおかすだけの余裕もある」（Meadow et al., 1972）といった説が唱えられた。また最近の情報通信技術のグローバルな展開に関しても、「世界中でもてる者ともたざる者、知る者と知らざる者の格差は広がっている」（UNDP, 1999）といった見解が見られ、技術の普及と並行して平等な社会を実現する必要性が強調されている。

---

(10) 緑の革命
品種改良や栽培技術の高度化によって、穀物や根菜、豆類などの作物の生産性を向上させる試み。

(11) 環境と開発に関する世界委員会
世界の環境と開発のバランスを検討するために一九八三年に国連に設置された委員会。別名ブルントラント委員会。

③持続可能な開発論　持続可能な開発論とは一九八七年に発表された環境と開発に関する世界委員会[11]の報告書 Our Common Future（World Commission on Environment and Development, 1987）で明示された視点であり、開発は環境の持続的利用という原則に則って進められるべきであることを主張する。中心的な概念として、現世代と未来世代の公平な環境利用を唱える世代間平等論[12]が提案され、現世代の短期的利益を優先しがちな開発政策に対して厳しい批判が表明された。

持続可能な開発論の立場からは、表8－1の先進国と開発途上国の電力消費量の差が問題となろう。開発を通じて開発途上国の一人あたり電力消費量が先進国並みになるとしたら、地球の資源と環境は果たしてもちこたえられるだろうかという疑問が生じる。

こうした立場からは、近代技術は世代間平等の原則を脅かす危険な選択でありうる。社会学者のウルリッヒ（Ullrich, 1992）は「工業システムは生産性が高いなどと言われているが、その正体は、人類史に例を見ない地球への寄生行為に他ならない」と述べ、地球環境という点では近代産業社会が脆弱な基盤に立っていることを指摘する。一方環境工学の立場から小宮山（一九九八）は、現行の技術体系では、人類は早晩、石油の枯渇、地球温暖化、廃棄物の大量発生の三重苦に直面すると予見し、こうした破局を回避するための「地球持続の技術」への転換を提唱する。

④開発とアイデンティティー論　開発を経済成長と同義とする者たちには、開発におけるアイデンティティー[13]の問題は長らく盲点であった。しかし現在では開発に起因するジェンダー関係の再編[14]や少数・先住民族問題[15]など、開発の進展につれて特定のアイデンティティーが差別、抑圧されることが深刻に受け止められるようになってきた。ここではこのような問題意識を開発とアイデンティティー論と総称しておく。

開発とアイデンティティー論の関心では、表8－1の識字率のデータが重要な意味をもつ。文字の読み書きができることに価値を認めることは、文字のある言語を母語とする者の発想である。確か

---

(12)世代間平等論　現世代の人間と未来世代の人間が地球の資源利用に関して平等な立場に立つとする考え方。

(13)開発におけるアイデンティティー　開発に際して考慮すべき、男女、年齢、階級、民族、人種、国籍などの多様な人間の差異のこと。

(14)ジェンダー関係の再編　社会的に受け入れられている男女の役割が状況に応じて変化すること。

(15)少数・先住民族問題　多民族国家の中で少数勢力であるため、あるいは外来民族によって成立した国家の統治下にあるため、特定の民族が差別的待遇を受ける問題。

にすべての先進国は文字化された国語をもつが、これまで人類が話してきた言語の大多数は無文字言語であったこともまた事実である。したがって開発を通じて識字率が向上することは、非識字者に対する識字文化の強制と有力文字言語を媒介とする思想的感化を意味する。その際非識字者のアイデンティティーはどうなってしまうのだろうか。

アイデンティティーの自律性を重視する立場からは、近代技術はアイデンティティーの抑圧装置として批判されることがある。この抑圧は実は先進国であるヨーロッパの人々がすでに経験してきたことである。再びウルリッヒ（一九九二）の言葉を引用すれば、「科学技術の浸透は、ヨーロッパ本来の文化的な営みを機械で駆逐し、矮小なものにおとしめ、はかり知れない傷を与えてしまった」という。こうした反省もなしに近代技術を開発途上国に移転することは、地域固有の伝統的な知識を無意味なものとして抹殺していくことにつながりやすい。ホバート（Hobart, 1993）はこれを「無意味の蔓延(16) growth of ignorance」と名付け、開発を通じて科学技術が普及することの裏面を指摘している。

技術協力における出会い

本節では技術協力の現場に目を転じてみよう。技術協力にはさまざまな立場の人間が関与しているが、基本的な関係は近代技術を伝える技術者と技術の受益者である生産者の関係である。各自は自分の生活世界に生きており、その中で自分の関心やそれを実現する方法を追求していると考えてみよう。

こうした状況を具体的に想起するためにアルセとロング（Arce and Long, 1992）による農村開発の事例研究を参照してみよう。場所はメキシコ西部ハリスコ州のラ・ロベラ村、時は一九八〇年代前半、メキシコ政府がSAM（メキシコ食糧システム）を通じて国内の食糧自給率の向上を目指していた時代である。

話はロベルトという農業水資源省の技術者の活動をめぐって展開する。彼の任務はラ・ロベラ村の農民に公的な農業融資制度への加入を促し、ハ

(16) 無意味の蔓延
近代的な科学技術の普及によって、世界各地の伝統的な知識が非科学的で無意味なものとして省みられなくなること。

イブリッドコーン（トウモロコシの高収量品種）・肥料・除草剤からなる近代的な技術パッケージを普及させて、トウモロコシの出荷量を増大させることだった。しかし村をサーベイしてみると、農民は牧畜に熱心でトウモロコシを食糧として出荷するよりも飼料として活用したがっていることが明らかになった。さらに一層深刻な問題として、農民はロベルトを信用しておらず、政府の農業政策に対してもきわめて懐疑的であることがわかってきた。

そこでロベルトは農民の信用を得るために、ある日、農民の前で政府批判を展開し、自分がいかに農民思いであるかを主張した。そして牧畜業に役立つ牧草を束ねる機械と、農民が求める果樹の苗木の提供を提案した。こうして彼はそれらを農業水資源省に求める請願書を作成し、多数の村人の署名を集めることに成功した。

署名をもってロベルトは役所の上司に掛け合った。しかし上司はSAMの目的がトウモロコシ増産であることを理由にロベルトの提案を却下する。はじめて農民の信任を得たロベルトは引くに引けず、上司の上司に直接交渉するがやはり彼の計画は認められない。上司たちはむしろSAMに対する農民の無理解に苛立ちを覚える。

結局ロベルトは上司から越権行為者とみなされて他の任地に左遷され、その後ラ・ロベラに戻って農民に事情を説明することすらできなかった。一方農民はこの出来事を通じて、ロベルトもこれまでの農業技術指導員と同じ嘘つきであることを実感した。その結果、政府の農業政策は頼りにならず、農業は自分たちのやり方でやるしかないことを強く再認識したという。

この事例で農業近代化を指導する農業水資源省と指導をうける農民たちを隔てているものはなんだろうか。また前者のなかでも、現場で活動するロベルトと事務所を管理する上司とを隔てているものはなんだろうか。

ロベルトも含めて農業水資源省の役人たちの生活世界は、二つの暗黙の前提の上に成立している。第一に自分たちが提供する技術が農民の生産効率を上昇させること、第二に生産効率の上昇で農民は豊かになるというものである。これは近代技術によって産業が発展し、皆が豊かさを享受できるという近代化論言説の一類型に他ならない。一方ラ・ロベラの農民たちは、技術者のデモンストレーションや説得によって第一の前提には同意できても、直ちに第二の前提を許容できないでいる。なぜならば彼らの生活世界では、近代技術は異なった意味付けがされており、豊かになるための方法も自らの経験に即したものが知られているからである。この点をアルセとロングの記述から確認してみよう。

ラ・ロベラの農民は、二年ほど前にSAMを通じて二台のトラクターを共同購入したが、すぐに故障してしまったという。修理資金の目処がたたず、結局二人の村人がトラクターを個人的に安価で買い取り、自己資金で修理した。このため農民のなかには、政府の推薦する技術は結局一部の者の利益にしかならないという幻滅が生じたという。これは不平等の源としての近代技術という従属論の認識を農民が実感しているということである。

このためラ・ロベラの農民は、豊かになるために政府の支援に頼るよりも、自分たちの経験則を重視する。それはまず男の子をたくさん産むことからはじまる。やがて成長した息子たちはアメリカ合衆国に出稼ぎに行き、ある程度まとまった金を持ち帰る。後はその金で牛を飼うなり、商売をはじめるなり、親子で共同経営をするのである。息子が少ない場合は、友人と共同経営をすることが次善の策となる。こうした理想を理解せず、ひたすら融資制度と生産技術の近代化によってトウモロコシの増産を迫る農業技術者は、農民にとって迷惑な存在だろう。ここには開発とアイデンティティー論の中心的問題が存在する。ラ・ロベラの農民が技術者に抱く反発は、後者が推進する「無意味の蔓延」に対して、自分たちの文化的アイデンティティーを守る試みということができよう。

一方、同じ農業近代化を促進する立場にたっていても、ロベルトと彼の上司たちとの間ではその目的が異なっている。現場担当のロベルトは農民の生活向上を第一に考えるのに対し、上司たちはSAMという国家レベルの政策を重視する。ここで、後者を農民のニーズに無関心な官僚的態度と批判することは容易である。しかしSAMが、後に持続可能な開発として定式化された開発理念を先取りした政策であったことに注意を喚起しておきたい。SAMはメキシコ農業の近代化によって市場価値の高い商品作物の栽培が卓越し、トウモロコシなどの自給作物が切り捨てられる傾向に歯止めをかける目的で一九八〇年から実施された政策である。国家の持続的発展のために、短期的な農業収益の向上よりも、長期的な食糧供給体制の整備が意図されていたわけである。

インターフェイスでのコミュニケーション

前節の事例から明らかなように技術協力とは単に技術の伝達の問題ではなく、技術の意味の交渉という面をもつ。この交渉は異なる生活世界に住む者の間でおこなわれるが、こうした交渉の場のことをインターフェイスと呼ぼう。インターフェイスとは文字通り「顔と顔の間」を意味する言葉だが、そこで成立するコミュニケーションには独特の性質がある。ロング（Long, 2001）はインターフェイスにおいて知識が伝達される時に生じるのは、意味の移転ではなく意味の変異(17)であるという。事例では、技術者が開発の触媒と意味付ける技術を、農民は不平等の種や自分のアイデンティティーに対する脅威と解釈した。これは両者が異なる生活世界に生きており、その世界のなかで技術が意味付けられているからである。

それでは技術協力の成果をあげるにはどうしたらよいのであろうか。これには二つの考え方があるだろう。第一はインターフェイスで生じる意味の変異を最小化するよう努めることである。指導や研修を強化して技術者の抱く技術の意味を確実に受益者に伝えることや、逆にロベルトのように、受益者の技術観に応じて指導する技術を変更することが解決策になる。しかしこの方法では、技術者と受益者のどちらかがその生活世界を大きく修正しなければならない。最悪の場合、事例のように、相互不信が強化される結果に終わる。そこで検討すべきは第二の考え方である。それはインターフェイスにおける意味の変異を受け入れることである。そして技術協力の目的を、受益者が自分

(17) 意味の変異
二者間で情報伝達が試みられるときに、送り手が指示した意味とは異なる意味を受け手が理解すること。

の生活世界のなかで新しい技術の意味を十分検討できることに留めておく。しかしそのためには、特定の言説に依拠して指導する技術の意味を宣伝するのではなく、さまざまな言説に基づく多様な意味を示すことが必要となる。熟慮の末、仮に受益者が新しい技術を採用しなかったとしても、受益者は開発に向けて主体的な意思決定をおこなったことを評価するのである。

　日本の国際協力としておこなわれている技術協力は、私たちが扱った事例よりさらに複雑である。日本と相手国双方の技術者と官僚制度が関与し、日本人技術者と受益者である開発途上国民との文化差も大きい。さまざまな生活世界の間でインターフェイスが形成され、技術の意味の交渉が繰り広げられる。そうした状況では、技術の意味を一つに固定することはますます困難である。各人の生活世界が尊重される方向で技術協力を認識する必要が高いといえよう。

練習問題

　日本の外務省は国際協力の方針として「顔の見える援助」を重視し、次のように述べています。「『顔の見える援助』が、人と人との交流を通じ、自国の経験に根ざした優れた技術やノウハウを活用しつつ相手国の開発努力を支援するため現場で知恵を絞り汗を流すことを通じて実現しうるものであるとすれば、途上国の国造りを支える人造りへの支援において、専門家派遣、青年海外協力隊及びシニア海外ボランティア派遣といった事業を通じて、国内の有為の人材を活用し日本の人的な貢献を強化することは、『顔の見える援助』を実現していく上で極めて有益となろう」（外務省経済協力局、二〇〇一）。これを参考にインターフェイス概念と「顔の見える援助」論の類似点と相違点を考えなさい。

引用・参考文献

荒木光弥（一九九九）「中国　黄河は泣き長江は怒った〜環境破壊の元凶を追って」『グローバル8つの物語　国際協力の足跡を追って』国際開発ジャーナル社、七三―一一〇頁。

Alberto, A. and Long, N. (1992) "The Dynamics of

Knowledge: Interfaces between Bureaucrats and Peasants". In N. Long and A. Long（Eds.）, *Battlefields of Knowledge: The Interlocking of Theory and Practice in Social Research and Development*. London: Routledge. pp. 211-246.

Arturo, E.（1995）*Encountering Development: The Making and Unmaking of the Third World*. Princeton: Princeton University Press.

James, F.（1990）*The Anti-Politics Machine: Development, Depoliticization, and Bureaucratic Power in Lesotho*. Cambridge: Cambridge University Press.

外務省経済協力局（二〇〇一）『我が国の政府開発援助二〇〇〇年度版　上巻』国際協力推進協会。

Grillo, R. D.（1997）"Discourses of Development: The View from Anthropology". In R.D.Grillo and R.L.Stirrat（Eds.）, *Discourses of Development: Anthropological Perspectives*. Oxford: Berg. pp. 1-33.

Hobart, M.（1993）"Introduction: The Growth of Ignorance?" In M. Hobart（Ed.）, *An Anthropological Critique of Development: The Growth of Ignorance*. London: Routledge. pp. 1-30.

小宮山宏（一九九九）『地球持続の技術』岩波新書六四七　岩波書店。

Long, N.（2001）*Development Sociology: Actor Perspectives*. London: Routldge.

Meadows, D. H. et al.（1972）*The Limits to Growth: A Report for the CLUB OF ROME's Project on the Predicament of Mankind*. London : Earth Island.（大来佐武郎監訳　一九七二『成長の限界：ローマ・クラブ「人類の危機」レポート』　ダイアモンド社）。

長澤孝昭（一九九九）「パラグアイ　夢を咲かせた日系移民スピリット」『グローバル８つの物語国際協力の足跡を追って』　国際開発ジャーナル社、二二七－二四九頁。

鈴木紀（二〇〇一）「開発問題の考え方」菊地京子（編）『開発学を学ぶ人のために』世界思想社、一〇－三一頁。

武田真一（一九九九）「タンザニア／ケニア　アフ

リカに敷かれる黄金の絨毯」『グローバル8つの物語　国際協力の足跡を追って』国際開発ジャーナル社、一九一―二二五頁。
Ullrich, O. (1992) "Technology". In W. Sachs (Ed.), *The Development Dictionary: A Guide to Knowledge as Power*. London: Zed Books.（三浦清隆他訳　一九九六「技術」『脱「開発」の時代：現代社会を解読するキイワード辞典』晶文社、三七三―三八九頁）。
United Nations Development Programme (1999) *Human Development Report 1999*. New York: Oxford University Press.（『UNDP人間開発報告書　一九九九　グローバリゼーションと人間開発』国際協力出版会）。
World Commission on Environment and Development (1987) *Our Common Future*. New York: Oxford University Press.

推薦図書

菊池京子（編）（二〇〇一）『開発学を学ぶ人のために』世界思想社。
Gardner, K. and D. Lewis. (1996) *Anthropolgy, Development and Post-modern Challenge*. London: Pluto Press.
Long, N. (2001) *Development Sociology: Actor Perspectives*. London: Routledge.

9 グローバル化とイスラーム
イスラーム的NGOの動態から

子島 進
（京都大学大学院 アジア・アフリカ地域研究科）

はじめに

共感と相互尊敬の態度をもって異文化に接する。急速にグローバル化する社会に生きるわれわれにとって、これを重要な課題とすることは大方の認めるところだろう。そして、異文化との対話そのものに多くの困難が伴うであろうことも、まずは了解事項といってよい。しかし、話がひとたびイスラーム[1]となると、多くの人は腰が引けてしまうのではないだろうか。イスラームという宗教が、寛容を旨とするにもかかわらず、「イスラームとの対話」は、数ある異文化理解のなかでも、おそらく最も困難なものとして、われわれの目に映じていると思われる。

確かに、グローバル化とイスラームという二つのテーマを並べるとき、人はどうしても同時多発テロ[2]のことを連想してしまわざるをえない。グローバル化の象徴である高層ビルが、「イスラーム原理主義[3]者のテロリスト[4]」の手によって打ち砕

(1)イスラーム
唯一神アッラーに帰依することを説く宗教。世界中に一二億を超える信者を擁する。

(2)同時多発テロ
二〇〇一年九月一一日、テロリストが旅客機を乗っ取り、アメリカの世界貿易センタービルや国防総省に突入した。アメリカはすぐにビン・ラーディンを犯人と名指し、報復としてアフガニスタンを空爆した。この

かれる。何千人という死傷者数と、さらにそれ以上に、何度も繰り返し放映される衝突時の映像によって、あの事件は、われわれの脳裏に忘れがたい強烈な印象を焼き付けることとなった。そして「イスラームは暴力を許容し、対話を拒否するのか」という疑問が、恐れや不安の感情とないまぜになって生じているのではないだろうか。

　しかしながら、イスラームが今日一二億ともいわれる信徒を擁する世界宗教であることに思いをはせるとき、そのような理解がかたよっていることは容易に推察できよう。実際、石油ショック(5)やイランのイスラーム革命(6)といった度重なるカルチャー・ショックの究明を課題として、日本の研究者はイスラームをその内側の論理から理解しようと努めてきたわけだが、それに対してムスリム(7)が対話の窓を閉ざしたことは決してなかったのである。正直に言って、私自身イスラームの教えとそこから生み出される行動様式を、すんなりと受け入れられるとは感じていない。しかし、イスラームが本質的に対話を拒否するものではないということは、つとに経験してきたところである。

　現在進展著しい「イスラーム地域研究(8)」では、実にさまざまな社会現象を研究対象として取り上げている。具体的には、インドネシアにおける官民共同の結婚・離婚相談所制度(9)（中村、二〇〇一）、学生団体から出発して大規模な組織に発展した「北米イスラーム協会(10)」（山内、一九九五）、礼拝(11)やクルアーン（コーラン）(12)、教室からハラール(13)、食品の製造・販売、女性の手芸教室から巡礼にいたるまで、生活領域のすべてをカバーするドイツのトルコ人移民組織(14)（内藤、一九九六）などが含まれる。そして、個人レベルの信仰の覚醒から、地域レベルの組織活動、あるいはイスラーム銀行(15)（無利子銀行）の設立など、これら多様な潮流を包括する用語として使用されているのが「イスラーム復興(16)」である（小杉、二〇〇一）。

　イスラームをテロや暴力に還元することなく、その新たな潮流をいかに読み解いていくか。この課題に答えるには、「イスラーム復興」という多様な動きを包括する視点を念頭におきつつ、グローバル化の文脈で生起しつつあるローカルな変化を丹念に検証することが、ぜひとも必要となってく

間の報道において、イスラーム原理主義者＝テロリストという図式が確立、イスラーム理解の大きな妨げとなっている。

(3)イスラーム原理主義
社会の現状がイスラーム的でないとの認識に立ち、イスラーム法の施行を求める運動。しかし今日のマス・メディアでは、イスラームを脅威としてみなす際に用いられることが多い。

(4)テロリスト
暴力的手段に訴えて、自分の政治的目的を実現させようとする者。

(5)石油ショック
一九七三年の第四次中東戦争を契機に、アラブ石油輸出国機構は原油の生産削減とイスラエル支持国への禁輸を決定した。原油価格の高騰は日本にも影響、物資不足に対する不安から、洗剤やトイレットペーパーを買いあさるパニック状態が生じた。

る。以下では、パキスタンからイスラーム復興の一環を担うと目される宗教・社会的現象を紹介したい。そして、それらの事例を通して、ムスリム（イスラーム教徒）との間に共感と相互尊敬を育んでいく可能性を探っていきたい。

イスラーム的なNGO：パキスタンのフィールドワークから

今日、イスラーム世界の「拡大」には目覚しいものがある。イスラームは、伝統的に中心と考えられてきた中東で復興を遂げると同時に、その開放性や普遍性を生かして急激に勢力圏を広げつつある。ソ連邦解体[17]以降の中央アジアや、経済発展著しい東南アジアなどで目覚しい動きをみてとることができるし、アメリカ、ドイツ、フランス、イギリスなども「移民などムスリム・マイノリティ[18]が登場し、意味を持ち始めた地域」として認識されるようになってきた。これらの国々には、それぞれ数百万のムスリムが移民や留学生として暮らしている（ＮＨＫスペシャル「イスラム」プ

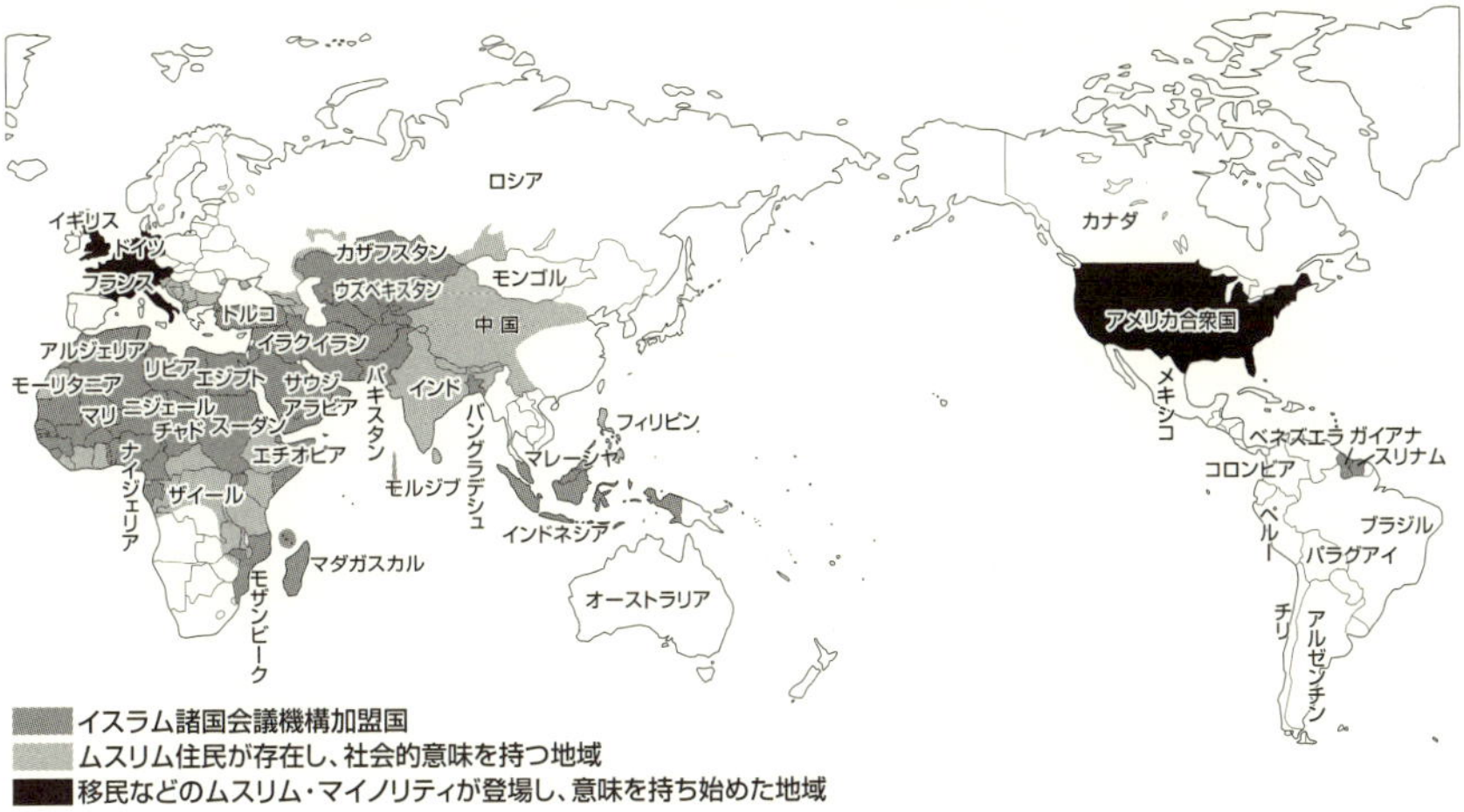

イスラム世界の広がり

『イスラム潮流』日本放送出版協会，2000より

(6)イランのイスラーム革命
一九七九年、王制を打倒し、ホメイニー師のもとにイスラーム的政治体制を樹立した革命。これに伴い、日本では第二次石油ショックがおこった。

(7)ムスリム
イスラーム教徒を意味するアラビア語（女性はムスリマ）。

(8)イスラーム地域研究
中東のみならず、世界規模に広がるムスリムの居住域すべてを対象とする総合研究。

(9)結婚・離婚相談所制度
インドネシア政府と民間の協力によって設けられた機関。結婚生活のあり方についての講習、ならびに離婚調停やカウンセリング等をおこなう。地域の女性宗教活動家たちの無料奉仕によって運営されている。

(10)北米イスラーム協会
本部インディアナ州プレイ

ロジェクト二〇〇〇、三一四、地図参照)。

人口規模でいえばインドネシアに次ぐ第二のイスラーム大国であるパキスタン(19)でも、イスラームは政治・経済・教育といった社会のさまざまなレベルで実践されてきた。ここでは、パキスタンにあってイスラーム的なNGO(20)を取り上げたい。

国境を越えて活動するNGOは、まさしくグローバル化時代の申し子として脚光を浴びる存在となっている。そして、多くのNGOの中には、宗教的理念に拠って立つ団体も存在する。キリスト教や仏教の精神に拠って立つNGOは、スリランカ(21)のサルボダヤ運動(22)を筆頭に日本でも比較的よく知られている。しかし、イスラームの場合、そのNGO活動に注目が集まることはほとんどなかった。人口一二億の世界宗教(23)でありながら、そしてムスリム人口の大部分がいわゆる「第三世界(24)」に暮らしているにもかかわらずである。その理由は、「伝統墨守のイスラームと、開発を進めるNGOは水と油」という先入観が、やはりわれわれのなかで働いているからではないだろうか。

しかし、イスラームは「社会的公正」や「同胞愛」を重んじる宗教であり、社会のセーフティーネット(25)となるような仕組をもっている。たとえば、全信徒がおこなうべき行為として定められている「五行(26)」の一つに、ザカートがある。ザカートは「喜捨」と訳されるが、(もともと神のものである)財産の一部を、神に返す行為である。そして、実際に集められるお金の使途が「貧しい者の救済」のためと定められている点に特徴がある。イスラーム的なNGOというとき想定されるのは、たとえばこのザカートの仕組みを利用して社会的弱者のためのセーフティーネットを構築する、そんな役割を果たしている民間の非営利団体である(「イスラームの教義」を声高に叫んでいるからイスラーム的とするわけではない)。政府が赤字解消のために福祉予算を削る傾向は世界共通であり、イスラーム圏の国々も例外ではない。弱者の側に立って社会福祉を支えるイスラーム的なNGOの役割はますます高まっているのである。

アーガー・ハーン財団とイスマーイール派

ンフィールド。約三五〇のモスクをはじめとして、多くの社会サービス団体と関係している。

(11) 礼拝　五行(後述)の第二にあげられる信者の義務。神への服従と感謝の念を表明する行為であり、義務としての礼拝は、一日五回が定められている。

(12) クルアーン(コーラン)　アラビア語で書かれたイスラームの聖典。

(13) ハラール　ハラールとはイスラームにおいて適法とみなされるものや行為である。対義語はハラームで、イスラーム法において禁止されているものや行為。

(14) トルコ人移民組織　労働者不足に悩んだ西ヨーロッパ諸国は、一九六〇年代から多くのトルコ人労働者を受け入れたが、中でもドイツのトルコ人移民は二

さて最初の事例は、パキスタンの最北部、カラーコラム[27]で活動するアーガー・ハーン財団[28]である。カラーコラムは峻険な山岳地帯であり、標高五〇〇〇～六〇〇〇メートルの山々に囲まれた狭い谷間に、村々が点在する。そこでの人々の生業は、灌漑水路を利用した小麦やトウモロコシの栽培と、ヤギやヒツジといった家畜の飼養によって構成されている。一九七〇年代初頭まで、この地域は谷ごとにラージャー（raja）あるいはメヘタル（mehtar）と呼ばれる支配者によって統治されていた。一九四七年のパキスタン成立以後も、彼ら土着の支配者は領内の紛争を裁定し、年貢を徴収していたのである。多くのパキスタン人にとって、カラーコラムが今でも「秘境」としてイメージされているのもうなずけよう。

このラージャー制を突如廃止したとき、当のパキスタン政府の行政は、実効力を伴う形でこの地域に浸透することがなかった。「伝統的なくびき」から解放された人々は、当然学校や病院、あるいは裁判所といった「近代的制度」へのアクセスを求めた。しかし、待ち受けていたのは、彼らを欲求不満に陥らせる制度的にほぼ真空の状態だった。農耕の開始を告げる春の祭りから、伝統的な資源利用の慣習の維持、もめごとや商売上のトラブルの際の仲裁にいたるまで、村落生活の文字通り中心に位置していた制度が突然消滅したにもかかわらず、さらには急激な人口増加や観光化など地域に新しい変化が押し寄せているにもかかわらず、六〇〇〇メートル級の山々のはるか彼方に位置する政府は、ほとんどそれに対処することがなかった。

この空隙を埋めるべく活動を展開したのが、アーガー・ハーン財団である。同財団は、「アーガー・ハーン農村支援事業」（Aga Khan Rural Support Programme）やその他の系列組織によって、カラーコラムの村々を舞台に、教育、医療、農村開発、建築文化振興を積極的に推し進めている。

カラーコラムの峻険な山々に囲まれた無数の渓谷は、歴史的に「少数派の避難所」の役割を果たしており、パキスタンのムスリム人口において多数を占めるスンナ派[29]のほかに、一二イマーム[30]派やイスマーイール派といったシーア派[31]系統に属する人口も多い。ヌール・バフシュ派[32]というこ

百万を数える。不安定な生活をカバーするため、移民の間では、多くの相互扶助組織が誕生することとなった。

(15) イスラーム銀行　イスラーム法にのっとった形で設立された銀行。あらかじめ利子を提示することはせず、銀行と預金者が損益を共同で担う仕組みとなっている。銀行が利益をあげれば、分配の形で預金者にも利潤がもたらされる。一九七〇年代から増加し、イスラーム圏では定着している。

(16) イスラーム復興　イスラームの信仰に覚醒した人々や集団による、政治・社会・文化運動を包括する用語。イスラームを過激な政治運動のみに還元することなく、広く草の根レベルの社会的変革に注目することを含意している。

(17) ソ連邦解体　一九九一年、アメリカに対

の地方だけに分布する宗派や、カラーシャ(33)という独自の多神教を奉じる民族集団も存在する。これら宗教・宗派を異とする多くの人々が、アーガー・ハーン財団の活動に参加している。ただし、ことカラーコラムでは、アーガー・ハーン財団はイスマーイール派と密接な関係をもっている。実はNGOの名前であるアーガー・ハーンとは、イスマーイール派の世襲指導者イマームの称号である。全NGOの統括者として指揮をふるうのは、アーガー・ハーン四世その人に他ならない。ヨーロッパに本部をおく国際的なNGOとして、また先進国の援助機関から多額の財政支援を受けているため、同財団は宗教的信条に関係なく、「貧しい山地農民」のために活動することを謳《うた》っている。このため、イスラーム的理念の外へ向かっての提唱は控えめな形でしかおこなわれていないが、イスマーイール派の村に身をおいてみると、NGO活動が宗派組織と有機的にリンクした形で進められていることが理解される（子島、一九九八）。

　イスマーイール派の村々では、その中心部に必ず「ジャマーアト・ハーナ(34)」が設置されている（一般にモスク(35)と呼ばれるものに相当する）。そして、このジャマーアト・ハーナを文字通り集会の場として、イスマーイール派独自の評議会制度を中心とする宗教・社会的組織が機能している。ここで信徒はアーガー・ハーン四世の教えを村々を回る宗教講師から伝え聞き、子どもたちにクルアーン（コーラン）の読み方を教え、さらには宗派内外のローカルなもめごとを調停する仲裁機関を運営している。

　その敷地には、しばしばアーガー・ハーン財団系のNGOが運営する学校や診療所が併設されている。収入向上事業に取り組む組合（男性と女性に分けて編成されている）の集会所としても、ジャマーアト・ハーナは利用されている。町にあるこれらの組織のオフィスには、高度の事務能力と専門性を習得した職員が配されているのだが、コミュニティ・レベルでは村人である信徒自身が納めるザカートと無償のボランティア活動が、その基盤を支える重要な拠り所となっている。

　NGOと宗派組織の活動は、その二つが相まって、パキスタン政府の何倍もの社会的役割を地域

する唯一の超大国であったソ連が解体した。継承国家としてロシアが誕生する一方、中央アジアではウズベキスタン・カザフスタン・タジキスタン等が独立を果たした。

(18) ムスリム・マイノリティ
居住する国や地域において少数派を構成するムスリム。

(19) パキスタン
インド亜大陸の北西部に位置するイスラーム共和国。一億四〇〇〇万の人口の九七パーセントをムスリムが占める。

(20) NGO
Non Governmental Organization の略称。非政府組織。ここでは主として民間の開発援助組織をさしている。

(21) スリランカ
インド亜大陸の南東端に位置する島国。イギリス領時代にはセイロンとして知られていた。

社会で果たしている。そして、母子健康、識字率、あるいは道路や灌漑水路の整備といった開発の成果も、他宗派が多く居住する地域に比べて、やはりイスマーイール派の間でこそ、よりはっきりとみてとることができる。

成果の一つとして、初等・中等教育の充実をあげることができる（アーガー・ハーン系の学校で学ぶ生徒は、一九九〇年代のカラーコラムでは二万人を越えていた）。この点をイスラーム復興の文脈に照らし合わせて考察してみたい。人類学者の大塚和夫氏は、近代教育とイスラーム解釈の問題を、エジプトの文脈において考察している（大塚、一九八九：第八章）。一九世紀前半まで、エジプトにおけるイスラームの専門教育は、アズハル学院の出身者が独占していた（同学院は、イスラーム学において最大級の評価を受けている）。しかし近代的な国家体制のもとで、世俗的な高等教育を受けた層が大量に生産されるようになると、そのなかから自由に聖典や注釈書を学ぶ者たちが現れた。彼らは伝統的なイスラーム諸学の知識には疎かったが、（だからこそ）伝統的解釈の拘束から離れ、世界的な政治・経済の現状を考慮に入れた広い視野から、イスラームの信仰を位置付けていくことができたのだった。いわゆる原理主義、あるいはスーフィズム[36]へと傾倒する人々は、このように「高度の読み書き能力」を基盤に出現したわけである。今日のイスラーム復興において見落としてならないのは、まさしく近代的な教育システムが、新たなリーダー群を生み出したという点である。この部分が欠落すると、教育を無視する反動勢力というステレオタイプを再生産してしまうことになる。

いずれにせよ、イスマーイール派にも、「開発の成果」は大きな変容をもたらすことになっている。カラーコラムのイスマーイール派には、ピール（pir）[37]と呼ばれる伝統的な宗教指導者がいた。もともとピールは、遠い時代にイスマーイール派のイマームの任命を受けて、この地方にやってきた人物の子孫である。聖なる血統を引くことと、秘儀とされる宗教的知識を有することによって、ピールはイマームと信徒との間の霊的媒介者として認められてきたわけである。しかし、アーガー・

---

(22) サルボダヤ運動　農村生活の向上を中心に、社会改革を目指すボランティア運動。仏教思想とガンディー思想を基礎にしたNGOとして知られる。

(23) 世界宗教　民族や国家を超えて世界各地に広まっている宗教。キリスト教・仏教・イスラームなど。

(24) 第三世界　アジア・アフリカ・ラテンアメリカなどの発展途上にある国々の呼称。本来は、冷戦下の東西両陣営に属する先進国に対比して使われていた。

(25) セーフティーネット　安全を保障するもの。ここでは弱者の生活を支える社会的制度や習慣をさす。

(26) 五行　ムスリムに義務として課せられている五つの宗教的行為。すなわち、信仰告白、礼拝、ザカート、断食、巡

ハーン四世が次々とＮＧＯを創設し、新たな事業を展開していくなかで、伝統的なピールがそのまま指導者の位置にとどまることは不可能だった。規模が小さく、さらにアーガー・ハーン四世の権威が絶対的なこともあって、イスマーイール派は、教育程度の高い青年層に評議会を筆頭とする宗派組織やＮＧＯでの活躍の機会を与えることに成功した。彼ら新世代には、ラージャーの時代の家柄や宗教的血統にかかわらず、地域コミュニティにおいて自らの能力を示し、尊敬と威信を獲得することが可能となっている。宗教講師の資格取得にも、必要なのは血統や秘儀ではなく、パキスタンの国語であるウルドゥー語や英語を流暢に話し、読み書きする力である。

　ローカルなレベルで新たに誕生した指導者の特徴は、次の三点にまとめられる。

①信徒の間の平等主義を体現する存在である。
②高等教育を受けており、ウルドゥー語(38)のみならず英語の読み書き能力を有する。
③血統によってではなく、事務能力によって組織運営を任されている。

　一方、老ピールたちは今でも村人から「ピール様」と呼ばれ、深い尊敬の対象である。道中すれ違う村人は必ず足を止め、ピール様の手の甲に接吻をする。しかしそれは指導者という立場からは程遠いものである。評議会やＮＧＯ活動においては、彼らに活躍の場は与えられていない。このローカルなレベルにおける指導者の変化は、単に地域の内的な変化を反映しているばかりではない。それは同時に、「開発に対するイスラーム的な意味付け」という、イスマーイール派全体の自己変革の方向に強く関わるものともなっている。

　ここまでの記述で理解できるように、ＮＧＯ活動はイスマーイール派にとって特別な意味をもっている。しかしそれにもかかわらず、開発におけるイスラーム的な意味付けは、対外的にはそれほどはっきりとはおこなわれてこなかった。それには、ＮＧＯとしてのイメージなどいくつかの理由があったと思われる。しかし、なによりも決定的なのは、内部に「イスラーム的開発」を構想する宗教学者がそもそも存在しなかったという点であろう。同派の人口の大部分は、パミール高原を取

礼である。

(27)カラーコラム
パキスタン北部を横断する大山脈。世界第二の高峰Ｋ2をはじめとして、七、八〇〇〇メートル級の高峰が林立する。

(28)アーガー・ハーン財団
一九六七年、イスマーイール派第四九代イマームであるアーガー・ハーン四世によって設立された。本部をスイスのジュネーブに置き、世界的な開発ネットワークを築いている。

(29)スンナ派
イスラームは規模の割には分派が少なく、大別してスンナ派とシーア派に二分される。大多数のムスリムはスンナ派に属している。預言者ムハンマドのスンナ（慣行、範例）に従うことを意味する。

(30)一二イマーム派
シーア派最大の分派。この派の特徴は、第一二代イマ

り巻く中央アジアの山岳部に暮らす農民である（カラーコラムもその一部である）。そこには、伝統的なピール以外に、高度なイスラーム学を修めた宗教学者層を再生産する余地はなかったし、またそのような社会的要請も生じなかった。

　ところが近年、イスマーイール派は、そのNGO活動の帰結として、内部から大量の高学歴者を生み出すことになった。そしてその一部が、ロンドンに創設されたイスマーイール派の研究所（The Institute of Ismaili Studies）で研鑽を積み、高度なイスラーム学の研究を発表するようになっている。最近のアーガー・ハーン財団が、以前に比べてかなりはっきりとイスラーム色を強調したアプローチをみせているのは、おそらく、この「ブレイン養成」を受けてのことだろう（たとえば、ザカートをムスリムのコミュニティ内部で調達できる資金としてより大々的にNGO活動に取り込み、外国資金への依存状態から脱却することを提唱している。）（Aga Khan Foundation, 2000）。

　プロの宗教学者とプロの開発専門家を擁して初めて、イスラームのメッセージを開発のコンセプトに反映させることが可能となったわけであるが、これはまさしくグローバル化を興味深い形で反映した弁証法といえるだろう。そこでは、ともすれば反グローバル化の急先鋒と考えられるイスラームが、NGOによる開発というグローバル化の申し子のような現象を内部に取り込んでいる。そしてその活動の帰結が、今度はより高次のイスラーム化を自らにもたらしているのである。

イーディー福祉基金

　ここで、パキスタンの北端から南端へと、そして宗派的には多数派のスンナ派へと目を転じたい。アラビア海に面するカラーチー[39]は、パキスタン最大の商業都市であり、人口は一〇〇〇万人を越える。この町では、一九九〇年代の一時期、路上における銃の乱射や爆破事件が頻発し、最悪の治安状況を呈した。パキスタンという国は、その内部に多くの問題を抱えているが、多民族が共住する大都市カラーチーで繰り返される民族集団や宗派間の衝突こそが最大の懸案となっている。

ームが九世紀以来「お隠れ」の状態に入っているとすることにある。イマームは死んだのではなく、世の終末に再臨して正義を実現するとされる。

(31) シーア派
シーアとは党派を意味し、「アリーの党派」の略称である。ムハンマドのいとこで、かつ女婿でもあったアリーとその血統をイマーム（指導者）と仰ぐ宗派。アリーの子孫の誰をイマームと認めるかをめぐって、内部でさらに分派が生じている。

(32) ヌール・バフシュ派
パキスタン北部に少数ながら存在するシーア系統の宗派。同派の伝統は、イスラーム諸宗派の統合をうたっている。

(33) カラーシャ
パキスタン北西辺境州の三つの谷に住む半農半牧の少数民族。独自の多神教に従うため、周辺のムスリムか

このカラーチーにおいて市民の信頼を得て活動しているのがイーディー福祉基金[40]である(Durrani, 1996)。このNGOはパキスタン全国に三〇〇以上の支部をもち、その活動は事故現場への救急車の派遣から孤児院の運営、さらには身の置き所のない女性のための避難所まで多岐にわたっている。特に、民族対立と宗派抗争が繰り返された一九九〇年代、自前で購入した救急車で病人や怪我人の搬送を担ったことが、市民に高く評価されている。

イーディー氏（筆者撮影）

創設者のアブドゥッサッタール・イーディーは西インド地方のグジャラート出身であり、グジャラティー語を母語とする。パキスタンの国語であるウルドゥー語も、公用語である英語も、十分には読み書きできない。またアラビア語も解さず、いわゆるウラマー[41]ではないのだが、独自の宗教解釈をもっている。五行（一三四頁参照）に加えて、彼がイスラームの六つ目の柱としてあげるのは、博愛主義である。ここで面白いのは、イーディーを支持し頼りともする民衆が、博愛主義[42]という彼の信念に加えて、イスラーム的な正義や公正を体現する人物として彼を敬慕し、崇敬している点である。つまり、イーディーはパキスタンの民衆が表現するイスラームに、非常に近いところに位置していると感じられるのである。そのオフ

ら「カーフィル（異教徒）」と呼ばれている。

(34)ジャマーアト・ハーナ
イスマーイール派独自の礼拝所兼集会所。

(35)モスク
ムスリムの礼拝の場。アラビア語ではマスジド。

(36)スーフィズム
イスラーム神秘主義。修行者は導師に従って修行に励む。ひたすら神の名を唱えるといった修行の究極的目標は、神との神秘的合一を体験することである。

(37)ピール
本来の意はペルシャ語でスーフィズムの導師、聖者。イスマーイール派にあっては、イマームから派遣された宣教師、ならびに土着化したその一族に対する敬称。

(38)ウルドゥー語
パキスタンの国語。北インドにも数千万の話者が存在

イスに座っていると、何かしら問題を抱えた人々がひっきりなしに駆け込んでくるのだが、彼の対応は慈父のそれであり、実際イーディーはしばしば「お父さん」と呼びかけられる（NGOのボラ

ガーズィー廟の外観（筆者撮影）

ンティアたちは尊敬の念をこめてマウラナーと呼ぶが、通常これはウラマーに対する尊称である）。インタヴュー中に、彼はこう話してもいる。「若い女性が懺悔にやってきたことがある。『お父さん、私は生まれてからずっと貧しく、何度も他人の財布からお金を盗んできました。この私の罪を許してください』と言って泣くんだ。私に謝るんじゃなくて、あなたがお金を盗んだ人たちに謝りなさいと言って聞かせたんだ」。

罪の許しを乞うという行為が、常人に向けておこなわれるということはまずありえないだろう。このような彼を取り巻く雰囲気から私が想起するのは、聖者アブドゥッラー・シャー・ガーズィーの廟である。このカラーチーで最も賑わうイスラーム聖者の廟には、日夜多くの老若男女が訪れ、祈りを捧げていく。つまり、イーディーはパキスタンの民衆が表現するイスラームに非常に近いところに位置しており、正義や公正を体現する聖者のように敬慕されているのだ。そして、民衆は彼を公共善のために働く人物として認め、ザカートその他の献金を託している。

する。アラビア文字を使用し、右から左へ横書きする。

(39) カラーチー
アラビア海に面するパキスタン最大の商業都市。イスラーマーバードが建設されるまでは、同国の首都でもあった。

(40) イーディー福祉基金
アブドゥッサッタール・イーディー（一九二八年―）によって創設された社会福祉団体。同氏は半世紀以上にわたって、パキスタン内外で福祉活動に従事している。

(41) ウラマー
イスラームの宗教学者。単数形はアーリム。

(42) 博愛主義
人種や宗教を超えて、全人類が平等に愛しあうべきとする考え方。

より一般的にも、パキスタン人のボランティア活動は宗教心の発露であるということができるだろう。カラーチーのスラム街を歩いて驚かされるのは、舗装道路よりも病院よりも先に、住民自らが、誰に強制されるでもなくまずモスクを建設するということである。理由はと聞くと、当然のように「人間として生きていくのに、礼拝の場所は欠かせないものだから」という答えが返ってくる。ある統計によれば、パキスタン人の寄付や無償の労働奉仕の九割が、モスクやマドラサ(43)といった宗教的なものに向けられている（Social Policy and Development Centre, 1999）。このような傾向が、近年確実に強まっていることははっきりしている。しかしその際、必ずしも人々が政治的な立場から「イスラーム」を叫んでいるわけではないことに注意を払う必要があろう。イーディーやそのまわりで働いているボランティアたちにしても、ことさら大仰なイデオロギーとしてイスラームを強調するわけではない。しかし、その精神はまぎれもなくイスラーム的なものに立脚している。

おわりに

本章では、グローバル化とイスラームの関係を考えるにあたって、パキスタンの南北両端から、二つのNGOの事例をあげた。そこでは異なる形ではあるが、NGOがローカルな文脈に根付いたさまを、そしてイスラームがその活動の核となっていることをみることができる。どちらもイスラームの基本精神と行動パターンであるとそれぞれが解釈するものに則って、活動を展開している。

おそらく、ここで取り上げたような事例は、イスラーム世界では数多く見受けられることだろう。その意味で現代世界におけるイスラームの復興は、単にグローバル化に対するローカル化という局面だけにとどまるものではない。「イスラームのグローバル化」、もしくは「イスラーム文明の再興」という、より大きな枠組みのもとでさらなる考察を進めることが今後の課題となっている。そして、その際には過激な政治的主張のみに注目することなく、ローカルなレベルで深く静かに広がりつつ

---

(43) マドラサ　ウラマー育成のための教育機関。イスラーム法学やクルアーン学を中心に教授する。

あるものをしっかりと視野におさめていかなければならない。そのような形でイスラーム理解を進めていくときにこそ、そこに共感が伴ってくることも期待できるだろう。

練習問題

1.イスラーム的な価値観はどのようなものでしょうか。それと私たちの価値観との間にはどのような共通点と違いがあるのでしょうか。

2.イスラームの世界的な分布を地図で確認しなさい。そのうえで、イスラームの拡大の理由を考えてみてください。

引用・参考文献

Aga Khan Development Network（2000）*Philanthropy in Pakistan: A Report of the Initiative on Indigenous Philanthropy.*（n.p.）: Aga Khan Foundation.

Durrani, T.（1996）*Abdul Sattar Edhi: An Autobiography.* National Bureau of Publications.

小杉泰（編）（二〇〇一）『増補イスラームに何がおきているか　現代世界とイスラーム復興』平凡社、増補版。

内藤正典（一九九六）『アッラーのヨーロッパ―移民とイスラーム復興―』東京大学出版会。

中村緋紗子（二〇〇一）「『草の根型』変革の息吹―インドネシアの結婚・離婚相談所―」小杉泰（編）『イスラームに何がおきているか―現代世界とイスラーム復興―』平凡社、二一三―二二九頁。

子島進（一九九八）「イスラームと農村開発」斉藤千宏（編著）『ＮＧＯが変える南アジア』コモンズ、八五―一一八頁。

ＮＨＫスペシャル「イスラム」プロジェクト（二〇〇〇）『イスラム潮流』日本放送出版協会。

大塚和夫（一九八九）『異文化としてのイスラーム―社会人類学的視点から―』同文舘。

Social Policy and Development Centre（1999）*Social Development in Pakistan.* Karachi : Oxford University Press.

山内昌之（一九九五）『イスラムとアメリカ』岩波書店。

推薦図書

E・ゲルナー（一九九一）『イスラム社会』紀伊國屋書店。

小杉泰（編）（二〇〇一）『イスラームに何がおきているのか　現代世界とイスラーム復興』平凡社、増補版。

大塚和夫（二〇〇〇）『イスラーム的　世界化時代の中で』日本放送出版協会。

大塚和夫（二〇〇一）「グローバル化のパラドックスの中―でイスラーム世界の「反米意識を読み解く」『中央公論』、一二月特大号、四〇―四七頁。

山内昌之（一九九五）『イスラムとアメリカ』岩波書店。

10 オリエンタリズムとしての国際観光
ニューカレドニアの観光文化を事例に

中村純子
（横浜商科大学商学部）

はじめに

今日多数の人々が世界各地を観光目的で訪問する。これは訪れる側である観光者が余暇としての観光体験を必要であると認識し、観光に自己資金の一部を投資することを意味する。背景として各国政府や地方公共団体、企業が経済活性化や地域振興を目的に観光開発を推進し、観光目的地の各施設や道路、水道、電気、ガス等のインフラストラクチャーを整備したことがあげられる。このように観光は観光者および受け入れる側である観光産業従事者が、異なる目的のもとに観光産業を支えている。

特に国際観光においては異文化理解、異文化コミュニケーション(1)といった側面が重要視される。観光人類学者(2)のヴァレーン・スミス（Valene Smith）が「観光活動は文化的な相互関係の正しい認識と国際的な理解への橋渡しをすることができる」（Smith, 1989, 9）と述べたように、国際コミュ

(1)異文化理解・異文化コミュニケーション
コミュニケーション学や文化人類学などで、異文化同士の人々の接触による相互作用を捉えるもの。

(2)観光人類学
観光をテーマとした文化人類学の応用分野。観光者と現地の観光業従事者との関係、観光文化、観光による社会・文化変容などを扱う。

ニケーションにおける観光は今後一層期待される。

しかし世界各地で推進される観光活動をみた際に、開発者であり訪問者である先進諸国（北側）に対して、被搾取者であり受け入れ側である開発途上国（南側）という南北関係が指摘される。そこでは「見る」側である観光者と「見られる」側である地元住民との間に優劣関係が生じる（落合、一九九六、五七―五八）。

本章では異なる文化に属する開発者や訪問者により一方的に押し付けられた観光イメージが、観光地において展開することを「オリエンタリズムとしての国際観光」と呼び、これに対して地元住民が新たな観光文化を創造することで、不均衡な観光の南北関係を是正すべく対抗し、さらには観光者への「対話」を試みる動きが生じることを述べる。論述にあたり観光研究の定義にならい、観光者を「自宅から離れた地域に一時的に滞在し、現地で利益を得ない人」と定義し、事例として南太平洋のニューカレドニアの観光文化を取りあげる。

「オリエンタリズムとしての観光文化」

サイード(3)は「オリエンタリズム」について以下のように述べた。

「オリエンタリズム」とは世界を西洋と東洋という不均等な二つのものに仕立て上げ、「我々」としての西洋とは異なる世界を理解し支配する目的意識をもった言説である（サイード、一九九三a、四〇―四一）。

つまり「オリエンタリズム」は西洋と異なる世界を力関係において劣った存在とみなした、一方的な「西洋による非西洋観」と集約できる。「オリエンタリズム」による世界観は西洋中心主義(4)の産物であり、地域性を無視した普遍主義的姿勢ともいえる。

「オリエンタリズム」は観光現象にもあてはめられる。観光開発がおもに先進諸国により開発途上国で展開される過程は一方的な西洋の搾取であり、

---

(3)サイード（Edward W. Said）（一九三五― ）パレスチナ人で米国籍の英文学者・比較文化学者。『オリエンタリズム』の著者。

(4)西洋中心主義　西洋発祥の学問分野において、西洋的価値観ですべてを把握しようとする、均質的で西洋人中心的な姿勢をさす。

経済的に力のある先進諸国の論理が優先される。また、観光者は概して経済的に豊かな北側からの人々であり、彼らが自己の満足感を達成するために観光する。こうした構造において観光受け入れ側は経済的弱者であり、「見られる側」の立場にとどまる。そして観光者は一方的な観光イメージを観光目的地に投影する。すなわち「オリエンタリズム」としての観光が展開されるのである。「オリエンタリズム」としての国際観光は外部が主導となり観光目的地を作り上げ、地元住民の意向は概して無視されがちである。

南太平洋における観光イメージは観光者にとって、「楽園」「エキゾティック」などの言葉で把握される。こうしたイメージは観光業者および観光関連のマス・メディア、政府関連組織などが創造し普及させたものである。とりわけ「楽園」イメージは西洋のオセアニアに対する「オリエンタリズム」といえる。オセアニアとは大洋州とも呼ばれる太平洋地域をさし、学問上、ポリネシアとミクロネシア、メラネシアの三つに分類される。ポリネシアにはハワイ、タヒチ、ニュージーランド、サモアなどの島々が、ミクロネシアにはグアム、サイパン、パラオなどが、メラネシアにはフィジー、パプアニューギニア、ニューカレドニアなどが含まれる。大航海時代以降、オセアニア島嶼の「地理上の発見[5]」がなされ、こうした島々は西洋諸国の植民地と化した。ポリネシアは「高貴な野蛮人」の住む島あるいは「地上最後の楽園」「アルカディア[6]」などと称され、オセアニア地域、の探検家や観光者を魅了した。ポリネシアでは「性に解放的な現地人女性」と「自然とともに暮らす人々」というイメージが構築されたが、それは島民の生活とは異なるものであり、西洋により一方的に構築されたイメージが西洋世界で普及した。とりわけタヒチでは女性が腰をくねらせて踊る「タムレ」や、たい松をもって男性が踊る「ファイアー・ダンス」が、観光者に刺激的なスペクタクルとして人気があり、現在ではポリネシアンダンスとして他のオセアニアの島々でもみられる。つまりタヒチアンダンスを基盤にしたポリネシアンダンスがオセアニアの観光イメージとして定着しつつある。たとえばタヒチ[7]やフィジー[8]、ニュー

---

(5)「地理上の発見」
一六世紀以降、西洋人が未知の新大陸を求めて航海した際に、島々や大陸を「発見」したが、実際には先住民による「発見」と定住が先である。

(6)アルカディア
古代ギリシャの理想郷の意味。特にタヒチを訪れた西洋人が古代ギリシャとタヒチを重ね合わせた。

(7)タヒチ
フレンチ・ポリネシア。フランス海外領土で、画家ゴーギャンによる「地上最後の楽園」の島として観光が推進されている。

(8)フィジー
メラネシアでは観光開発が盛んな島嶼であり、フィジー人の笑顔による「もてなし」と民族舞踊「メケ・ダンス」ショーが観光者を魅了する。

「アメデ島ツアー」での(参加型)ポリネシアンダンス(筆者撮影)

カレドニアなどでは「楽園」イメージに沿った水上コテージやバンガローが建設され、民族舞踊ショー(9)および土産品が創造された。以下でニューカレドニアの観光文化を事例に「オリエンタリズム」としての国際観光をみる。

ニューカレドニアは年間約一〇万人の観光者が訪問するフランス海外領土の島嶼である。現在、観光を首位産業としており、首都ヌーメア(Nouméa)を中心に観光開発が進められている。ニューカレドニアでは「楽園」の他に観光イメージとして「海洋リゾート」「プチ・フランス(10)」などがあげられる。これらのイメージは主要な観光者である日本人、フランス人、オーストラリア人、ニュージーランド人に共通するもので、観光パンフレットやガイドブックなどに記載される。多くの観光者は「楽園」イメージを求めてヌーメアから日帰りの離島ツアーに参加する。

特にニューカレドニアの観光名所ともいえるアメデ灯台を訪れる「アメデ島ツアー」は観光者に人気が高い。このツアーを主催する現地旅行会社はポリネシア人を雇用して、ツアーの昼食時にタヒチアンダンスを披露する。ニューカレドニアは学問上メラネシアに分類され、先住民カナク(11)(Kanak)はメラネシア系の人々である。しかし「アメデ島ツアー」ではカナクによるダンスではな

(9)民族舞踊ショー
観光でみられるダンスショー。先住民の民族芸術を改変した観光向けの催し物として、主にホテルや文化村で提供される。

(10)「プチ・フランス」
南太平洋の「プチ・フランス」「プチ・パリ」と観光宣伝されるが、ニューカレドニアのフランス的雰囲気や要素を売りにしている。

(11)カナク
ポリネシア人の自称「カナカ(人間)」に由来する。後に西洋人による蔑称となったが、カナクの独立運動以降、自称へと昇華された。

く、ポリネシアにあたるタヒチのダンスが披露される。先述の「タムレ」や男女一対の官能的なダンスについては最後に見物客が舞台に上がり、出演者とともに踊る。「アメデ島ツアー」だけでなく、多くのダンスショーにおいて、観光者参加の形態がとられている。

さらにヌーメア近郊にある幾つかの高級リゾートホテルでは「ポリネシアンディナーショー」が開催されており、タヒチアンダンスおよびポリネシアンダンスが催される。このため観光者によってはニューカレドニアがポリネシアだと誤解する人もおり、現地の先住民文化はほとんど把握されない。

以上のタヒチアンダンスおよびポリネシアンダンスの普及は筆者による観光関連の企業へのインタヴューによれば、二つのおもな要因があげられる。第一にメラネシアンダンスよりもポリネシアンダンスの方が観光者になじみがあり、南太平洋の「楽園」イメージにあてはまる。単調なリズムと振り付けであるカナクのダンスよりも刺激的でアップ・テンポのタヒチアンダンスが、観光者への出し物となる。第二にニューカレドニアでは移民であるポリネシア人がカナクよりも観光産業に従事し活躍している。ニューカレドニアと同じフランス海外領土であるタヒチからのポリネシア移民は人口の約三分の一を占め、民族的な多数派である。観光産業ではフランス人が主導的地位にあり、ダンスショーにおいて「よく働き、笑顔でもてなすポリネシア人」が採用されてきた。したがってカナクがホテルで開催する「メラネシアンダンスショー」は、後述のように唯一成功したグループによって開催されるのみである。

ニューカレドニアにおけるタヒチアンダンスは北側による一方的な「楽園」の表明であり、観光者の望みを優先的に考慮した結果である。

「反オリエンタリズムとしての観光文化」の動き

先住民カナクによるメラネシアンダンスよりも観光者に好まれる刺激的な民族舞踊としてタヒチアンダンスやポリネシアンダンスがホテルや離島ツアーなどで現在も演じられる。しかし近年カナ

ホテルにおける「メラネシアンダンスショー」
（ウェ・チェ・チャ）

チバウ文化センター　散策路ガイドツアー

空港における 「ウェ・チェ・チャ」の
ウエルカムダンスと歌

チバウ文化センター 「ウェ・チェ・チャ」による
ダンスショー

チバウ文化センター外観

チバウ文化センター 「ウェ・チェ・チャ」
メラネシアンダンスショー

（いずれも筆者撮影）

クによる「メラネシアンダンスショー」がニューカレドニアの文化センターなどにおいて見られるようになった。これは「オリエンタリズムとしての国際観光」に基づく「見るもの」「見られるもの[12]」の力関係に先住民自身が対抗し、観光者および開発側である観光関連の企業に対して新たなイメージを提示する試みと捉えられる。本節ではカナクによる観光での民族文化の創造について、「オリエンタリズム」への対抗という意味から「反オリエンタリズムとしての観光文化」とよび、一九九八年にオープンしたチバウ文化センター（Centre Culturel Tjibaou）のダンスショーを事例に考察する。

チバウ文化センターはフランス国家により出資され、設立された政府運営の施設である。ヌーメアのティナ半島に位置し、建物群と庭園から成る。建物はイタリア人建築家レンゾ・ピアノ（Renzo Piano）によってカナクの「伝統的家屋」であるカーズ（case）をもとにして設計された。建物内部は展示室と会議室、メディアテーク[13]、劇場などから構成され、カナク伝統文化の保存と近代的芸術の推進、オセアニア芸術の推進と交流というチバウ文化センターのテーマに沿って、多様な地域の民族芸術作品が展示されている。催しについては屋外・屋内の劇場あるいは「クチューム（慣習）空間」と呼ばれる「伝統的」なカーズの前で、ダンスや歌、劇が披露される。

チバウ文化センターの母体組織はカナク文化開発局（通称ＡＤＣＫ）であり、カナクの文化推進や太平洋島嶼の文化・芸術交流を目的に活動する。背景として一九八〇年代半ばから後半にかけてカナクがフランスからの独立政治運動を展開し、フランス政府と激しく衝突した経緯があり、こうした対立を緩和すべくフランス政府および独立賛成派政党、独立反対派政党の三者間に交された「マティニヨン協定[14]（Accords de Matignon）」において、ＡＤＣＫおよびチバウ文化センターの設立が明記された。つまりチバウ文化センターはフランス政府がカナクの政治運動から平和的芸術運動への転換を意図して設立した、文化政策的な意味合いをもつ施設ともいえる。このセンターは一九八九年に暗殺されたカナクのカリスマ的指導者ジャ

(12)「見るもの」「見られるもの」の力関係
観光において先進諸国が第三世界の観光地を「見るもの」となり、先住民は一方的に「見られるもの」となる力関係。

(13)メディアテーク
カナクおよび太平洋の先住民文化に関する文献、CD-ROM、音楽、映像資料を訪問者に公開した情報図書館。

(14)マティニヨン協定
一九八八年締結。一九九八年の独立に関する住民投票を約束した協定。一九九八年に新たに「ヌーメア協定」が締結され、独立の住民投票は先送りされた。

(15)ジャン・マリー・チバウ(Jean-Marie Tjibaou)
（一九三七－一九八九）大首長の家系出身で元神父。フランスの大学で社会学等を学び、カナク独立運動と文化推進に尽力した。

ン・マリー・チバウ（Jean-Marie Tjibaou）(15)に因んで命名された。チバウ文化センターは一九九九年センターの統計によれば国内外から約六八〇〇〇人が訪れた。主に観光者は個人で訪問するか、あるいは旅行会社主催の半日ツアーを利用する。

文化センターでは設立当初よりカナクのダンスグループ「ウェ・チェ・チャ（We Ce Ca）」を隔週で招聘してダンスショーを行なった。「ウェ・チェ・チャ」はカナクの成人男女十数名で構成されるプロのダンスグループで、ヌーメアのホテルで週一回「メラネシアンディナーショー」を開催してきた。だがこのダンスグループ以外にも幾つかのダンスグループが活動してきた。

かつてカナクのダンスグループが観光局に依頼されて空港で歓迎ダンスを披露したことがある。彼らは「アディダスのパンツをはき、その上にビニール紐で作った腰巻をしていた」とチバウ文化センターの館内ツアーガイドが語ったように、近代化したカナクの服装であった。また、大型客船が離島に入港した際に近所の住民が即席のダンスグループを結成して歓迎するケースもある。ある旅行会社が数年前に企画した「メラネシアンダンスショー」では、離島から老若男女十数名を招き、ヌーメアのホテルでダンスを観光者向けに披露した。しかし筆者の調査において、「ニューギニ（筆者注：ニューギニアを意味する）」と書かれた打楽器とビニール紐で制作した飾り、ベビーパウダーによるボディペイント（身体装飾）がみられた。このようにカナクのダンスはポリネシアンダンスでみられるような本格的な衣装や装飾、洗練されたダンスとは異なるものであり、旅行会社での需要が低かった。事例のショーも参加者が少なく、短期間で中止された。

一方、「ウェ・チェ・チャ」はメンバー全体で衣装をそろえ、植民地化当初より女性が着用する「ミッションローブ」と呼ばれる服のデザインや布地を採用した。また、楽器はウクレレのように近代に普及したものも含むが、木製の笛や打楽器を使い、ダンスに必要な装飾品も貝やパンダヌスの葉を使うなど、できる限り「伝統」に近いものを導入した。さらにメンバーの顔や体に白くボディペイントを施して、かつての慣習をモデル的に再現している。

ダンスや歌についてもカナクの「伝統」を取り入れながら、観光者向けに変えている。カナクの部族ではヤムイモ(16)の収穫祭や冠婚葬祭など儀礼の際に「ピルー・ピルー(Pilou Pilou)」と呼ばれる円舞がおこなわれてきた。この円舞はカナクの精神世界を示し延々と続けられるものであった。これを観光の場では最後に演者と観客とがともに楽しむ参加型のダンスへと仕立て上げた。男女別のダンスは観客を意識し、舞台上の平面的な前後の動きを重視して、観客に迫るなど工夫を凝らし、しばしばダンスを中断して拍手と撮影のための間をとった。舞台の後方に楽隊を置き、前方にはダンスグループのリーダーを司会者として配置した。

チバウ文化センターでの「ウェ・チェ・チャ」のダンスはこのグループがホテルでおこなう内容とほぼ同じである。最も異なる点は文化センターではリーダーによるダンスや歌への解説が加えられることである。司会者によりカナクの文化について、ダンスについてまず説明される。そしてウクレレなど近代的な外来の楽器が使用されること、打楽器の一部は革でなく合成繊維が使用されていることがあらかじめ解説される。また合唱ではフィジーやヴァヌアツ(17)の歌について事前に解説がなされ、ショーの終了後に観客との質疑応答時間が設けられる。ホテルでは観光者が食事をしながら解説なしで見物するのに対して、文化センターで披露されるダンスは観客が参加・交流できる形になっている。

こうしたダンスの試みはチバウ文化センターの主要なテーマである「生きた文化」あるいは「現代に生きるカナク」に合致する。「生きた文化」とはかつてチバウが「われわれは先史時代の遺物ではなく、ましてや考古学的な化石でもない」と語ったことによる。現在、都会の集合住宅に住み、会社や学校に通うカナクの近代的な生活と、観光者が概して抱く先住民の生活イメージの是正を目指すものでもある。

「ウェ・チェ・チャ」は従来から伝わるダンスや歌の要素をもとに、植民地化以降に流入した近代文化の要素を導入して、新たなカナクのダンスを創造した。ダンスショーでの質疑応答は観客との

(16)ヤムイモ
メラネシアでは男性の象徴であり男性の作物である。カナク社会でも男性の作物で、ヤムイモを披露する収穫儀礼がおこなわれた。

(17)ヴァヌアツ
ヴァヌアツ共和国。元英仏共同統治領で、ニューカレドニアに最も近い「外国」であり、ニューカレドニアへの移住者も多い。

相互交流の役割を果たし、司会者による解説は「創造された観光文化[18]」を観客に明言し、観客に理解の共有を促すものといえる。

観光文化の新たな創造に向けて

ニューカレドニアでは「楽園」イメージを抱く観光者向けに演出された観光開発が推進された。そのため海洋ツアーやリゾートホテルが観光者を誘致するための主要な観光資源となっている。観光文化としてのダンスショーや土産品についても、観光者の嗜好を取り入れたものが多数みられる。たとえば土産品についてみると、ヌーメアなどのロゴ入りのTシャツやキーホルダー、ボールペン、チョコレートなど、いわば普遍的な西洋文化の実用品が氾濫している。ダンスショーについても「アメデ島ツアー」やヌーメアのホテルで「タヒチアンダンスショー」「ポリネシアンダンスショー」が開催されており、いずれも観光者の期待する南太平洋の「楽園」イメージを演出したものである。これは西洋による一方的な南太平洋のイメージを観光で展開したという意味で「オリエンタリズムとしての国際観光」といえる。

このような観光における南北関係に対立する形で、カナクのダンスグループによるメラネシアンダンスが観光において披露されてきた。しかしそれらの多くは南太平洋の普遍的イメージともいえるポリネシアンダンスを払拭するに至らず、メラネシアであるニューカレドニアの先住民文化を観光者に理解させられなかった。

近年、カナクのダンスグループ「ウェ・チェ・チャ」がホテルで「メラネシアンダンスショー」を開催するが、チバウ文化センターがオープンして以来、解説付きのダンスショーを披露した。文化センターのテーマである「現代に生きるカナク」を明確に打ち出したダンスと歌は一九九九年には中止され、文化センターで不定期に開催されるダンスショーのみとなった。この間「ウェ・チェ・チャ」はホテルだけでなく、国際空港や港、ヌーメアのレストランなど上演の場を広げ、より観光ショーとしての演技を確立した。

こうした「ウェ・チェ・チャ」のダンスショー

---

(18)「創造された観光文化」カナクの「伝統的民族文化」を正確に継承するのではなく、「伝統的民族芸術」の要素を観光用に改変したもの。

はタヒチアンダンスに対抗するものであり、先住民自身から提示された「反オリエンタリズムとしての観光文化」ということができる。カナクが観光芸術に参加したため、カナクの民族文化が観光の場で改変・創造された。換言すれば観光者向けのショーとしてカナクにより民族芸術が新たに演出されたのである。

さらに二〇〇一年以降チバウ文化センターにおいて、「ニャン（Nyian）・カンパニー」による神話劇が屋外劇場にて開始された。「ウェ・チェ・チャ」のダンスショーは「クチューム空間」とよばれる屋外で観客に無料で披露されたが、神話劇は有料で「ヤムイモ」の畑の前にて週一回定期的に催されることになった。内容もダンスショーのような単なるダンスと合唱による「見せもの」ではなく、カナクの創世神話(19)を中心にした本格的な劇作品となっている。

チバウ文化センターではチバウの生誕地に近い本島北部のパイチ(20)（Paici）語圏における創世神話「テア・カナケ（Teâ Kanaké）」を散策路である「カナクの道」や館内で上演される案内ビデオで使用している。つまり「テア・カナケ」創世神話はセンターにおいて、多様なカナクの部族を超えて共有されるべき民族アイデンティティーとして提示されている。この理由としてチバウが一九七五年に主催したカナク初の文化祭典「メラネシア二〇〇〇」における「テア・カナケ」創世神話の披露があげられる。カナクの創世神話を観光者に劇として「見せる」ことは、カナクにとって新たな芸術創造といえる。「原初の海からつき出た岩に、月が歯を置く」ことから始まる神話劇は、観衆にとってもニューカレドニア先住民の創世神話に触れる機会ともなる。このようにカナクの芸術は、創造された観光文化として常に変化している。

文化センターにおける神話劇はもはや「オリエンタリズムとしての国際観光」に対抗するものではない。チバウ文化センターが掲げるカナクの創世神話を劇作品に導入することは、商業的な観光ショーと民族芸術との折り合いをつけることであり、観光者に民族のルーツを示すことでカナクが「対話」を試みた事例ということができる。しかしメラネシアの島々が多部族多言語であるように、ニューカレドニアも一九九六年度の国勢調査によればカナクの言語が二九言語あり、三四一の部族集団に分かれる。ニューカレドニアの観光において文化的多様性をいかなる形でモデル化するかが問題となろう。ここではチバウの名のもとに統合し、観光者向けに単純化したモデル文化と現実の多様な文化との差異について、演者が観光者に解説を加えることが重要である。ニューカレドニアの観光文化における観光者と先住民との「南北問題」は、地元からの「対話」によって緩和されるのである。

練習問題

他の国または地域を一つ選び、観光文化にみられる一方的なイメージとそれに対抗する動きとして民族芸術における活動をあげ、双方の「対話」の可能性について論じてみよう。

引用・参考文献

橋本和也（一九九九）『観光人類学の戦略』世界思想社。

落合一泰（一九九六）「「南」を求めて―情報資本主義と観光イメージ―」山下晋司（編）『観光人類学』新曜社、五六―六五頁。

エドワード・サイード（一九九三a）板垣雄三・杉田英明（監修）『オリエンタリズム上』平凡社。

エドワード・サイード（一九九三b）板垣雄三・杉田英明（監修）『オリエンタリズム下』平凡社。

Smith,V.（Ed.）(1989) *Hosts and Guests: The Anthropology of Tourism* (2nd ed.) Philadelphia: University of Pennsylvania Press.（三村浩史 監訳 一九九一『観光・リゾート開発の人類学』勁草書房）。

山下晋司（編）（一九九六）『観光人類学』新曜社。

推薦図書

エリック・ホブズボウム／テレンス・レンジャー（編）（一九九二）前川啓治・梶原景昭他（訳）『創られた伝統』紀伊國屋書店。

橋本和也（一九九九）『観光人類学の戦略』世界

(19) 創世神話
特定の部族や民族集団の起源についての伝承。カナクの創世神話は口承伝承で、地域によって異なる。

(20) パイチ
パイチ地方の言語圏を意味する。ニューカレドニア政府は八つの慣習地域を八言語圏で分類した。

思想社。
春日直樹（編）（一九九九）『オセアニア・オリエンタリズム』世界思想社。

11 スポーツのグローバル化とローカル化

小林 勉
（信州大学 教育学部）

はじめに

オリンピックやワールドカップサッカーなどの参加国の増加にともない、これら世界的なスポーツ大会への関心度は年々高くなり、大会の規模もそれに比例するように巨大化してきている。国際オリンピック委員会[(1)]（International Olympic Committee 以下「ＩＯＣ」と表記）や国際サッカー連盟[(2)]（Fédération Internationale de Football Association 以下「ＦＩＦＡ」と表記）に加盟している国の数は、国際連合[(3)]の加盟国数をはるかに上回る。その点だけを捉えるならば、スポーツの領域はいかなる経済的共同体や政治的共同体よりも世界的規模の統合性をもつといえよう[(4)]。

二〇〇〇年のシドニー・オリンピックにおいては総勢約一万一千人の選手たちが世界二〇〇の国や地域から参加し、オリンピックという華やかな国際大会の舞台でその力量を競い合った[(5)]。こうした展開が可能になるということは、言い換えれ

(1)国際オリンピック委員会
クーベルタンの提唱で一八九四年六月二三日創立された。本部はスイスのローザンヌ。

(2)国際サッカー連盟
世界最大規模で展開されるサッカーの統括団体。アマチュアとプロが同一の組織。本部事務局はスイス・チューリッヒ。

(3)国際連合
第二次世界大戦後、国際平

ば各国の開発状況にかかわらず、スポーツが世界的な規模で伝播し、それがグローバルなスタンダードとして受容され、機能しているということでもある。世界的に標準化されたスポーツが共有されることで、世界規模での国際大会の開催がはじめて成立するのであって、グローバル・スタンダードの構築が途上国を包摂したかたちで各方面において要請されてきているなか、スポーツの分野においては、いち早くそれを達成してきたものといえる。

他に例をみないこのような状況は、一方でさまざまな方面からのスポーツに対する期待を急速に高める結果を招いている。オリンピックを「平和の祭典」としながら、スポーツを通じて国際的な協調を図ろうとすることなどはその典型である。オリンピックにおけるアフリカ出身選手の躍進にみられるように、国際的なスポーツの舞台で活躍することが、途上国の存在を世界中に強く印象づける絶好の機会となり、自国のナショナリズム(6)を高揚するうえでの格好の手段となってきている。

このように、スポーツを媒介とした国際的協調や国威発揚など、スポーツには他の領域にみられない多くの特長がある。このような文脈のなかでスポーツを捉えるならば、オリンピックなど国際的スポーツ大会は大いに評価されるものであろう。ところが、スポーツの世界においては、先陣を切ってグローバル・スタンダードを構築してきた現実とは裏腹に、「グローバリゼーション(7)の進展がどのような利益やリスクを生み出しているのか」という問題に関しては、これまで無視されてきた。ことスポーツにおいてはグローバリゼーションに対する積極的な評価のもと、そこに内在する課題や問題が大きく見過ごされてきたといってよい。

実際、シドニー・オリンピック競泳種目において赤道ギニアのムサンバニ選手(8)が溺れかけながらも一〇〇メートルを泳ぎきった際に起こった観衆のスタンディング・オベーションは、彼に対する好意的で肯定的な評価を大きく顕在化させたものの、同時にそのような積極的評価のうちに、彼の背景にあるグローバル化するスポーツの負の側面を一瞬にしてなくしてしまった。

この章では、世界のほとんどの国が参加するオ

和や国際協力の促進のために国際連合憲章に基づいて設立された機関。本部はニューヨーク。

(4) 一九九八年現在、ＦＩＦＡは二〇三の協会登録数を誇り、この数は各スポーツ連盟の中で最大である。

(5) このうち、東ティモールは国連暫定統治領から個人参加としてシドニー・オリンピックに参加した。正確には一九九の国や地域の代表と個人参加による東ティモールからの選手ということになるが、ここではそれらを総計して二〇〇とした。

(6) ナショナリズム　時代や地域など、それぞれの状況によってその意味内容や性格が大きく異なる。民衆を国民国家（ネーション・ステート）に組織・統合しようとする理念的な力やそれに基づく政治的運動。

リンピックに焦点をあてながら、現在のスポーツのグローバル化について検討する。特に地球の隅々にまで機能するスポーツのルールがどのように形成され、それが途上国のスポーツにどのような影響を与えているのかについて、途上国の存在を視野の中心にすえながら、その問題点と課題を考えてゆくことにする

近代スポーツの成立

世界的に伝播し受容されてきている現代のスポーツは、一見すると普遍的な形態をとっているようにもみえる。しかし、その多くはヨーロッパ（特にイギリス）の近代スポーツを起源としている。民俗的要素を色濃く反映した「民俗スポーツ」が、近代イギリスの急激な社会変容に連動しながら、小さな共同体の枠を越えて展開され、より大きな域内へと拡がっていった。スポーツのグローバル化の端緒は、閉鎖系の共同体でおこわれていた民俗スポーツが民衆へと開放され、スポーツが大衆化してゆく過程のなかで捉えることができる。

そして、この「民俗スポーツ」から「近代スポーツ」への移行を可能にした要件が、「統轄組織の存在」と「ルールの統一」である。統一組織や統一ルールの確立には、民衆の娯楽を賭けの対象とし、これを組織するパトロン(9)（一七世紀の有閑階級）の存在や、一八世紀から一九世紀の英国パブリック・スクール(10)の関係者たちの存在が大きく関わっていた。彼らが中核となり、のちに各種目の競技連盟を派生させる。また、イギリスが、世界で最初に産業革命(11)を起こした資本主義国の最先進国であったということも、近代スポーツの誕生と深く関係した。一九世紀後半、鉄やゴムの製造加工技術が飛躍的に向上してゆくなかで、スポーツに使用される用具類が大幅に改良され、これが球技スポーツの急速な発展へとつながるのである。製鉄技術の発達はネットを張るための支柱の開発に結びつき、ゴム製造技術の進化は中空のゴムボールを普及させた。以上のようなスポーツ用品の技術革新に加えて、イギリス国民がさまざまなスポーツを享受できる経済的発展段階にいち早く到達していたということも、スポーツのグロ

---

(7)グローバリゼーション
交通や情報通信技術の飛躍的な発展により、地球上のさまざまな文化が恒常的に接触可能になること。

(8)ムサンバニ選手
シドニー・オリンピックに出場した赤道ギニアの水泳選手。100メートルを1分52秒72で泳いだことから一躍有名となった。

(9)パトロン（一七世紀の有閑階級）
特定の芸術家や芸術活動（スポーツを含む）に経済的、精神的な保護や援助を与える人や機関のこと。

(10)英国パブリック・スクール
オックスフォード、ケンブリッジなどの大学に入学するための予備教育校として中世以降発展してきた私立学校のこと。

(11)産業革命
紡績機械の発明に端を発した一八世紀末から一九世紀初頭にかけての英国経済上

ーバル化の契機を考えてゆくうえで重要な点である。

このようにみてくると、多くの近代スポーツは一九世紀後半の欧米に端を発し、二〇世紀という一〇〇年のうちに急速に整備されてきたことがわかる。近代スポーツが整えられていくプロセスは、ハーグリーヴズ(12)やエリアス(13)などのカルチュラル・スタディーズ系のスポーツ史研究者(14)たちにより、近年盛んに議論されているが（ハーグリーヴズ、一九九三：エリアス、一九九五）、当時の歴史をふりかえると以上のようになる。

そして、イギリス起源のスポーツが地球規模で伝播し、それが強固に組織化され普及してゆくことが、現在の巨大なオリンピック大会へとつながっている。こうしたスポーツの地球規模での伝播は、一八七〇年代末の大英帝国主義(15)の時代に始まった。この時代をスポーツのグローバル化との関連で捉えると、おおよそ次の四点に分類し、説明することができる。①帝国主義時代に突入し、当時のパブリック・スクールは植民地官僚や将校を輩出する機関へと変容した。②国家の官僚として植民地へ行き、その過酷な風土に耐えうるだけの体力を鍛え上げるものとして、パブリック・スクールがスポーツを積極的に活用し始めた。③パブリック・スクールの卒業生たちが、教育者や軍人として、あるいは通商関係者として海外に赴任し、大英帝国の発展・拡大とともに世界中に近代スポーツを普及させた。④やがてそれが在来の支配階層子弟や貿易関係者たちに受容され、現地社会のなかで拡がっていった。

多くの場合において、イギリスが近代スポーツの母国とされ、それに関するキーワードとして「パブリック・スクール」や「帝国主義」という言葉が登場するのも、このような史実によるためである。

グローバル化するスポーツ：オリンピック・ムーブメントの展開

近代スポーツの世界的な伝播・普及では、どのようなルールでいかにゲームが進行されるのかという、いわば初めて近代スポーツに接する人々に

の大きな変革。

(12) ハーグリーヴズ (John Hargreaves)（一九三三― ）「ヘゲモニー」をキーワードに、近代スポーツが一九世紀から二〇世紀の英国の階級的な分断や支配に大きく関連していたことを解明した社会学者。

(13) エリアス (Norbert Elias)（一八九七―一九九〇）人々の礼儀作法の洗練などを歴史的に研究し、それを「文明化の過程」と呼んだドイツの社会学者。スポーツ研究にも大きな影響を与える。

(14) カルチュラル・スタディーズ系のスポーツ史研究者　スポーツを、「ヘゲモニー」という観点から分析しようとする文化研究者たちが、近年世界中で増加してきている。

対しての紹介的な側面が強かった。それに対し現代においては、近代スポーツがすでに世界的に浸透しているため、かつての紹介的な側面というよりも、スポーツに付随させる「正統性」という問題に比重を大きく変化させてきている。つまり、IOCと国際競技連盟（International Federations 以下「IF」と表記）が中心に位置し、そこから周辺に向けて「正統的」とされるスポーツが普及され、それによってグローバル化が進行するという図式である。その意味で、現代においては、どこが「正統」な機関として運営を図り、スポーツの中心になるかということが、世界的な統括をはかるうえで重要なポイントとなる。以下では、オリンピック・ムーブメントの様相を跡付けることにより、IOCがスポーツ世界の中心に位置しながら、その「正統性」を強化していく構造を素描する。

近代スポーツは、教育者や宣教師などによって伝播－普及され、組織化されていったが、一八世紀から一九世紀の時期には未成熟のままであった。その成熟化の契機は、一八九四年にクーベルタン(16)の主導で行われたIOCの創設である。それ以降、欧米各地でFIFAや陸上競技連盟など各IFが続々と結成されてゆき、先進国を中心にした国際的な競技会（近代オリンピック）が定期的に開催されるようになった(17)。それにともない、ルールも徐々に統一され、国家の枠を越えたグローバル・スタンダードとしての近代スポーツが体裁を整えられていった。いわゆる「オリンピック・ムーブメント」の浸透である。現代におけるスポーツの「正統性」が世界中に伝播されてゆく構図は、オリンピック・ムーブメントの展開の構図と言い換えてもよいであろう。

オリンピック・ムーブメントの目的は、「いかなる差別をも伴うことなく、友情、連帯、フェアプレーの精神をもって相互に理解しあうオリンピック精神に基づいて行われるスポーツを通して青少年を教育することにより、平和でよりよい世界をつくることに貢献すること」（International Olympic Committee, 1998）にある。そしてIOCは、自らをこのオリンピック・ムーブメントにおける最高機関と位置付け、各IFや国内オリンピ

(15) 帝国主義　一九世紀末、資本主義列強が植民地を政治経済的に支配しつつ、自国内で排外的な民族主義を生み出した。侵略主義、膨張主義と同義として用いられることもある。

(16) クーベルタン（Pierre de Coubertan）（一八六三－一九三七）フランス貴族の出身で「近代オリンピックの父」と言われる。

(17) たとえば、国際サッカー連盟の設立は一九〇四年、国際水泳連盟の設立は一九〇八年、国際陸上競技連盟の設立は一九一二年である。

ック委員会（National Olympic Committee 以下「NOC」と表記）、オリンピック競技大会組織委員会、各国内競技団体、クラブならびに選手をはじめとするその所属員に、オリンピック・ムーブメントへの帰属を要求するのである。

　またIOCは、このオリンピック・ムーブメントを世界に普及させるために、IOCの役割と連関して活動している機関をNOCとして公認することができ(18)、NOCの設立規約についてもIOCの承認を受けることを義務付けている。加えてIOCは、各IFの公認と夏季オリンピック国際競技連盟連合（the Association of Summer Olympic International Federations）など、合計四つのIFの連合組織に対しても公認権を有する(19)。さらに、NOCを地域ごとに統轄する組織として、大陸レベルで五つの国内オリンピック委員会連合（Association of National Olympic Committees 以下「ANOC」と表記）を設定している(20)。これらANOCは、IOCとの連絡、スポーツに関わる途上国への協力・支援などを主な目的とする。特に、途上国に対する協力活動については、「オリンピック・ソリダリティ」(21)からの財政的支援を受けながら、各IFと連携しておこなわれている。「オリンピック・ソリダリティ・コース」と呼ばれるこの活動は、途上国に対する経済的・技

オリンピック・ソリダリティコースに参加する
途上国（ヴァヌアツ）のスポーツ関係者たち

(18) 一九九八年時点においてIOCには二〇〇のNOCが公認されている。

(19) 他には国際冬季スポーツ連盟連合（the Assembly of International Winter Sports Federations）、IOC公認国際スポーツ連合（the Assembly of IOC Recognized International Sports Federations）、国際スポーツ連盟連合（the General Association of International Sports Federations）がある。

(20) アフリカはANOCA（Association of National Olympic Committees of Africa）、アメリカはPASO（Pan-American Sports Organization）、アジアはOCA（Olympic Council of Asia）、ヨーロッパはEOC（European Olympic Committees）、オセアニアはONOC（Oceania National Olympic Committees）である。

術的支援としてコーチング・コースやワークショップをおこなっている。

たとえば、このコースの一環としておこなわれる経済的な援助は、真新しい用具類を無償で寄付することで施設・用具不足の改善がはかられる。これは途上国の人々にとって目に見える形で物資が供与されるため、政府をはじめ関連する多くの団体から好意的に受けとめられている。それはスポーツをおこなう環境に恵まれない途上国にとって改善を強く期待する分野であり、オリンピック・ソリダリティが展開するなかにおいて即効性のある協力活動のひとつといえる。またこのコースは、オリンピックや各種国際大会への参加、国際オリンピック・アカデミーで開催される各セミナーなどへの参加経費も補填する。さらに、自国の選手やコーチをスポーツ先進国へ留学させる奨学金制度を設定し、途上国における競技水準の向上に大きく貢献している。このような協力活動に接する過程で、途上国の人々はIOCを好意的に評価し、相互の位相を同調させてゆくのである。

こうした友好関係を基盤としながら、途上国においては、国内各地区のスポーツ行政に携わる人々を集めて、人的資源向上のためのワークショップが開催される。そこでは、先進国でおこなわれているコーチング手法、マネージメントの方法などが指導され、そのなかで国際ルールに則ったスポーツが伝えられる。加えて、レクチャーのなかでは、世界のあらゆるスポーツ・シーンにおけるIOCの主導性が、先のIOCの構造に関するところで顕示されつつ、それらすべてがオリンピックの理念のもとに収斂するという啓蒙活動が展開される。このほか、オリンピック・ソリダリティ・プログラムの恩恵を受けるための事務手続きの方法なども講義され、数日間にわたる集中的なレクチャーを通して、IOCは途上国のスポーツ関係者たちにとって信頼すべき「重要な存在」として認識されてゆく。

そしてコースの修了後には、「正統性」を付したライセンスが発行され、そのライセンスを所持したものが、今度は自国の中で新たな人材を育成することになる。このプロセスが定期的に繰り返されるなかで、途上国でおこなわれている多様なロ

(21) 一九七三年、IOCが公認したNOCへの援助を目的としてIOC下に設立された組織である。主に途上国に対する経済的・技術的援助を実施する。

ーカル・スポーツは、「正統性」を帯びた新たな波にさらされ、そのもとに徐々に引き寄せられてゆく。IOCやIFの正統性を「正統性」と認識するかどうかは途上国の人びとの自由であるが、その「正統性」を拒絶することは、事実上「世界」から隔絶したところに身を置くことと同義である。こうして、グローバル・スタンダードしてのスポーツが形成され、世界的な規準としての「国際ルール」が実効力をもって途上国と先進国の別なく機能するようになる。このような過程が、まさに現在のグローバル化するスポーツの一つの側面であり、このプロセスのなかでIOCは絶対的権威として国際社会に君臨しながら、政治・経済といった一般的社会情勢とは異なる次元において、途上国のスポーツをその傘下に組み込み、スポーツのグローバル化を推し進めるのである。

周辺化されるローカルなスポーツ

以上のようなIOCの構造と活動は、オリンピック・ムーブメントの「崇高な」理念の実現に向けてのものではあるが、同時にスポーツの世界における過度の一元化を招く危険性をはらむ。IOCの強固な体制は、理念上では決してそうではないのだが、現実的に「中心と周辺」または「上から下」という構図を作り出し、IOCの承認した「正統性」を有するものだけが、地球上のあらゆるスポーツ組織から絶対的な存在として認識されるようになってきている。そして、このような背景のもとで展開される活動は、メリット、デメリット双方の側面をあわせもつ。

たしかに、先進国と途上国の間における格差を是正するためにおこなわれる施設・用具類の援助は、実施直後には格差の縮小に効果をもたらす。しかし、途上国では施設の維持費やボールなどの消費財に対するランニングコストの計上が困難であることが少なくない。そうすると、協力活動も長期的な視点に立つと根本的な解決には至らず、格差は時間の経過とともに再び拡大する。また、IOCやIFから派遣されてくる指導者たちは、「国際的に通用する」スポーツの普及を主たる目的として、それを一方的に推進する。無論それは強制的にではなく、途上国側からも歓迎され、「同意」という衣をまとった「指導」に基づく支配が現場でおこなわれる。しかしその際、現地において長年親しまれてきたローカル・ルールや現地社会特

南太平洋島嶼国で展開されるサッカーの国際試合

有のマネージメントの方法は、大幅に改められる。「指導」が浸透するにつれて、現地の人々は国際的に承認されたルールや世界規格の施設・用具を絶対的なものだと感じはじめ、それに合わないものを遠ざけようとしてゆく。消耗により少しでも規定から外れた用品は、即座に新品に交換されるべきものと理解され、規定に沿った用具を使用しなければ「公式」のスポーツとして意味をなさないと考えはじめる。徐々にそうした大量消費経済に基盤をおいた現代的なスポーツが、彼らのなかの「スポーツ」としてかたどられてゆく。

サッカーを例にとれば、IOCやIFの展開は、それまで「裸足」でおこなわれていたサッカーが「サッカーシューズ」を履いてプレーするサッカーに変容させられる。またはＦＩＦＡ認定の検定ボールだけが大会の公式球として使用することを認められる。サッカーシューズは「ナイキ」や「アディダス」といった多国籍企業のスポーツ用品であり、ボールもやはり多国籍企業の製品である。先進国のみならず途上国においても、そうした規格製品を使わなければ「公式」なスポーツ大会に

は参加できず、公式戦も運営できなくなる(22)。ところが、国際規格の製品は、途上国の人々にとってはきわめて高価であり、国際ルールでスポーツを実践しようとすれば、先進国からの援助に依存しなければならない。途上国には、IOCの推進するグローバル・スタンダードとしてのスポーツの範疇に収まらないスポーツも、もちろん存在する。しかしそれらは、IOCやIFの圧倒的な展開のなかに取り込まれつつあるというのが実情である。途上国の人々の多くは、いまや用具や施設が整備された環境において、はじめてスポーツができるとの認識を強めており、自国の施設・用具の不備を嘆きながら、それをもってスポーツができないとする途上国のスポーツ関係者も決して少なくない。その点からすると、途上国の暮らしのなかでおこなわれてきたローカル・スポーツは、IOCやIFの推進するスポーツに次第に置き換えられてきているといえるだろう。

この点で象徴的なのは、シドニー・オリンピックで一〇〇メートルを完泳した赤道ギニアのムサンバニ選手である。赤道ギニアには競泳専用のプールがなく、彼はリゾートホテルに敷設されているプールで練習し、本大会で初めて五〇メートルの競泳用プールで泳いだとも伝えられている。水泳を競泳ではなく、海水浴として興じていた一人のスイマーが、水泳競技の普及を図る国際水泳連盟の特別枠により、突然オリンピックの舞台へ招待されることになった。この特別枠でオリンピックにエントリーした途上国からの選手三人のうち二人は、フライングのため一〇〇メートルを泳ぐことなく失格となった。残されたムサンバニ選手は、人生初の大舞台が独泳会となり、結果的に五輪標準記録とは遠くかけ離れた一分五二秒七二という記録で一〇〇メートルを泳ぎきったのである。手足を激しく動かしながら泳ぐ姿は、「オリンピック・スイマー」として似つかわしくなかったが、彼の力泳に観衆は大きな声援と拍手をおくり、この珍事は世界中を興奮させた。

水着の材質や形状に最先端の科学を駆使し、一〇〇分の一秒単位で競うスイマーと、競泳専用プールで泳いだことさえなかった途上国のスイマー。両者が同じ舞台で戦うには勝負の行方はあまりに

(22) もともと需要のないところにスポーツ用品の需要を喚起し、市場を拡大していこうとする戦略は、IOCとFIFAが協働でおこなうサッカーのソリダリティ・コースの中にみられる。このなかにおいて国際規格のスポーツ用品が供給され、大規模に宣伝される。一九九一—九五まで展開された「FUTURO1」ではスポーツ用品メーカーであるアディダス社が協賛し、実に世界一二五カ国で一三六のコースが開催された。

明白すぎた。しかし、現在のオリンピックはそれを途上国の選手たちに強要し、先進国の観衆はそれを見て時に嘲笑し、時に感動する。「国際ルール」という万能尺度を基点として、国家の枠組みを取り払った均質的で画一的なスポーツは魅力的であることに違いはない。しかしながらその裏側では、スポーツに十分投資できる経済的な基盤をもち、スポーツの環境を先進国なみに整備していかないかぎり、途上国の選手たちは、いつまでたってもオリンピックの周縁に位置付けられたままなのである(23)。「あまりに遅いから」という理由で先進国の選手たちが練習するメインプールに近づこうとしないカンボジア競泳陣や、さめ肌水着を配布されても「秒単位で上位を狙うわけでもないので恥ずかしい」と、それを着用しない途上国の選手団の姿を直視するとき、IOCやIFの推進するスポーツと、途上国で実際展開されているスポーツとの間に、容易には越えられない大きな隔たりがあることがわかるであろう。

オリンピックで溺れそうになったアフリカの選手をどうみるか?

世界には多様な国家やさまざまな文化をもつ民族が存在するのだから、国家間の関係は微妙なバランスの上に成り立ち、ゆえに国際情勢は常に脆弱な基盤の上にその身を置かざるをえない。他方、多様な文化を共通のルールのもとに収束できる可能性をもつスポーツは、国際ルールという確固たる基盤の上に、オリンピック・ムーブメントの理念を着々と推し進めてきている。その理念は地域や社会情勢により大きく変動されることはない。この特長がスポーツのもつ大きな魅力であるし、国家のおこなう外交とは別の枠組みのなかで、「スポーツ外交(24)」が顕著な成果をあげると期待される所以でもある。しかしその反面、オリンピック・ムーブメントの理念という単一の尺度で統括していく際に起こってくる多くの軋轢《あつれき》を看過することができない。一方において国際大会への参加を奨励し、途上国への配慮を見せようとするが、

(23) 近年、国際大会で活躍する途上国の選手が注目され始めているが、そうした選手のほとんどすべては、大手スポンサーのもと、先進国のスポーツ界と深く結びついている。アフリカや南米出身の選手たちは途上国に生まれたものの、スポーツをする環境は、国の内外を問わずプロフェッショナルな論理が貫徹された環境において育成されているのである。このような状況からすると、世界のスポーツ界全体が商業主義的な部分と大きくつながってきているというのが、現在におけるスポーツの世界的趨勢ともいえる。

(24) スポーツ外交
国交のない国にスポーツの選手団を送りこみ、スポーツによる交流を始めることで、国家間の関係を調整しようとすること。

実際オリンピックのような国際大会に参加してくる途上国には競技志向というドグマを強要し、それによって彼らを拘束しようとする。

だが現実にこのような問題は、オリンピック憲章などから想起されるスポーツの肯定的なイメージによって、その実相が正確に把握されないままでいる。国際協力の観点からみても、特にスポーツの世界では、現代においても「近代化論(25)」の論調から免れられていない。IOCやIFの活動の多くが、国際大会を目標にした競技力向上という単線的な競技志向を「スポーツ・ディベロップメント」(sport development)の中心に置いていることは否めない。そしてそのことは、かつてロストウが経済成長を単線的に論じ、開発を欧米化と捉えた発想と、いまだ同じ地平を共有しているという点で軌を一にしているのである。オリンピックのもつ独特の「神聖性(26)」は、途上国のスポーツ関係者がIOCに懐柔される事態を覆い隠してきたが、スポーツを国際的協調や第三世界の問題を克服するためのキーワードの一つとして期待する視座は、同時にこれらの課題も考慮する必要があるだろう。

現在、欧米色の強い国際ルールをもとに組み立てられたスポーツが、普遍原理を装いながら否応なく途上国にまで押し寄せてきている。そのような状況において、オリンピックという国際的なスポーツ大会を、途上国出身選手の一種の夢舞台として終始させてしまうのではなく、スポーツのグローバル化という現象を、途上国の現実と共振させながら相対化していくことが今後ますます不可欠になってこよう。スポーツのグローバル化にともなうスポーツ・ディベロップメントの方向性は、途上国においてはIOCの圧倒的な影響力のもとで限定されてきたという事態を軽視してはならない。そして、「スポーツ・ディベロップメントとは何をディベロップさせることなのか」を途上国の存在を視野に入れて考えていくとき、シドニーで溺れかけたムサンバニ選手の姿は、先進国側からの単なる情動的な拍手の対象としてではなく、スポーツのグローバル化とローカル化の接合部分を一身に背負った存在として、これまでとはまったく違う地平から浮かび上がってくるのである。

---

(25) 近代化論
経済成長論の立場から、欧米を頂点として世界の国々を単線的な序列関係で捉えようとする考え方。

(26) オリンピックのもつ独特の「神聖性」
IOCは、古代オリンピックの期間中には交戦者が休戦したという古代ギリシャ「エケチェイリア(オリンピック休戦)」の故事にならい、オリンピックによる平和の達成を提唱する。

練習問題

1.あなたが赤道ギニアの国民だったら、シドニー・オリンピックにおけるムサンバニ選手の姿をどのように捉えるか。それについて論じてみよう

2.あなたは五輪特別枠で、突然オリンピックに出場することになりました。世界の強豪選手たちを前に、あなたならどのようなことを感じるでしょうか。

3.国際ルールのもとに展開されるスポーツは果たして本当に平等なのか、考えてみよう。またそれをふまえて、今後、オリンピックの果たすべき役割に関して考えてみよう。

引用・参考文献

アレン・グットマン　谷川稔他訳（一九九七）『スポーツと帝国―近代スポーツと文化帝国主義―』昭和堂。

エリアス・N／ダニング・E　大平章訳（一九九五）『スポーツと文明化』法政大学出版局。

ハーグリーヴズ・J　佐伯聰夫・阿部生雄訳（一九九三）『スポーツ・権力・文化―英国民衆スポーツの歴史社会学―』不昧堂。

稲垣正浩（一九九五）『スポーツの後近代』三省堂。

International Olympic Committee（1998）*Sport administration manual*. Calgary: McAra Printing. p. 23.

見田宗介・栗原彬・田中義久（編）（一九八八）『社会学事典』弘文堂。

村岡健次他（編）（一九九七）『ジェントルマン・その周辺とイギリス近代』ミネルヴァ書房。

日本体育協会監修　岸野雄三他（編）（一九八七）『最新スポーツ大事典』大修館書店。

推薦図書

日本スポーツ社会学会（編）（一九九八）『変容する現代社会とスポーツ』世界思想社。

多木浩二（一九九五）『スポーツを考える』ちくま新書　筑摩書房。

井上俊・亀山佳明（編）（一九九九）『スポーツ文化を学ぶ人のために』世界思想社。

12

開発援助と教育
途上国とのつながり

佐藤眞理子
（筑波大学 教育学系）

はじめに：途上国における教育の位置付け

途上国が独立後、教育制度を優先政策とした背景には国家建設や国民統合という政治的課題と経済成長を達成しようとする経済的課題の二つの課題があった。

現代の国際社会において主権国家[1]としての存在と活動が承認されるには、その国家が国民国家[2]であることが強く期待されている。そのような規範が普遍的に通用しているなかで、新しい独立国家の指導者は存続可能な国家として自国の国民国家化を目指すことを余儀なくされ、国民国家としての成立が緊急の課題であった。ヨーロッパにみられるように統治機構である国家と統治される住民との相互関係のなかから一世紀以上の時間をかけて国民国家が成立した状況とは異なり、途上国では国民国家の確立は一世代の間に成し遂げる必要があった。しかし、途上国の多くは歴史的経緯

(1) 主権国家
外国からの内政不干渉を基本的原理とする国家システム。

(2) 国民国家
単一の民族によって独立した主権国家を構成することを基本原理とする国家システム。近代以降、民族自決権の主張に基づく独立運動が活発化し、世界中に国民国家が成立した。しかし現実には単一民族国家はありえず、国民国家は想像上の

や長期にわたる各民族間の社会的政治的交渉により独立したわけではなく、植民地の版図を継承して独立し、国内に多くの民族が共存する多民族国家(3)である。民族主義は国内の各民族の固有の文化、歴史、言語、宗教を顕在化させることから、多くの民族を抱える途上国がヨーロッパのように民族主義により国民国家を形成することはほぼ不可能であった。

　そこで、途上国政府は教育、特に国民全員が受ける義務教育を国家のイデオロギー装置として位置付け、国民国家建設の前提となる国民統合を達成しようとし、優先政策のひとつとして教育普及を掲げた(4)。途上国の土着の教育機関（indigenous educational institutions）は通常は同じ民族、宗教をもつ成員たちのみで構成されていたことから、土着の教育機関ではない統一した教育制度・カリキュラムをもつ近代公教育を政府は国民統合を図るために導入した。児童・生徒が、自ら所属する伝統的集団による民族的アイデンティティーや価値観を放棄するか、放棄しないまでもそれより強いナショナル・アイデンティティーを保持するようにすることが学校教育に求められた。途上国政府にとって将来の国民である児童・生徒に国民意識をもたせることは重要な政策課題であり、統一された教授用語(5)に限らず、国の歴史、共通の道徳観を教えることによって、国の文化政策を内面化し、また国家の政治的価値の同意やこれら価値への国民の忠誠（loyalty）を「醸成」したのである。国家の「象徴」として学校における独立記念日などの国家祝祭日の導入・儀式、国歌斉唱、国旗掲揚や愛国的カレンダーの作成、国史といった科目の設定などはその典型的な表れであった。国民統合としての新たな「伝統の創出（the invention of tradition）」である。同時に、独立によって宗主国の教育制度ではなく自国の教育制度をもつということ自体にイデオロギー的意味も付与された。また、一九四八年の世界人権宣言第二六条により教育が基本的人権と謳《うた》われたことから、教育を普及することによって自らを近代国民国家として証明し、国際社会に主体的に参加する意図もあった。インドネシアの場合は、義務教育段階においてインドネシア語の教授用語の採用からはじま

共同体としてのみ認識されうる。

(3)多民族国家
複数の民族によって構成される国家。ただし、民族が複数存在していても、圧倒的多数が単一の民族であり、多数民族への同化が顕著である場合は、単一民族国家と見なされることが多い。

(4)国家支配体制の再生産のための装置は警察、軍隊、裁判所などの抑圧装置と教育、宗教、文化などのイデオロギー装置の二つがある。

(5)教授用語
学校教育で学習する際に用いられる言語。多民族多言語国家においてどの言語を教授用語に採用するかは大きな問題となる。母語とは異なる教授用語により学校教育を受ける児童に対して種々の教育方法があるが、移行式二言語教育が最も広くおこなわれている。これ

り、民族闘争史(6)、パンチャシラ道徳教育(7)などを通して、多民族国家であるインドネシアの国民統合をおこなっている。このように初等教育は元来政治的イデオロギー的側面が強い。

国民統合の課題とともに、多くの途上国は経済の面で先進諸国に追い付くために、工業・運輸・通信といった経済インフラストラクチャーの科学技術における人材養成、さらに基礎科学の分野や医学・農学といった分野の人材養成を重視した。これらの分野の人材養成は国家開発計画の戦略分野となり、教育政策はこの人材養成計画に密接に結びついた。途上国は教育による経済成長を期待したのであった。科学技術・医学・農学といった欧米の専門知識・技術の習得は教育のカリキュラムの基底を形成し、初等教育段階においても理数科系の教育が重視された。欧米の知識・技術の習得は、一九六〇年代の開発論の主流であった近代化モデルによりさらに強固になった。特に、農業経済学者であったシュルツ（T. Schultz）は人的資本論(8)（Human Capital Theory）で教育と経済発展の関係を強調し、各国に影響を与えた。

このように途上国は国民統合の面では独自の価値を創造、あるいは伝統的価値を尊重し、国語や道徳にそれらを積極的に導入し、そして経済の面では西欧の近代的な知識・技術を習得することに

近代的な小学校（インドネシア・西ヌサティンガラ州）（筆者撮影）

は、低学年では母語で学習し、公用語は一つの科目として教えられ、徐々に公用語による授業時間を増加させるとともに民族語による学習時間を減少させ、最終的には公用語による学習に移行するという教育方法である。

(6)民族闘争史
インドネシアのカリキュラムに一九八四年に加えられた科目で、独立時の民族闘争の歴史を主たる内容とし、パンチャシラ精神理解の補助科目に位置付けられる。

(7)パンチャシラ道徳教育
インドネシアの国家五原則であるパンチャシラを基盤においた道徳教育である。パンチャシラとはサンスクリット語で五（パンチャ）原則（シラ）のことを意味し、①唯一神への信仰、②公平で文化的な人道主義、③インドネシアの統一、④協議と代表制において英知によって導かれる民主主

より経済発展を図った。途上国政府にとって、教育は国民統合という政治的課題、そして経済発展という経済的課題の二つの課題の解決に導く重要な手段であった。本章では、このような途上国の教育課題を念頭において、教育開発援助のイデオロギー的背景を近代化論と従属論から検討し、教育開発援助と途上国の教育ニーズの関連を論じる。

教育開発援助の近代化イデオロギー

途上国の教育開発援助を検討するとき、その背景には近代化イデオロギー(9)が強く存在していることに気付く。第二次世界大戦後に、多くの途上国が独立するなか、植民地体制（classical international system of the colonial era）とは異なる、新しい国際秩序の構築が求められた。それらの模索の一つとして、民族自決、植民地解放、世界平和の推進といった理念を掲げた国連憲章（一九四五年）、または世界人権宣言（一九四八年）があり、それら理念の実現には途上国の社会的経済的自立が不可欠であると考えられた。途上国の社会的経済的自立には、近代化モデルがその理論的土台を提供した。近代化モデルはダーウィンの進化論に端を発し、一八世紀にヨーロッパで起こった社会進化論ともいうべき「国家は永久に発展を続ける」という発展段階説に由来する。発展段階説では国は一方向かつ単線の発展段階をたどり、より発展した線上に先進国を位置付け、途上国は先進国がたどった同じ道筋により「発展する」とした。近代化モデルでは途上国の低開発は本来的なものであり、停滞的な社会の変革は近代的要素を外からもち込むことによりなされるとして、近代化による開発戦略を提示した。各国を客観的指標を用いて発展段階のなかに位置付けようとする多くの試みが生まれた。たとえば、ブルース・ルセット（Russett, 1964）は『政治・社会指標世界ハンドブック』で、七五の指標とその相互関連を検討して、一三三の国家を原始的社会、伝統的社会、過渡的社会、工業社会、富裕社会の五グループに分類した。教育においても、同じ思想のもと発展段階による国の分類の試みがされ、ハービソンとマイヤーズ（Harbison and Myers, 1964）が七五か国の教

義、⑤すべてのインドネシア国民に対する社会主義、をさす。多民族国家であるインドネシアの国民統合のために重要な科目である。

(8) 人的資本論
シュルツは各種の教育・訓練により労働者の資質が向上して生産性が高まり、労働者の収入が増加する状況は、物的資本に対する投資を通じて生産力が増進する状況と同じであるとし、労働者がもつ技能や熟練を資本にみたて（人的資本）、教育や訓練は人的資本を増加する投資であるとし、その結果増加した報酬は人的資本に対する資本収益であると論じた。

(9) 近代化イデオロギー
西欧社会を発展のモデルとして工業化や工業化に伴う社会の構造変化を指向する途上国の発展に関する基本的な考え方。

育の発展段階を四グループに分類し、そのグループごとに、経済成長のための教育・訓練の方策を提案した。

この近代化イデオロギーを背景に、途上国の開発援助について、経済、社会、政治各分野からさまざまな理論が提供された。しかし、ロストウ(W. Rostow)の「経済成長の諸段階」論(10)、あるいは政治発展論では、一般に経済や政治との教育の理論的フレームワークは論じられず、むしろ教育開発は経済・政治発展した社会の特質あるいは要件としてあげられた。

教育を大きく位置付けた社会学からの近代化論(modernization theory)(11)を検討してみよう。近代化論では行動・思考・態度・価値観の近代化を重視し、伝統からの解放、科学的なものの見方、合理的態度、個人としての自由を近代化の指標とした(Inkeles and Smith, 1974, 19-25)。近代化論では社会が近代化される過程として、近代的制度→近代的価値→近代的行動→近代社会→経済発展(modernizing institutions→modern value→modern behavior→modern society→economic development)を想定した。つまり、まず近代的な制度があり、それにより社会の成員が仕事、生活の質(quality of life)、周囲環境への統制能力・願望に関して近代的態度、価値・信念をもつようになる。その結果、国民が近代的行動をとるようになり近代社会が成立し、経済発展が生じると論じたのである。近代化論は、近代化の最初の段階である近代的制度のうち、学校の重要性を強調し、国の近代化に対して教育が果たす役割を積極的に位置付け、特に高等教育が個人・社会の近代化に最も強い影響を与えるとした。学校教育は国民に近代的態度、価値、行動を習得させる装置(agent)として最も強力であり、教育は伝統的社会から近代的社会への移行、社会経済発展に重要な役割を果たしていると論じた。

近代化モデルは一九五〇年代から今日に至るまで途上国の開発援助パラダイムとなり、発展モデルを提供しているが、多くの批判があるのも事実である。これらの批判には、歴史的視点と国際的視点の欠如、単線的発展モデル(12)の採用、などが指摘されているが、ここでは近代化論における教

(10)経済成長の諸段階論　ロストウは、すべての社会は「伝統的社会→離陸のための先行条件期→離陸期→成熟への前進期→高度大衆消費社会」という五段階を経て発展するとした。ロストゥの主張によれば、これらの段階の中で、途上国と先進国の分水嶺となる重要な段階は離陸期であり、ここで途上国が成長への障害・抵抗を克服すれば、経済成長自体が社会の常態となるとした。

(11)近代化論は一九六〇年代初頭にデビット・マクセランド(David McCelland)やアレックス・インケルス(Alex Inkeles)らアメリカの社会心理学者や社会学者が途上国社会の近代化を分析するために構築した。

(12)単線的発展モデル　西洋社会を発展の頂点として、その状態に至るまでの道筋が単一のパターンしか想定しえないとする考え方。

育に焦点をあてて批判を検討してみよう。

近代化論が主張した社会的発展の諸段階（近代的制度→近代的価値→近代的行動→近代社会→経済発展）の過程において、最初の二段階、つまり近代的制度により近代的価値が習得されるという仮定は調査研究により証明されているが、その後の段階の連結は研究結果により支持されていないと指摘された。近代的行動が近代社会を促進しない事例として頭脳流出(13)（brain drain）があげられた。つまり、高等教育を受け、高い技術や知識をもつ途上国の人材は国や集団の利益よりも、近代的価値である個人の利益を優先させ（個人主義）、先進国に移住するという近代的行動をする。これは高等教育を受けた人材が当該社会の近代社会形成や経済成長に寄与するという近代化論の想定に反するものである。また、学校教育を近代化の重要な装置としているが、学校に通う児童がもうすでに近代的価値や態度を身に付け、また近代的な家庭環境におかれているのであり、学校そのものが近代化の装置とはいえず、学校教育が近代化にそれほど大きく機能していない、という批判も指摘されている。

教育開発援助における従属論モデル

従属論（Dependency Theory）は近代化モデルパラダイムと対抗してでてきたパラダイムでラテン・アメリカで一九六〇年代中頃に形成された理論である(14)。従属論は一様でなく論者によって差異があるが、国の社会経済発展は国際関係によって決定され、先進資本主義国（中枢国─core）と従属国（周辺部─periphery）とに世界を分割し、前者による後者の政治的・経済的支配に第三世界の従属的社会構造や後進性の基本的原因を求める点は共通している。また、この中枢─周辺関係は国家間に限らず地域内（一国内）レベルまで浸透しており、国内の中枢部としての都市と周辺部としての農村を想定している。第三世界の開発モデルは既存の搾取関係を変更する必要があり、周辺部が低開発から抜け出すには中枢部支配からの切り離し（delinkage）に求められる（「自己依存型モデル」）。近代化モデルが途上国の低開発や貧困の要

---

(13)頭脳流出
高度な技術や専門知識をもつ人材である頭脳労働者が主として途上国から先進国に流出すること。途上国（流出国）では人材養成に費やした費用を回収する前に人材が他国に流出することから、頭脳流出は流出国内の経済発展の大きな障害として懸念されている。

(14)フランク（Andre G. Frank）、スタベンアヘン（Rodolfo Stavenhagen）、カルドーゾ（F. H. Cardoso）らにより基礎が築かれた。従属論を発展させたものにウォーラーステイン（I. Wallerstein）の世界システム論がある。

因を途上国内に求め、その責任は途上国自身にあるとしたのに対して、従属論は国際関係に焦点をあてグローバルな経済構造による原因を強調した。しかし、従属理論では、その理論的枠組みが単純であるあまり、先進国と第三世界との関係を善悪の図式に還元してしまう非現実性、それと低開発の原因を先進国との関係に求めるあまり、第三世界各国内部の矛盾や制約を捨象する可能性、そして従属と相互依存の不明確さ、つまり従属概念の曖昧性などが批判された。そして開発という視点からは、従属性脱却として北からの「切り離し」戦略を提案したが、具体性に欠け、自身の開発モデルは提示しなかったことから、途上国の開発論として限界があった。

従属論は教育そのものの価値は肯定したが、西欧の模倣から生まれた学校教育を個人を従属的経済のなかに配分する装置とみなし、近代化論が主張するように解放過程とみなしていない(15)。途上国の教育分析では、知識・技術・科学を中枢国が独占し、周辺国はこの側面においても従属し搾取されているとする。たとえば、周辺国による研究や著作物は周辺国自体のニーズから生まれた研究ではなく中枢国が利用できるような研究課題に集中し、また著作物の多くは現地の言葉で書かれるというよりは、その国の多くの人が理解できない言語（中枢国の言語：英語、フランス語など）によるもので、あたかも生産物のように研究成果や著作物が従属国から中枢国に一方向に流れているとする（Carnoy, 1974）。一九六〇年代後半には途上国は公教育の運営・維持の財源不足、経済ニーズと教育との不適合、学歴病、高学歴者の失業・頭脳流出などの教育の大きな問題に直面した（Coombs, 1969）。従属論は、これらの問題の出現は人口増の圧力とか国内的な要因だけではすべてを理解できず、中枢部による周辺部の教育の従属というトランスナショナルな影響を考えて初めて的確に理解できるとした。カーノイ（M. Carnoy）は途上国の教育的従属について「周辺国家は従属的状況に置かれているため、近代的な経済構造は人口の少数にしか役立っていない。これらの構造に組み込まれた教育制度も結局人口の少数にしか役立っていない」と分析する。彼は中枢部（先進

(15) 第三世界の教育的従属の分析に基づいて解放のアプローチによりパウロ・フレイレは「被抑圧者の識字教育」を提唱し、実践の場で大きな役割を果たした。

国や国際機関）によって国の発展の基準に就学率や識字率といった指標が採用され、途上国はその指標に規制された。しかも、教育制度・内容はその国の伝統・価値観・文化・産業構造といった経済状況の違いによって異なるべきであるのに、先進諸国によって実施された教育がそのまま独立後の途上国に移植（transplant）されたとし、一九六〇年代後半の途上国の教育危機(16)は当然の帰結であると論じた。またアルトバック（P. G. Altback）は第三世界の教育の特徴として次の三つを指摘している。まず、多くの第三世界の教育制度は以前の植民地支配の行政構造に深く根付いており、学校の構造や組織、カリキュラムなどが先進国のモデルを反映している。第二に、教科書については欧米で作成された教科書の翻訳ですまされる例が多い。また旧宗主国勢力の言語が教授用語となっている。最後に、教材やカリキュラム開発(17)、教育施設の提供などの側面では、第三世界の教育制度の構築が中枢国からの援助に多くを依存していることから、支配―従属関係が継続しているという（Altback, 1971, 235-240）。

従属理論による途上国の教育分析は途上国の教育問題に新たな視角を提供したが、従属論自体がもつ問題点は当然教育分析にも影響している。たとえば教育的従属を強調するあまり国内の教育制度自体の問題を除去しないですます口実に使われかねない、具体的な教育政策を提示しえなかった、そして従属論は本来、経済学で生み出されたパラダイムであることから、これを不用意に教育分析に援用すると教育と経済の構造的相違点を捨象してしまう危険性がある、などである。

教育開発援助と途上国（地域社会）のニーズの乖離

植民地下での教育

教育は、特定の歴史段階や社会の仕組みのなかにおいて、その国の文化・伝統・経済などにより基礎づけられ、その再生産を目的として構築、維持されていった。要求される技術・知識（学力）は各国（地域）のなかで異なっており、土着の教育（indigenous education）(18)は地域社会の生活、

(16) 教育危機
一九六〇年代後半の途上国の教育危機はフィリップ・クームズ（Phillip Coombs）の『世界における教育危機―システム分析』（The World Educational Crisis-A Systems Analysis）により指摘された。彼は途上国が先進国と同じ教育を実施するには財政不足や人口の急増などによりほぼ不可能であり、また教育内容が途上国のニーズと不整合であり日常生活と遊離していると論じた。

(17) カリキュラム開発
学校教育の目標に基づいて内容・方法・運営を科学技術の進歩、社会変化、児童の生活などの応じて編成し、成果を評価する一連の過程をさす。

(18) 土着の教育（indigenous education）
近代公教育に対するもので、地域社会・民族などの諸集団において、集団を存続させるために必要な技

伝統的価値観、そして経済ニーズと密接に結びついてその教育内容や方法が組織されていた。その意味で、教育制度や教育内容は本来、それぞれの国（地域）で独自性をもっていた。

しかし、長期間にわたる植民地政府の教育政策は途上国の教育に大きな影響を及ぼし、今日までも教育の制約要因となっている。植民地政府による教育は途上国自身のニーズというよりも宗主国のニーズにより構築されていった。植民地下での教育制度はまず宗主国の子弟と植民地の住民に分かれており、さらに住民に対する教育制度の多くは複線型(19)であり、エリートと一般大衆とを分断する教育であった。一つは大部分の住民を対象とするもので学校教育アクセスを初等教育に限るか、または中等職業教育を上限とするもので、もう一つは官吏養成の高等教育機関でのエリート教育である。エリート教育は植民地の人々や社会とのつながりをもたない無国籍的な性格の教育であり、かつ文科系への偏り、肉体労働への蔑視、伝統に対する偏見など、独立後の経済開発に負の影響を与えているとする指摘は多い。この教育の階層性―すなわちエリート教育と大衆教育―は強い強制力をもっていたことから、エリート校出身者は独立後は特権的な政府官僚となり、その特権的地位を確保した。今日の途上国の学校教育のアクセスの不公正は植民地という歴史的条件にさかのぼることができる。

植民地での教育は統治政策の一環であったことから、植民地支配を正当化しかつ合理化するために植民地イデオロギーの教授が学校教育によってされ、植民地の児童・生徒は学校教育を受けることによって植民地イデオロギーを内面化していった。植民地イデオロギーとは、キリスト教、宗主国国民への服従・従順的態度の育成、ヨーロッパの勤労倫理、個人の概念、ヨーロッパ方式の学校教育方法（学業の失敗・成功の感覚）、資本主義的な見方、言語である。同時に住民とその社会・文化の否定的なイメージ（劣った文化、怠惰な住民）を教育のなかにもちこみ、宗主国による植民地での侵略と支配を正当化しかつ合理化するように機能した（Carnoy and Samoff, 1990; Goldsmith, 1993）。たとえば、正直という概念を教えるには、

術・知識を教授するとともに、集団内のアイデンティティーを強める目的で各集団に特有の価値・思考様式などを教授する。

(19) 複線型　高等教育への準備段階を目的とする学校体系と日常生活に必要な3R'sを主として教授し高等教育に進学できない学校体系が、相互に関連なく並存している学校体系。

宗主国の逸話（たとえばワシントンと桜の木）を例にひいて教授することによって、「宗主国国民は正直であり、道徳的に優れている」という暗示的（implicit）な一般化がおこなわれた。このように植民地期の教育はエリート主義（elitist）、ヨーロッパ中心主義（Euro-centric）、競争主義（competitive）、人種差別主義（racist）、資本主義（capitalist-oriented）、個人主義（individualistic）に特色付けられる。

植民地統治下での教育制度としてオランダ統治下（一六〇二―一九四九）でのインドネシアをみてみよう。植民地当時のインドネシア人に対する教育制度はオランダ人子弟、中国人子弟、マレー系住民子弟に分かれていた。マレー系住民への教育制度では、オランダ語を教授用語とするエリート校、地方語による三年間の村落学校（Desa school）に二分され複線的教育制度になっていた。これは古い住民社会構造の維持・温存化政策による統治政策とともに、東インド政府の拡充に伴う人材ニーズとしての住民スタッフの養成政策の二面性を反映している。エリート校であるオランダ語住民学校は第一級学校とも呼ばれ、富裕層・貴族対象の学校であり、植民地政府の官吏の特権的地位に就くことができた。一方、村落学校ではジャワ語、スンダ語等母語による読・書・算の基礎的な内容の教育であり、母語で書かれた教科書が入手できない場合にはマレー語が教授用語として用いられた。ほとんどの児童が村落学校で学校教育を修了し、村落学校からは中等教育に進む生徒はほとんどいなかった。また、進んでも、二年間のミュロ（Mulo）しか進学できなかった。

オランダの統治が長期間になるにつれて、ジャワを中心としたインドネシア社会が封建的な身分制社会（王族、貴族、など）に対して、植民地官吏が最も高い社会的威信をもつ地位（職業）となっていった。植民地官吏への道にはオランダ語の習得が有利なので、植民地官吏の高い社会的威信がオランダ語教育熱を支えた。インドネシアでは、すでに独立前に「身分」でなく「学歴」が「住民」官吏の最大要件となり、「学歴社会[20]」が形成されていた。しかし、このような教育が実施されたとしても、学校数や教師の絶対的不足などにより、

(20) 学歴社会　個人の社会的評価において、その能力に関係なく卒業した教育段階や社会的知名度を重視する社会。

植民地下での教育政策は放置政策といってよいものであった。インドネシアにおける日本の「旧慣制度調査委員会」議事録に、「一九三〇年に行われたオランダによる統計調査では総人口約四一〇〇万人のうち、読み書きができる者は約二二五万人である」との記述がある。また「一九四〇年の統計では就学児童は約一五〇万人であり、学齢児童約七二〇〇万人のうち二〇％ほどしか学校に行っていない」ことが推測されている。

独立後の教育開発援助

途上国は独立後、学校教育制度を整備するうえで、国際的（欧米諸国）に採用されている義務教育制度、学校組織、教育内容・方法を参考にし、あるいは導入した。これはまさに、途上国が先進国の司法制度などの社会的インフラストラクチャーなどを導入したことと軌を一にしている。政府は単一の教育モデルを全国に導入し、教育制度を通して地域は政府に強く結び付けられることになった。画一的な西欧モデルの教育が全国に急速かつ広域に普及したのは政府の教育政策が近代化に沿って進められたからであり、国／地域ニーズにより普及したわけでない。そのため、国／地域のニーズと西欧的価値との緊張は今日まで続いている（Helu-Thoman, 1999）。

イスラームの小学校（インドネシア　マドラサ）（筆者撮影）

先進国型カリキュラムの導入は途上国の社会的経済的近代化のために不可欠であるとされたのである。しかしながら、先進国の初等・中等教育カリキュラムや要求される学力は人口のかなりの部分が高等教育に進み、かつ高度な産業社会で必要とされるカリキュラムや学力である。このようなカリキュラムが高等教育の進学率が低く、限られたフォーマルセクター(21)しかもたない経済構造をもつ途上国のニーズと乖離するのは当然の帰結であったといえる。同時にこれらのカリキュラムを実施するには高価な教材や教具・施設、訓練された教員が必要で、それを保証する財政的基盤が前提条件であった。たとえば、六〇年代に社会経済発展に初等・中等教育段階の理科教育が重要であるとして教育政策の重点領域となり、教育援助においても理科教育プログラム援助が積極的におこなわれた。これらの理科教育援助は欧米の初等・中等教育でおこなわれていた理科教育の内容・方法に基づいたものであり、後期中等教育段階につながる内容（learning-for-continuation）のものであった。しかし、初等教育ないしは前期中等教育段階で修了する生徒が大多数を占める途上国にとっては、この理科教育カリキュラムは生徒にとって内容の理解が難しいばかりか、日常のニーズと乖離していた。今日では、むしろ万人のための理科教育（learning-for-all）カリキュラムの作成がニーズに合致していると考えられているが、当時は先進国カリキュラムが積極的に導入された。この理科教育は高価な器具や実験設備、訓練された教員を必要とし、途上国の施設設備、また財政状況の諸条件を考慮することなしに、導入されたのである。ちなみに、当時のユニセフ(22)の教育援助の約七〇％がこの理科教育援助に必要な機器類の供与であった。理科教育に限らず、たとえばイギリスやフランスの高等教育機関をモデルとした大学の構築など、国際機関や先進国は独立当初の途上国に対して、欧米の教育方法・内容を基にした教育援助をおこなった。

このような途上国の教育ニーズとの乖離にもかかわらず、今日、科学・技術の発達に追い付くことや経済発展を第一の目標とする政策的意図のもと、途上国の教育内容・方法は先進国とほぼ同様

---

(21) フォーマルセクター
近代的部門。

(22) ユニセフ
各国政府と協力しながら、保健、栄養、教育など子どもと女性にとって重要な分野の現状改善を目的とした活動をおこなう国連機関。

なものとなり、各教科の教育目標や到達すべき学力も国際的に標準化された。教育制度や教育内容・方法はますます国際的に類似してきたのである。途上国間においても、産業化の初期的社会（サブサハラ以南アフリカ諸国）と過渡的社会（東南アジア、ラテンアメリカなど）では教育ニーズが当然異なるといえよう。途上国の産業レベルが必要とする技術者や熟練工を学校教育が育成するものでないことから、教育と労働市場の不適合となって構造的失業のひとつの大きな要因ともなっていった。途上国の生徒は教育の国際水準の標準化によって、彼らを取りまく環境や仕事が要請する技術・知識とは大きく異なる教育を受けるようになったのである。しかし、途上国では教育は近代セクター参入のための必要な資格となっていることから、都市部を中心とした社会経済的中上層部は子弟の教育を熱心におこない、先進国モデルを受容していった。

途上国内においては、農村地域の地域ニーズに対する教育の乖離がより深刻である。教育制度の構築当初の一九五〇／六〇年代では、学校へのアクセスを整備すれば就学率(23)が上昇するという前提のもとで、教育施設の建設・整備が主としておこなわれた。しかし、学校が建設されても児童はしばらくは通学するが、次第に中途退学するという現象が農村部を中心に生じてきた。学校へのアクセスが容易な場合でも児童・生徒が不就学であったり、中途退学をすることが明らかになったのである。この不適合には地域社会での農業や牧畜などの一次産業を主とした経済ニーズへの不適合と、地域社会の慣習や伝統的価値観への不適合という二つの側面がある。前者では学校で学習する知識や習得した学力が自分たちの生存に必要な周りの環境に関する知識や技術ではなく、教育が実際の生活に有効でないと認知されることによる。これは特に小作農や農業労働者といった修了証書が必要な雇用機会がそれほど多くない環境にある人々の間で顕著であった。彼らは最低限の識字能力の必要性は感じても、六年も続く初等教育の価値や必要性はそれほど認識しなかったのである。特に女子の場合、家庭内や地域社会での仕事が学校教育と関連しないと両親が認識することが多い

(23) 就学率
ある教育段階に在籍している生徒数を当該教育段階年齢の生徒総数で除した割合。途上国の場合、在籍生徒に当該年齢よりも低い、あるいは高い年齢の生徒が在籍している場合が多く、しばしば就学率は一〇〇％を超える。これを総（グロス）就学率といい、在籍している児童のうち、教育段階年齢数の児童のみを取り出して除した割合を純（ネット）就学率という。

地面に布を敷いて学ぶ児童

ことから、両親は女子の教育に無関心となる。農村部ばかりでなく、都市部においても学校で教えられる知識が将来の雇用機会とは直接関連しないと認知される場合には、生徒は学校を中途退学して自ら働きにでて、収入を得ようとする。地域社会の慣習や伝統的価値観への不適合という側面では学校教育制度の学年暦の地域社会の伝統的行事や宗教的行事とのずれ、また近代教育の特質、つまり西欧的思考である個人主義・競争・成功は、地域社会の維持に必要な協同作業、他者との連帯・順応、年長者に対する権威を基盤とする共同体の価値観に対立する概念であることからくる。

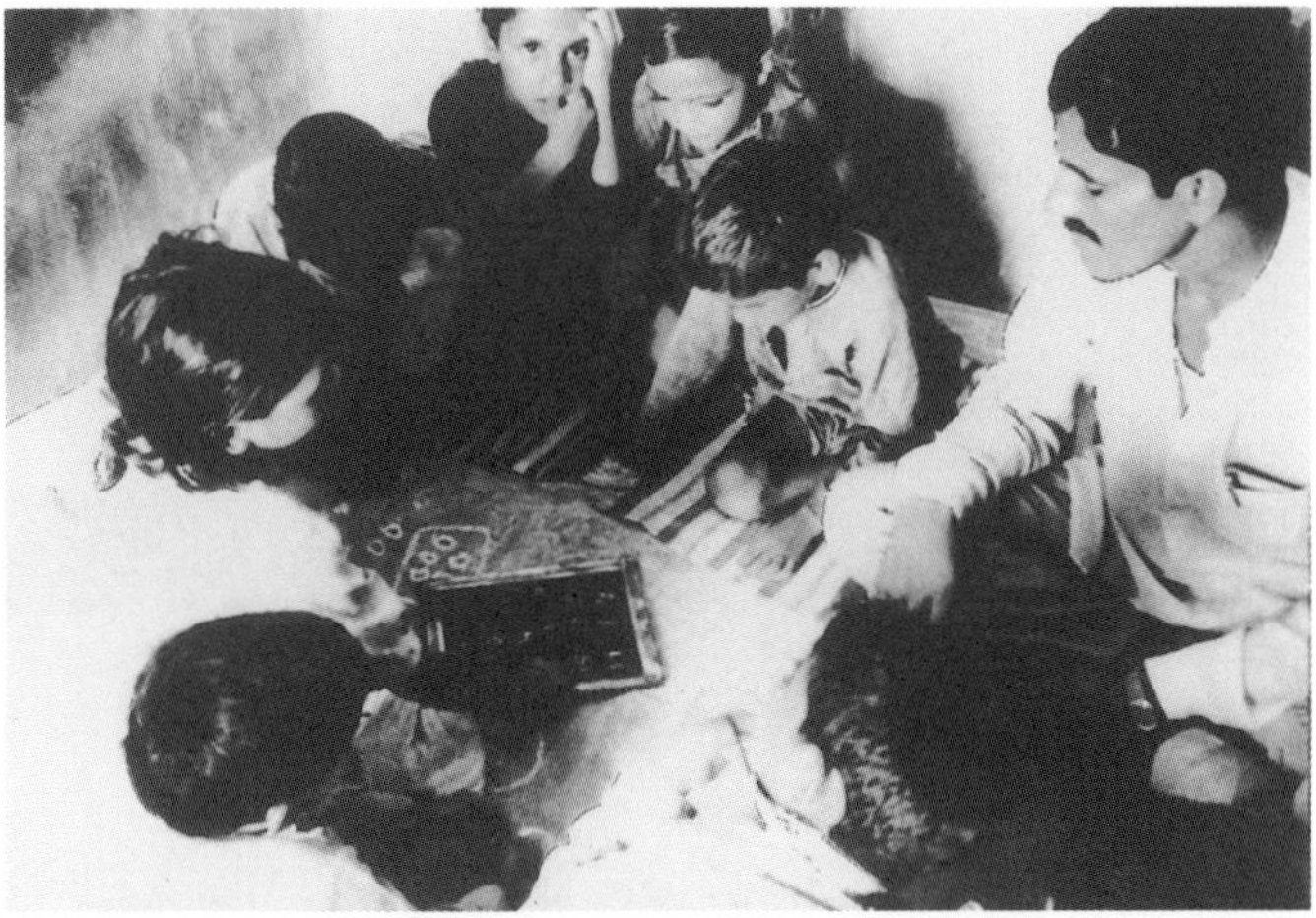

児童と一緒に学ぶ教員

途上国政府も農村部での学校が地域社会から孤立しており、それが未就学率や中途退学の原因となっていることは十分認識している。この問題に対処するために、途上国政府は文化的・伝統慣習的・宗教的・言語的・経済的といった地域特性による独自のカリキュラムモデルを模索している。これには、たとえばインドのアンドラ・プラデシュ州政府は学年暦を農繁期／農閑期、または伝統行事など地域社会の生活に応じて作成し、農繁期には農作業の手伝いのために休校にする措置をとったり、また体育、音楽などの科目を廃止し、基本的科目のみを開設しているカリキュラムの導入などを実施している（Government of Andra Pradesyu, 1995）。しかし、農村部独自のカリキュラムが必要なのは確かであるが、同時に農村部独自のカリキュラムは教育の複線化や二重構造を生み出し、教育の不公正を制度化する可能性がある。都市部のアカデミックな学校教育が近代セクターへの賃金労働の雇用機会とつながり、便利な生活スタイルの可能性を提供し、反面農村部独自のカリキュラムは賃金を伴う職の獲得に寄与しないと認識され、将来的展望において収入の増加が期待できない農業となれば、農村部の家庭は子どもを学校に通わせないこととなり、独自のカリキュラムの導入はさらに困難になる（Colton, 1983）。サカロプロスはカリキュラムの地方化（ruralization）は初等教育の普及につながらないことが経験的に明らかであると指摘している（Psacharopoulos, 1990）。

おわりに

途上国の開発援助理念は「近代化」を出発点とし、その後、途上国の社会・経済・文化構造に対する認識の欠如はいくらか反省され、修正されてはいるが、近代化モデルによる社会・政治・経済構造開発はいまだ途上国の開発援助のイデオロギー的支柱となっていることは明白な事実である。強い経済力を伴い圧倒的に優勢となった欧米にならい、途上国は近代化モデルを途上国自らすすんであるいは強制的に導入した。近代化モデルには多くの批判がされ、実際にこのモデルによる開発援助は多くの問題を生じさせているにもかかわらず、開発援助の出発時点で打ち立てられた近代化という枠組みは容易に変更されることなく、現在に至るまで開発援助論の理論的基盤を与えている。今日まで国際社会にさまざまな開発論が登場したが、新たに登場した開発論でも「近代化」モデルの一変型に過ぎなかったり、または「近代化」モデルを脱却しようとするあまりその陰画的な開発論であったりしている。

近代化モデルは国家や歴史を超越した概念ではありえないはずであるが、今日、それは国家や歴史を超越したものとして捉えられるようになっており、そのイデオロギーは強く教育開発の理念をも規定している。教育は近代化を推進する手段として経済発展や国民統合への推進力として位置付けがされ、教育制度・内容は近代化を促進するとされた欧米のカリキュラムであり、欧米型の学校制度である。

現在、途上国の人々の価値観、経済的ニーズ、生活様式は完全に伝統的でもなく、また完全に欧米的でもない。そして都市部、農村部、へき地などにおいても差がある。伝統的教育施設は地域社会の生活、伝統的価値観、そして経済ニーズと密接に結びついて構築されていたが、それら教育施設は往々にして性差別や他の集団（民族あるいは宗教など）に対する排他的態度を養成するという問題もある。しかも現実には伝統的教育（制度）がほとんど喪失している現代にあって、近代教育を客観的に批判し、オールタナティブ（alternative）な教育の在り方について議論し、途上国の教育ニーズにあう教育を構築するのは困難な作業である。途上国が「伝統的・実践的な知識」と「近代的・アカデミックな知識」とを統合し、その重複する部分をいかにに新たな「知の体系」として構築していくのかが今後の課題となろう。

練習問題

1. 途上国政府が教育政策を重視する理由を述べよ。
2. 近代化モデルと従属論モデルにおける教育開発の捉え方の相違点を述べよ。
3. 今日の途上国の教育における植民地遺制を述べよ。

引用・参考文献

Altback, P. G.（1971）Education and Neocolonialism: A Note. *Comparative Education Review*. pp.235-240

天野正治・村田翼夫（編著）（二〇〇一）『多文化共生社会の教育』玉川大学出版部。

Carnoy, M.（1974）*Education as Cultural Inperialism*. London: Longman.

Carnoy, M. and Samoff, J.（Ed.）（1990）*Education and Social Transition in the Third World*. New Jersey: Princeton University Press.

Colton, S.（1983）*Education in the Least Developed Countries-Problems, Priorities and Programmes*. Paris: Unesco.

Coombs, P. H.（1969）*The World Educational Crisis: A System Analysis*. New York: Oxford University Press.

Goldsmith, E.（1993）*The Way: An Ecological World View*. Boston: Shamabhala.

Government of Andra Pradesyu（1995）Reforiming *School Education*. Report of Seminar on Education in South Asia.

Graham-Brown, S.（1991）*Education in the Developing World*. London: Longman.

Harbison, F., et Myers, C.（1964）*Education, Manpower and Economic Growth: Strategies of Human Resource Development*. New York: McGraw-Hill.

Helu-Thaman, K.（1999）Different Eyes-Schooling and Indigenous Education in Tonga. In F. E. Leach and A. W. Litlle（Eds.）, *Education, Cultures, and Economics*. New York; Falmer Press.

Inkeles, A. and Smith, D.H.（1974）*Becoming Modern*. New York: Heinemann Education Books. pp.19-25.

King, K.（1991）*Aid & Education in the Developing World*. London: Longman.

Leach, F. E. and Little, A. W.（Ed.）（1999）*Education, Cultures, and Econonics: Dilemmas fot Development*. New York: Falnres Press.

Psacharopoulos, G.（1990）"Comparative Education From Theory to Practice", *Comparative*

Education Review. Vol. 34, no. 3, August.
B. Russett（1964）*World Hand book of Political and Social Indicators*, New Haven: Yael University Press.
豊田俊雄（編著）（一九九五）『開発と社会―教育を中心として』アジア経済研究所。

第Ⅳ部　グローバル化社会のジェンダーとアイデンティティー

13 ジェンダーと国際関係

浜名恵美
（筑波大学 現代語・現代文化学系）

本章の目的と構成

最初に、私は国際関係論の専門家ではないので、ジェンダー(1)の視点を導入した新しい国際関係学の現状と展望については、サンドラ・ウィットワース著『国際ジェンダー関係論——批判理論的政治経済学に向けて』（藤原書店、二〇〇〇）、土佐弘之著『グローバル／ジェンダー・ポリティックス 国際関係論とフェミニズム』（世界思想社、二〇〇〇）などの議論に譲ることをお断りする。ここでは、従来の国際関係論が戦争、安全保障、外交などの男性中心的なハイ・ポリティックス(2)を重視し、女性およびジェンダーの問題を軽視するか不可視にしてきたことが批判されていること、冷戦後の資本、労働力、市場のグローバル化の急速な広がりのなかで、新しい国際関係論を構築することが求められていると指摘しておくにとどめる(3)(Steans, 1998, 76-80)。

　本章の目的は、一般的な意味での国際関係とい

---

(1)ジェンダー
文化的社会的につくられた性別。「セックス」は生物学的な性別。本章および第14章注(4)も参照。

(2)ハイ・ポリティックス
(high politics)
軍事や狭義の外交をさす。

(3)ジェンダー問題のグローバル化や多国籍企業を代表とする経済のグローバル化の流れのなかで、国家を前提とした「国際関係学」とい

う視点から、ジェンダーの問題を考察することである。まず、グローバルな現実として、国連を中心とするジェンダー・バイアス(4)是正の取り組みの経緯と現状を概観する。つぎに、ローカルな事例として日本をとりあげて、日本が人間開発指標とジェンダー開発指標では国際比較統計の上位に入るのに対して、ジェンダー・エンパワーメント(5)測定値では低位になるという事実について検討する。最後に、ジェンダーにとらわれない世界を実現するために、グローバルな文脈とローカルな現実とを結びつけるコミュニケーションのあり方、方向性についての提言をおこなう。

ジェンダー・バイアス是正のためのグローバルな取り組み

セックスとジェンダーの概念の相違とジェンダー研究の目標

一般には、セックスは、性殖器の差異をもとにした性、すなわち男か女かをさす。ジェンダーは、一般に、男女の間に存在しているイデオロギーに関わる関係や物質的関係、あるいは「男性性」と「女性性」というカテゴリーに配分される役割、行動、価値をさす。ジェンダーは、文化的（社会的、歴史的）に構築されたものであり、「男らしさ」や「女らしさ」の規範は各時代や各文化の展開に対応して変化する。ジェンダーは先天的なものではない。だが、あらゆる社会と文化で、本質的に「男の」、「女の」ものだとされている一定の感情的、心理的な特徴があるとされる。セックスとジェンダーもまた先天的に一致するものではないのだが、生物学的に男または女に生まれた個人は、通常それぞれの性に適した「男らしい」または「女らしい」特質や行動を発達させるように期待されたり強いられたりする。社会と文化には、意識的であれ無意識的であれ、ジェンダーに基づく固定的な決めつけや偏見が存在しており、結果としてジェンダー化された偏向もまた存在している。これが、「ジェンダー・バイアス」と呼ばれるものである（冨士谷・伊藤、二〇〇〇）。

ジェンダー研究の目的は、第一にジェンダーについての理解を深めることである。第二に、それ

う名称が疑問に付され、「世界政治学」または「グローバル政治学」という新しい名称が提唱されている。

(4)ジェンダー・バイアス（gender bias）
社会のあらゆる場面に存在するジェンダーにかかわる偏り。社会の仕組み、人々の行動様式・意識などにおける性的差別や不平等。

(5)ジェンダー・エンパワメント（gender empowerment）
女性が積極的に経済界や政治活動に参加し、意思決定に参加できる力。

を通して、ジェンダー・バイアスによるさまざまな差別や排除の構造を是正して、ジェンダーにとらわれない社会と文化を作り出すことである。ジェンダー研究の出発点になるのは、一九六〇年代に欧米で台頭した第二波フェミニズム(6)である。それまでのフェミニズムは、主に、市民的・法的権利における男女平等の要求や、女性の労働権とそれを可能にする社会サービスの充実の要求を大きいテーマとして掲げた。しかし、第二波フェミニズムは、それまでの運動をさらに進めて、日常生活のあらゆる領域において、父権制(7)または男性優位の構造が存在していることを指摘して、セックスとジェンダーの区別を主張した。この区別の要点は、セックスは原則として変えられないが、ジェンダーは変えられるということである。ジェンダー関係が不当な権力関係である限り、変革しなくてはならないし、変革することができるという根拠が示されたのである。「働き手および家族構成員として、ジェンダー化された自己について個人がもつ意識」をさす「ジェンダー・アイデンティティー(8)」(Lorbor, 1994) もまた、理論的には適切な教育、環境、政策によって変えることができる。

国際連合を通してのジェンダー問題のグローバル化

欧米で、その後世界各地で台頭したフェミニズムおよびジェンダー研究と連動して、国連はジェンダーと女性の問題に取り組んできた。国連の取り組みに対する開発途上国からの批判はあるし、先進国と途上国との深刻な対立はもとより、先進国の内部でも途上国の内部でも対立はあるが、グローバルな潮流としてはジェンダー・バイアスのない世界への転換が目指されている。

一九四五年に創設された国連が、一九四六年に女性問題を専門に取り上げる機関として、「女性の地位委員会」を設置して以来、ジェンダーの平等と女性の地位向上という問題は国連活動の焦点となってきた。国連を通してのジェンダー問題のグローバル化の主な出来事は以下の通りである。

一九四六年　女性の地位委員会

(6)第二波フェミニズム
一九六〇年代以降の「ジェンダー」論を中心とする女性解放運動。「第一波フェミニズム」は一九世紀末から二〇世紀前半の女性参政権を求める運動。

(7)父権制
または「父権社会」という。男性による支配体制。この体制は事実上 私有財産および女性の私有財産化によって始まったことから、女性に対する支配という面が強調される。

(8)ジェンダー・アイデンティティー
本論では詳述できないが、社会制度のレベルと個人のレベルで、ジェンダーは非常に多数の要素によって構成されており、それがジェンダーの分析と抜本的な是正を著しく困難なものにしている (Lorber, 1994, 31)。国連によるジェンダー分析の基本概念の詳細については、以下を参照。
http://www.undp.org/gen-

一九七五年　国際女性年
一九七五年　第一回世界女性会議（メキシコ・シティ）
一九七六年―八五年　国際女性の十年
一九七六年　国際婦人調査訓練所設置
一九七九年　女子に対するあらゆる形態の差別撤廃に関する条約（総会）
一九八〇年　第二回世界女性会議（コペンハーゲン）
一九八五年　第三回世界女性会議（ナイロビ）「二〇〇〇年に向けた女性の地位向上のためのナイロビ将来戦略」採択
一九九三年　世界人権会議（ウィーン）「女性の権利は人権である」との世界的規模のキャンペーン実施
一九九三年　女性に対する暴力撤廃に関する宣言（総会）
一九九四年　人口と開発国際会議（カイロ）
一九九五年　第四回世界女性会議（北京）北京行動要綱『人間開発報告書一九九五：ジェンダーと人間開発』
一九九七年　ジェンダー問題と女性の地位向上に関する特別顧問就任
二〇〇〇年　第五回世界女性会議（ニューヨーク）北京宣言および行動要綱実施のためのさらなる行動とイニシアティヴ（いわゆる「成果文書」）

一九九三年の世界人権会議(9)は、声明で女性の権利と固有の伝統的または習慣的な慣行、文化的な偏見および狂信的宗教との間に生じる対立を解消するように呼びかけた。この声明は重大である。普遍的人権（正確には、「人権の普遍的宣言」）の理念を掲げて、女性を女性であるというだけで抑圧する伝統、習慣、文化、宗教に変革を迫るものだからである。したがって、地域による抵抗も大きい。今日では、たとえばアメリカ合衆国のような特定の国家や文化の価値観を絶対視せずに、地球上の多数の国家、文化、民族の平和的な共存と相互承認によって多様性のなかで世界統合の実現をめざす文化相対主義(10)と民族相対主義、および寛容の精神が重視されている。しかし、地球上のどこであれ女性の人権が侵害されている場合には、

der Learning & Information Pack (January 2001), Gender Analysis, Resource 11 Essential Concepts in Gender Analysis, pp.67-72.

(9)世界人権会議　一九九三年六月、ウィーンにて一七一の国家と約一五〇〇のNGOが参加。「ウィーン宣言および行動計画」を採択。

(10)文化相対主義　第2章参照。

文化相対主義や民族相対主義を標榜して、異文化の慣行について価値判断をしないという「寛容な」姿勢だけではすまないことになる。

第四回世界女性会議(11)には一九〇ヵ国が参加。八月三一日からのNGOフォーラム(12)には約三万人が集まった。平等、開発、平和への行動に向けて、女性のエンパワーメント、男女のパートナーシップがキーワードになった。九月一五日の本会議で採択した北京行動要領は、一二の非常に重要な問題領域を明らかにしている。二〇〇〇年の第五回世界女性会議では北京行動要綱の完全実施に向けた今後の戦略、特に二一世紀を意識した行動指針を成果文書として採択した。女性に対する暴力、権力および意思決定における女性、女性とメディア、リプロダクティブ・ヘルス(13)に関する記述が特に注目される。女性の地位委員会は各国の北京行動要綱の実施状況を監視しており、会議に参加した日本を含めた国々の政府および非政府組織は、北京行動要綱の完全実施に向けて対策を講じている。北京行動要綱が明らかにした一二の重要な問題領域とは以下の通りである。

女性に関わる問題領域

1 女性にのしかかる持続かつ増大する負担
2 教育の機会の不平等と不適切さ
3 健康の差と保健サービスを受ける際の不平等と不適切な保健サービス
4 女性に対する暴力
5 女性に対する武力紛争および他の紛争の影響
6 経済活動、政策の作成、生産プロセスそのものへのアクセス、参加における女性の不平等
7 あらゆるレベルにおける権限と政策決定における男女の不平等
8 あらゆるレベルで女性の地位向上を促進する機構の不十分さ
9 国際的、国内的に認められた女性の人権についての認識およびコミットメントの欠如
10 社会に対する女性の積極的な貢献を促進するマスメディアの動員の不十分さ
11 天然資源の管理と環境保全に対する女性の貢献についての適切な認識と支援の欠如
12 女児に対するあらゆる形態の差別（国連広報局、

---

(11) 世界女性会議
一九九五年九月、国連主催のもとに北京にて開催。世界一八九ヵ国とEUから一万七千人が参加。女性の地位向上を目的とする会議。

(12) NGOフォーラム
一九九五年開催の世界女性会議に先だっておこなわれ、約三万人が参加。

(13) リプロダクティブ・ヘルス (reproductive health)
生殖の権利と、次世代への健康を含む生殖の健康。女性の人権として、強く主張される。

一九九九、二〇四—二〇七：Pettman, 1997, 494-495.：関、二〇〇一、六六—一三九）。

国連は、第四回世界女性会議の開催にあわせて、国連開発計画(14)（ＵＮＤＰ）『人間開発報告書一九九五』のテーマを「ジェンダーと人間開発」とした。この報告書での斬新な試みは、従来の人間開発指標（HDI: Human Development Index）に加えて、ジェンダー開発指標（GDI: Gender-related Development Index）とジェンダー・エンパワーメント測定値（GEM: Gender Empowerment Measure）という二つの新しい指標を開発し、ジェンダー平等に関して、世界の各国別に順位をつけた分析表を作成したことである。ＨＤＩは、人間の能力が平均してどの程度まで伸びているかを測定するための指標である。ＧＤＩは、ＨＤＩで用いられた平均寿命、教育水準、国民所得を基礎にしながら各要素の男女格差をペナルティとして割り引いた値。ＧＥＭは、女性の稼働所得(15)割合、専門職・技術者・管理職に占める女性の割合、国会議員に占める女性の割合を基礎に産出された値であり、要するに女性の社会進出度を示す。言うまでもなく、ジェンダー・バイアス是正の視点からは、ＧＥＭが高いことが望ましい。

日本のジェンダー・バイアス是正の取り組みと問題点

ジェンダー問題のグローバル化を受けて、日本政府はジェンダー平等社会を実現するための行動計画を立案、実施してきた。一九九九年にはようやく「男女共同参画社会(16)基本法」が施行された。基本法は、「男女が、互いにその人権を尊重しつつ責任も分かち合い、性別にかかわりなく、その個性と能力を十分に発揮することができる男女共同参画社会の実現」が、「二一世紀の我が国社会を決定する最重要課題と位置付け、社会のあらゆる分野において、男女共同参画社会の形成の促進に関する施策の推進を図っていくことが重要である」と基本理念を言明し、その実効性に不安もあるが「積極的改善措置」を導入してもいる。

男女共同参画社会の実現のために、日本政府、

---

(14) 国連開発計画
一九六六年、総会の補助機関として設立。開発途上国の投資前調査、技術訓練などの技術協力に関する事業に資金を提供。

(15) 稼働所得
働いて得た収入。雇用者所得、事業所得など。

(16) 男女共同参画社会
文中の説明を参照。

表13-1　HDI,GDI, GEMの上位10か国

1. HDI			2. GDI			3. GEM		
順位	国名	HDI値	順位	国名	GDI値	順位	国名	GEM値
1	カナダ	0.932	1	カナダ	0.928	1	ノルウェー	0.810
2	ノルウェー	0.927	2	ノルウェー	0.927	2	スウェーデン	0.777
3	アメリカ	0.927	3	アメリカ	0.926	3	デンマーク	0.765
4	日本	0.924	4	オーストラリア	0.921	4	カナダ	0.742
5	ベルギー	0.923	5	スウェーデン	0.919	5	ドイツ	0.740
6	スウェーデン	0.923	6	ベルギー	0.918	6	フィンランド	0.737
7	オーストラリア	0.922	7	アイスランド	0.918	7	アイスランド	0.721
8	オランダ	0.921	8	日本	0.917	8	アメリカ	0.708
9	アイスランド	0.919	9	オランダ	0.916	9	オーストラリア	0.707
10	イギリス	0.918	10	フランス	0.916	10	オランダ	0.702
						38	日本	0.494

資料：UNDP（国連開発計画）『人間開発報告書』1999年(17)

地方自治体、教育機関、民間企業等は、決して十分ではないとしても、あらゆる分野で取り組みを推進している。民法改正、労働基準法改正、育児・介護休業制度、セクシュアル・ハラスメント(18)のガイドライン、家庭内暴力防止および被害者保護に関する法律など、次々に政策が実施されている。にもかかわらず、男女共同参画社会の実現への道のりは険しい。それを端的に示すのが、日本のジェンダー・エンパワーメント測定値の先進国中での低さである（表13－1）。表13－1は一九九九年度発表の一九九八年度の値であるが、一九九五年は二七位、九六年は三七位、九七年は三四位、九八年は三八位、九九年は四一位と停滞したままである（ＨＤＩ、ＧＤＩも同様である）。

日本のＨＤＩとＧＤＩの格差は、第一に「雇用の男女格差（賃金等）」、第二に「高等教育における男女格差（女性は四年制大学より短大に進学、ただしこの差は縮小傾向にある）」によるとされる。日本のジェンダー格差で際立っているのがＧＥＭである。政治的・経済的・職業的機会への女性の参画が、先進国のなかでも著しく遅れているので

(17) 一九九九年の報告書の表は、関哲夫編（二〇〇一）『資料集　男女共同参画社会』、五六七頁。それ以外の年の順位は以下による。矢澤澄子「八章　女たちの市民運動とエンパワーメント：ローカルからグローバルへ」、鎌田とし子・矢澤澄子・木本喜美子編（一九九九）『講座社会学一四　ジェンダー』東京大学出版会、二六二—二六三頁。内閣府編（二〇〇一）『平成十三年版　男女共同参画白書』財務省印刷局、一四頁。

(18) セクシュアル・ハラスメント　性的いやがらせ。相手方の意に反した、性的性質の言動をおこない、それに対する反応によって一定の不利益を与えられたり、それを繰り返すことによって就業・学業活動環境を著しく悪化させること。

ある。女性の国会議員比率、地方議員比率、内閣閣僚や自治体の首長、国家公務員の女性管理職比率、企業の経営者・管理職や労働組合の執行委員、検事、裁判官、弁護士の女性比率も非常に低く、ジェンダー平等の理念からかけ離れている。今日でも、「大半の既婚女性の社会進出や社会参加は、依然として低賃金のパートタイム雇用や無報酬の地域活動、ボランティア活動等に釘付けにされている」。最近メディアでもよく取り上げられ見直しの機運がある税金・年金等に関する「専業主婦優遇制度(19)」は、制度面で女性の「主婦的状況」を温存してきた。その結果、「女性の平均賃金や所得は男性に比べて大幅に低位に押し止められ、多くの女性たちに経済的自立や政治・社会参画の困難をもたらしている」。日本のGEMを低位にしている主要原因は、言うまでもなく、日本型の企業中心社会である。「戦後、世界的にも突出した経済成長を遂げた企業中心社会において、これを支える男性を『稼ぎ手』に、女性を『ケアラー』(家事・育児・介護等の世話をする人)に結びつけてしまうジェンダー感覚は国民意識のなかに深く浸透し、

表13-2　50カ国と三つの地域における男性らしさ指標の値(抜粋)

スコアによる順位	国または地域	男性らしさスコア	スコアによる順位	国または地域	男性らしさスコア
1	日本	95	44	タイ	34
2	オーストリア	79	45	ポルトガル	31
3	ベネズエラ	73	46	チリ	28
4	イタリア	70	47	フィンランド	26
4	スイス	70	48	旧ユーゴスラビア	21
6	メキシコ	69	48	コスタリカ	21
7	アイルランド共和国	68	50	デンマーク	16
7	ジャマイカ	68	51	オランダ	14
9	イギリス	66	52	ノルウェー	8
9	旧西ドイツ	66	53	スウェーデン	5

資料:ヘールト・ホフステード著『多文化世界:違いを学び共存への道を探る』(有斐閣, 1995) p.87.

(19) 専業主婦優遇制度　専業主婦を税制・年金制度などで優遇する制度。たとえば、妻のいわゆる「内助の功」に対して税金の控除が受けられる。

『当たり前』となってきた」（矢澤、一九九九、二六三―二六六）。

日本の男性の労働やライフスタイルを基準にした企業社会は、別の統計でも際立った数値として現れる（表13―2）。社会心理学とコミュニケーション論の専門家であるホフステードは、代表的な多国籍企業であるＩＢＭの五〇か国と三つの地域のオフィスの男女の社員に多数の項目の意識調査を実施した。その中にはジェンダーに関する項目も含まれている。この調査では、男性らしさの極には、給与、承認、昇進、やりがいという項目の重要性が高い文化が属し、女性らしさの極には上司との関係、協力、居住地、雇用の保障という項目の重要性が高い文化が属するとされる。その結果は、「男性らしさのチャンピオンは、まず日本である（一位）」（Hofstede, 1991）。日本の男性らしさ指標の値は九五で、二位のオーストリア（七九）、三位のベネズエラ（七三）をはるかに抜く。この調査の最下位、つまり「女性らしさ」が強い国にはデンマーク、オランダ、ノルウェー、スウェーデンがくる。いずれも女性の政治・社会参加が進み、育児支援と福祉制度が発達している国である。男性らしさは各国の経済発展の程度とは関連していない。

ホフステードは、異文化コミュニケーション研究の立場から、各文化の特徴に対する価値判断を厳格に避けている。しかし、本論の文脈において、この国際比較統計の一位は、決して名誉のあるものではない。ジェンダー・バイアスによって女性が劣位に置かれ、不利益をこうむっている場合には、それぞれの文化の違いを理解し、認め合うだけではすまなくなる。ホフステードのジェンダー指標と国連の指標ＧＥＭの数値と順位とそれらの解釈については、日本人といっても、地域、学歴、職業、年齢、価値観は多様であり、納得できない人もいるだろう。しかし、数値と順位をそっくり信じる必要はないとしても、日本の社会が、男性らしさを異常なまでに高く位置付け、それがジェンダー平等を阻害していることは否定できない事実である。日本は、公私の領域におけるジェンダー化された制度と意識を変革する実効性のある行動をもっと強力に推進しなければならないのである。

結論：ジェンダー・バイアスなき世界を実現するための対話

本章では、国連の世界女性会議の動向を概観してから、男女共同参画社会を目指している日本のGEMの低さに注目した。日本のGEMを高めるためには、行政の取り組みも不可欠であるが、個人の次元で男女双方の取り組みが必要である。態度、言葉づかい、感情、労働分業[20]、性的行動規範、社会規制、映像表現を含めた文化的表象[21]、アイデンティティー、信念、人格の形成にまでわたって、ジェンダーは深く内面化されている。これを意識化する作業が必要である。最終的には、男女（親子、夫婦、恋人、職場の同僚、友人、知人など）のコミュニケーションにかかる。男女が、対等な人間として認め合って、互いの気持ちや考えを語りあい、聞きあうという地道な作業が必要である。この主張は平凡に聞こえるが、実際には多大の努力とコミットメントを要する。

まず、ジェンダー・バイアスの不利益をよりこうむっている女性が、自立した主体性を確立して、自分の気持ちや考えを表現できるようになること。男性は女性の主張を聞くべきである。しかし、女性の主張を一方的に聞いたり受け入れる必要はない。ジェンダー関係といいながら、たいていの場合女性が被害者、男性が加害者という構図で語られる傾向があるが、男性の個別および状況別の現実を考慮しなくてはならない。男性を基準とした企業中心社会の中で、男性は女性より優位に置かれるとはいえ、その企業社会が男性を抑圧していることも事実である。近年の男性学[22]による男性性についての研究が明らかにしているように、男性性は「支配者という心地よい立場に男性を置く権力の立場だとは限らない（Lehman, 1988）」。男性性とは従来考えられてきたよりもはるかに問題を含んだ構築物である。今日、男性性は、女性だけでなく男性たちによっても、問題視されている。男女双方が、自分の気持ちや考えを適切な言葉で表現し、相手に伝えることが肝要である。ここで、対立を回避するために曖昧さを尊重する日本の伝統的なコミュニケーションの様式は、新しい時代

---

(20) 労働分業（division of labor）
労働の内容と目的により、細分化されていること。「労働分割」ともいう。「男は仕事・女は家事」は「性別役割分業」という。

(21) 文化的表象
「表象」は文字、画像、イメージなどを含めたさまざまな表現。

(22) 男性学
男性の役割の変化、男女の平等、男性の解放を考える試み。「女性学」の発展に呼応する形で、近年生まれた。

に即した変化を求められるだろう。個人主義の発達した欧米型の一般的に明確で直線的なコミュニケーションの様式を模倣したり学習すべきだと言うつもりはない。しかし、それぞれの日本人が、自分を相手に理解してもらうために言語・非言語双方のコミュニケーションの新しい様式を開発する必要におそらく迫られるだろう。

二〇世紀末からの長引く不況のなかで自信を喪失し、自国の構造改革と経済再建に専念している多くの日本人は、今日、国際社会のなかでの日本のイメージを気にする余裕がないようにみえる。しかし、国際比較統計の数値や順位に一喜一憂するには及ばないとしても、国際社会に日本のジェンダー関係がどのように映るのか、そして国連のGEMが一つのグローバル・スタンダード(23)であるといえるならば、その基準でどのように評価されているのかを、よい意味で気にして、男女共同参画社会に向けての行動を加速させるべきである。

日本のジェンダー問題に敏感になってから、改めて世界のジェンダー問題を見直さなくてはならない。ジェンダーと国際関係というトピックに関しては、貧困の女性化、貧しい国から豊かな国への移民労働（低賃金労働や性産業）の女性化あるいは女性の輸出、女性を分断する自民族中心主義(24)やナショナリズム(25)の台頭、各地の民族紛争で発生していると報道されている婦女暴行など、国際社会が協力して早急に解決しなくてはならない深刻な問題が山積している。これらの問題に目を向けて、異文化のジェンダー関係を理解しようと努めると同時に、場合によってはそれを批判しなければならない。ここで必要になるのは、真の意味でのグローバル・コミュニケーション能力の獲得であろう。

二一世紀のジェンダーと国際関係を考えるときに求められるのは、やはり対話の模索である。対話をおこなえば衝突や葛藤がよく生じるが、それを回避するのではなく、相互の文化や価値観の違いと多様性を理解しようとする不断の努力が求められる。稲賀繁美は異文化理解の「倫理」を提唱し、理解する側と理解される側の間に横たわる落差を安易に解消もせず、その落差に安住することも拒絶して、「その居心地の悪さをそのままに生き

---

(23)グローバル・スタンダード　世界標準。世界全体にあてはめようとする規準。

(24)自民族中心主義（ethnocentrism）　自分の文化・民族が最も優れていると信ずる考え、態度。第2章も参照。

(25)ナショナリズム　第1章注(39)参照。

る覚悟」を私たちに求めている（稲賀、二〇〇〇、三〇七―三二四）。異文化衝突の深刻な現実を考えれば、この峻厳な立場はおそらく正しい。しかし、ジェンダー問題については、こうした覚悟を求めるだけでは解決にも救いにもならない。ジェンダーにとらわれない社会のコミュニケーション理論を模索している土場学は、「愛」を私たちの相互理解を媒介するコミュニケーション・メディアに育て上げるべきではないかと述べている（土場、一九九九、二二九―二三八）。あらゆる人間が自分の存在を承認して欲しいという欲望をもっていることを認めて、その欲望を充足させるためには、肉体的・感情的な相互交流を基底とする広い意味での愛が要求される。他者は「理解できないが理解されるべき存在である」と認めることが、ジェンダーを乗り越えるための糸口になるだろう。地球上の多数の深刻なジェンダー問題を解決することは、どれほど困難であっても、人類にとって最優先課題である。目的を達成するには、希望をもって全力で取り組む以外にない。

練習問題

1. 日本のジェンダー・エンパワーメント測定値を高めるためには、女性が社会で活躍できるように、男性が女性なみに家事と育児と介護を分担する必要がある。それを可能にするための条件は何か？
2. ジェンダー・エンパワーメント測定値の高位の国と低位の国の文化、制度などの違いについて、実際に調べてみなさい。最初は、関心をもつことができる国からでよい。
3. 国内外のニュースや記事（戦争、民族紛争から娯楽まで）を、ジェンダーに敏感な意識をもって見たり読んだりしなさい。ジェンダーによる差別があるという事例を見つけたら、その原因を調べて、是正するための政策と方法を考えてみなさい。さらに、できるだけ多様な男女双方の人々と意見を交換してみなさい。

引用・参考文献・推薦図書

稲賀繁美（編）（二〇〇〇）『異文化理解の倫理にむけて』名古屋大学出版会。異文化衝突の現場を提示し、読者の知的好奇心と探求心を深めることをめざした刺激的な本。本論では少し批判しましたが、グローバル・コミュニケーションとジェンダーの問題を理解するためにも有益です。

土佐弘之（二〇〇〇）『グローバル／ジェンダー・ポリティックス　国際関係論とフェミニズム』世界思想社。ジェンダーの視点を取り入れた新しい国際関係論の構築をめざす最新の成果の一つです。

冨士谷あつ子・伊藤公雄（監修）日本ジェンダー学会（編）（二〇〇〇）『ジェンダー学を学ぶ人のために』世界思想社。男女共同参画社会の実現をめざす女性九人、男性九人の執筆者によるバランスのとれたジェンダー学の入門書です。

土場学（一九九九）『ポスト・ジェンダーの社会理論』青弓社、二二九―二八三頁。

Hofstede, G. (1991) *Cultures and Organizations: Software of the Mind*. McGraw-Hill.（岩井紀子・岩井八郎訳　一九九五　『多文化世界：違いを学び共存への道を探る』有斐閣、八七―八八頁）。

鎌田とし子・矢澤澄子・木本喜美子（編）（一九九九）『講座社会学一四　ジェンダー』東京大学出版会。

国際連合広報局（一九九九）国際連合広報センター監訳『国際連合の基礎知識』世界の動き社、二〇四―二〇七頁。

Lehman, P. (1988) "In the Realm of the Senses: Desire, Power, and the Representation of the Male Body", *Genders* 2 (Summer 1988): 108.

Lorber, J. (1994) *Paradoxes of Gender*. New Haven: Yale University Press, p.31.

内閣府（編）（二〇〇一）『平成十三年度版男女共同参画』財務省印刷局、一四頁。

Pettman, J. J. (1997) "Gender Issues" in *The Globalization of World Politics: An Introduction to International Relations*. J. Baylis and S. Smith (Ed.), Oxford University Press, pp.494-495

関哲夫（編）（二〇〇一）『資料集　男女共同参画社会：世界・日本の動き、そして新たな課題へ』ミネルヴァ書房、六六―一三九、五六七頁。

Steans, J.（1998）*Gender and International Relations: An Introduction*. Rutgers University Press, pp.76-80.

矢澤澄子（一九九九）「八章　女たちの市民運動とエンパワーメント：ローカルからグローバルへ」、鎌田とし子・矢澤澄子・木本喜美子（編）『講座社会学一四　ジェンダー』東京大学出版会、二六二―二六六頁。

付記（二〇〇三年二月）

内閣府編『平成一四年版　男女共同参画白書』（二〇〇二）で指摘されているが、国連開発計画によると、ＧＥＭを含めた人間開発に関する指標は「一九九九年報告書よりデータの算出方法が変更になり、一九九八年以前の報告書に掲載されている値との比較はできなくなっている」とのことである。したがって、本論の一九九頁の表13―1に関する説明を次のように訂正させていただく。

表13―1は一九九九年度発表の一九九八年度の値であるが、一九九九年度は四一位であり、二〇〇〇年度は三一位へと改善されたが、依然として低位に止まっている。（ＨＤＩ、ＧＤＩも比較的高位とはいえ停滞している）。

14 人間の性と文化の性

越智和弘
（名古屋大学大学院
国際言語文化研究科）

はじめに

文化において性が問題になるわけ

性と文化との間に横たわる関係を問題にする場合、そもそも人間に性があることは当然としても、文化にも性があるといわれると、首を傾げる方がいるかもしれない。だが実は、男女の性差に端を発する権力関係は、われわれが通常〈すべて〉とみなす世界を形づくるうえで決定的ともいいうる役を果たしているのである。ただ今日では、この問題に気付くものは少なく、グローバリゼーションをめぐる議論も、性の権力関係(1)を飛び越えたところからスタートする場合がほとんどである。そのため、普遍性(2)を主張しつづける西洋という支配文化が内包する、他の文化とは必ずしも共通性をもたぬやもしれぬ性をめぐる特異性が、あたかも普遍的であるかのごとく支配文化に属さない価値観にも影響を与え、ひいては文化間のヒエラルキー(3)を保障する要因としても機能している可

(1)性の権力関係
人間が生きるあらゆる面における、男女の性差に端を発する権力の関係。

(2)普遍性
西洋人の合理的思考は、いかなる個人や時代や文化を越えた共通の正当性をもちえるとする考え方のもつ性格。

(3)ヒエラルキー
物事の階層的な序列。

能性が生じてくる。このまさに性と文化をめぐるやっかいな権力関係を、グローバルとローカルという観点から考えてみようというのが、本章のテーマである。

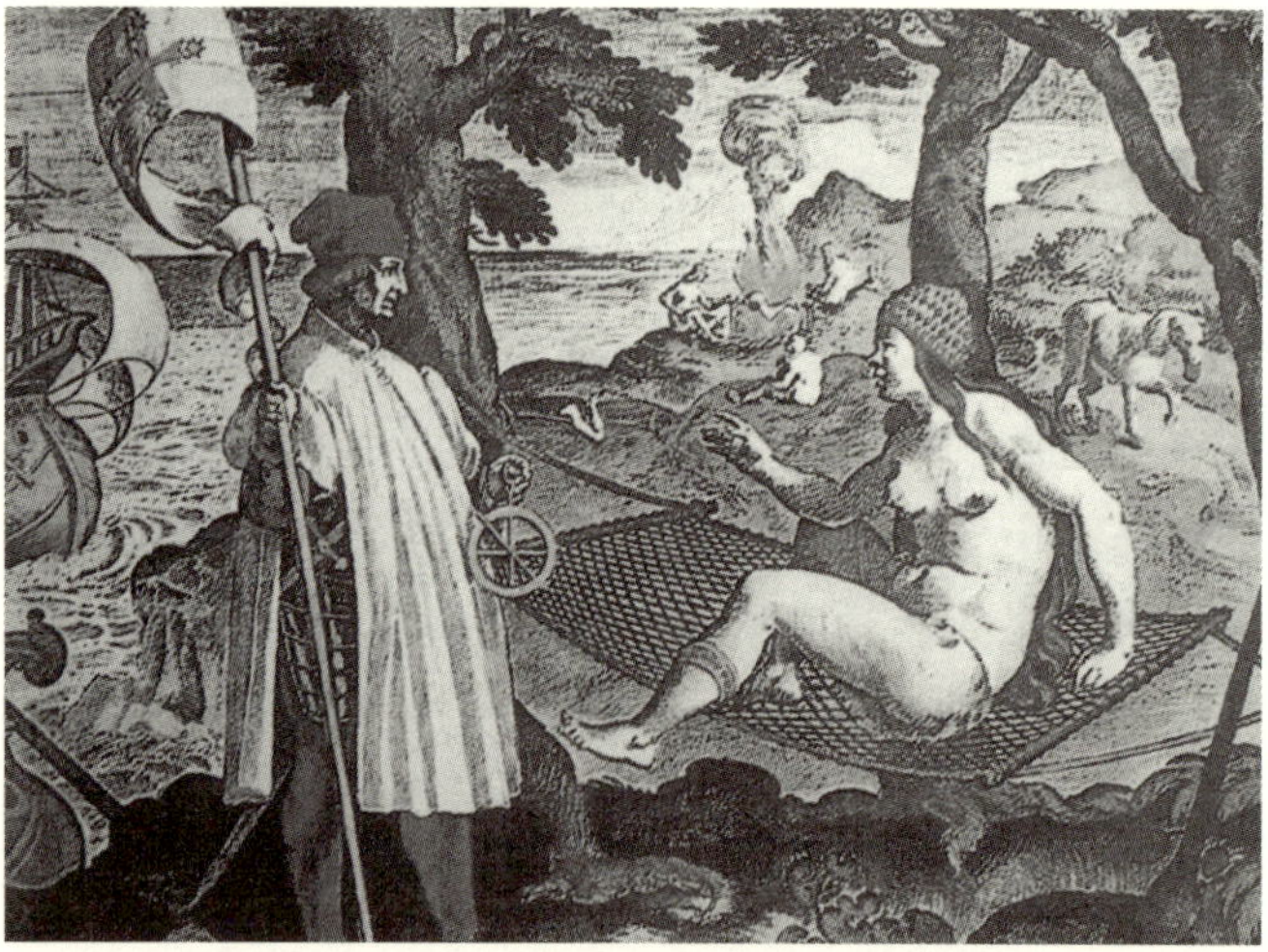

「ヴェスプッチとアメリカの出会い」(1575年)
ヨハンネス・ストラダヌス(London)

ジェンダーという文化的産物

性と文化が密接な関係にあることは、かつて長い間解剖学的であるがゆえに決定的とみなされてきた男女の区別に対し、近年そうした生物学的な分け方とは別に、社会や文化が主体となって規定する〈女らしさ〉や〈男らしさ〉が、個人の振る舞いや生き方を強制することで性差が創出されるのを問題にする、ジェンダー(4)という新しい語が登場したことをみても明らかであろう。確かに女と男は異なる生殖器をもって生まれてくるが、実際に生きていくうえで女がどうあるべきか男がどうあるべきかを決定しているのは文化である、というのがこの考え方の根底にはある。そしてもしそうだとすれば、つまり男女におけるいわゆる〈らしさ〉を決定づけているのが文化だということになると、文化が異なれば、何が女らしく何が男らしいかの区別にもズレや違いが生じてくることが当然ながら予想される。

　こうしてみると、性を理解するためには特定の文化がその中に生きる人間に強制する性をめぐる価値体系を問題にせざるをえないし、逆に性に対

---

(4)ジェンダー
男女の生物学的、解剖学的な性を示す「セックス」に対し、既存の文化において「女らしさ」や「男らしさ」として強制される感情的、心理的な属性。第13章注(1)も参照。

画像注（二〇八頁および二一五頁掲載の二つの画像とも）：女性性を内部から排除することで社会秩序を築き上げてきた西洋文化には、自分たちの外部に位置する異文化をもまた〈女性的〉と見なすことで抑圧支配の対象とする性格が備わっていた。

し決定的な影響を及ぼす要因として文化を捉えた場合、個々の文化を真に理解するには、性そのもの、そして性差をめぐる権力関係が、その文化内でどのように機能しているかを把握することが欠かせなくなる。いや、実はここにさらに重要な問題が浮上する。つまり、西洋がとりわけ近代の植民地主義以降みせた他文化地域への圧倒的な覇権とその影響力を念頭におくと、性をめぐる言説(5)が同じ時期に、人間の内面と人格を形成する決定的要因へと変貌したことを論じる過程でフーコー(6)(Foucault, 1978, p.17)が示した、表向きには語ることを禁じながら性をめぐる言説を爆発的に増殖させる西洋特有の文化的メカニズムが、もはや西洋だけの枠内にはとどまらず、いまやグローバルに均一化されたスタンダードとして波及している可能性が高まる。こうしたなか、否応なしに目を向けざるをえなくなるのは、今日われわれに性をめぐる〈らしさ〉すなわちジェンダーを植え付けている主体は何か、そこには支配文化のもつ価値観がどこまで関与しているのか、という問題である。

われわれのおかれた現状

文化に対する違和感

そもそも文化とは何か、ということを考えるうえでやっかいなのは、文化、あるいは性にしても、われわれが明治期以降西洋から取り入れた翻訳語だという事実である。文化も性も今日的な意味では日本には昔から存在しなかった概念で、それが西洋に由来する事実が、好むと好まざるとにかかわらず、われわれにとっての文化、そして文化と性の相互関係を、常に西洋とのスタンスから測定せざるをえなく宿命付けている。

文化の意味をわれわれの先輩知識人たちは、知的で崇高な理念や価値観、またそこから生みだされる芸術や道徳的な生き方といった限定性を帯びた意味をもつドイツ語のクルトゥール(Kultur)に当初見出したといわれる。これに対し英語のカルチャー(culture)は、むしろ人々の生活様式を広く包括的にさす意味をもっており、今日わが国においてはむしろ英語のカルチャーに近い意味で

(5)言説
言語を用いた理論的思考によって生みだされ構築されたものの見方や考え方。

(6)フーコー
(Michel Foucault)

(一九二六—一九八四)

フランスの現代思想家。『監獄の誕生』『知の考古学』『性の歴史』等の著作がある。「言説」が権力化している近代合理主義社会を批判する。

文化が用いられることが多いように思われる。しかしだからといって、われわれが一般に思いたがるほど生活様式に関わることなら何でも文化だ、というわけにはいかない。なぜならドイツ語であろうと英語であろうと西洋において文化はまず他との差異を明確に表明する概念として認識されてきたからである。注意深い読者なら、ここで、そもそも西洋に由来する文化がもつ強烈なまでの主体性(7)、すなわち他との境界を是が非でも区別せずにはおかない性格が、すでにある種の違和感をもって受けとめざるをえないことに気付くはずである。つまり、西洋に由来する文化という概念が本来的に他との差異を明示する、排他的とまではいわずとも唯我的な意志を内包しているとすれば、われわれ日本人が一般に〈文化〉だと思いがちなものは、すでにそうした西洋的主体性を無化ないしは希薄化したなにものかへと変換されている疑いが生じる。

　確かに、文化という概念が内包する唯我的要素の核心にキリスト教的唯一神と、その教えを現実化するものとしての言語世界が見出せるであろうことは容易に予想しうる。そしてこうした唯我的文化を確立し維持していくためには、神の意志を体現する個人の主体性の確立とその意識化（＝言説化）もまた絶対条件となるであろう。たとえば、アイデンティティー（自己同一性）(8)という言葉を取り上げてみても、その意味するところが「自己と他人を差異化しようとする意識」である以上、その確立は、確かに西洋文化内においては不可欠の前提となる。しかしそれは、たとえばギデンズ(9)（Giddens, 1999）が前提とするように、グローバルに共通する現代人の強迫観念(10)だといいきれるだろうか。もしそうだとすれば、他人との差異が発覚することを極力畏《おそ》れ、とかく全員を同列に並ばせようとする意識が働きがちなわが国の文化はどうなるのか。ここにも、アイデンティティーに対する身近に理解しうる日本語が見出せない背後に、文化の根幹にかかわる重大な異質性が作用している可能性があることを留保しておく必要があろう。

透明化により普遍性を主張する西洋文化

(7)主体性
他律的ではなく、認識や道徳の原理が人間の主観や主体の中に存するとする、西欧世界を中世から解放する原動力をなした考え方やその性格。

(8)アイデンティティー（自己同一性）
個人が周りのさまざまな変化や差異に抗して、保ちつづける自己の連続性、統一性、普遍性、独自性のこと。

第15章も参照のこと。

(9)ギデンズ
（Anthony Giddens）

（一九三八－）

イギリスの社会学者。著作に『第三の道』『暴走する世界―グローバリゼーションは何をどう変えるのか』など。

(10)強迫観念
観念や妄想などが意識を占有してしまい、それから逃れられないこと。英語 obsession の訳語。

文化の核心をなす宗教と言語世界の問題へ進む前に、文化のヒエラルキーを生みだす巧妙な仕組みについて触れておかねばならない。なぜなら、このメカニズムこそが、西洋の性と文化をめぐる特異性をみえにくくさせる要因となっているからである。近年判明してきたその文化的特性をバトラー(11)(Butler, 1990, 2)は、ひとたび構築されたとたん「巧みに隠蔽され、自然で当たり前なものと化す」主体として見抜いている。つまり西洋文化には、いわばみずからの姿を不可視にする性格があるというのだ。さらにこうしてみずからを透明化した西洋の権力構造は、つぎに他との差異化を目指す西洋的主体がもつ当然の目標として、バトラーのいう「正当化と排除」の機能(12)を実践することで、自分だけが普遍的な世界であることをしごく当たり前に主張してきたのである。同じ現象をジョーダノヴァ(Jordanova, 1989)は、「自然化(naturalization)」のプロセス(13)として説明している。この現象は「概念、理論、経験、言語等々が〈自然な〉ものという性質を帯びることにより、その慣習的、伝統的、社会的特徴が隠蔽される」文化的性格だとされる。とにかく西洋文化が保有するこうした自らを不可視にする特性が、すでに当然のこととしてわれわれのなかに浸透してしまっている性をめぐる西洋的価値観の、批判的検証を困難にしてきた事実は確認しておく必要があるだろう。

危機に陥った支配文化を探る系譜学

以上のように唯一の規範であることを主張しながら自らを透明化する西洋文化を、これも他の多くと並ぶ〈ひとつの〉文化にしかすぎないと認識するのは並大抵のことではない。なぜなら、たとえば民主化や経済発展、男女を問わぬ教育の推進など、今日ではいかなる社会にとっても基本的で不可欠とされがちな要素にしても、そのルールや枠組みが元来西洋の価値観に基づいたものだとは、もはやわれわれは受けとめず、普遍的で自明の前提として出発する場合が多いからである。

誤解のないよう付け加えるなら、すでに自然化した西洋の価値体系を端から拒否しようというのではない。ただ否応なしに意識せざるをえないこ

(11)バトラー(Judith Butler)(生年不詳)アメリカのポストモダン・フェミニズム思想家。多様なセクシュアリティーを肯定する独自のジェンダー理論を展開。著作に『ジェンダー・トラブル』。

(12)「正当化と排除」の機能　バトラーが、西洋的主体が構築される際の目標となるものとしてあげているもので、自己の文化的特性のみを正当化し、他を自動的に排除していく機能。

(13)自然化(naturalization)のプロセス　文中の説明を参照。

とは、地球上の諸制度はいまだなお西洋文化に大きく依存しているのだが、その絶対的中心を誇ってきた西洋文化のシステム自体が現在あらゆる面からみて根元的な危機に瀕している可能性が高いことである。人類は明らかに自滅へのコースをたどっている、それも自分たちが死に絶えるだけでなく、地上のすべてをも巻き添えにしようとしている、という危機意識は、いまや少数の悲観論者に限った思い込みでは済まされぬものとなりつつある。では、どうすればよいのか。

世界の〈すべて〉であることを宣言してきた文化に深刻な危機が訪れていることが明白になるなかで、われわれがとりうる道は自分の文化に目を向けることではない。なぜならそこは、〈自然化〉した支配文化によってすでに占領されている可能性が高いからである。支配文化の価値観が、われわれの思考回路の奥深くまで複雑に浸透している以上、とりうる戦略は、支配文化の迷宮にゲリラ(14)的に忍び込み、そこからすべてであったはずの文化が抑圧しているものを探り出し、巧みにそれを救出する行為を通し、独自の文化を再発見していく方法以外にはありえない。「どのような形のもとに、どのような水路を辿り、どのような言説に沿って、権力というものが、最も細かくかつ最も個人的な行動の水脈まで忍び込んでくるものか」を探ることを自らの学問的目標として掲げたフーコー（Foucault, 1977, 11）は、まさにそのことに気付いていたはずであり、父権的構造のなかで非存在にまで追い込まれた女性性を浮上させるため、「権力がみずからの正当化をどのようにやってきたかを、系譜学的に、批判的にたどる」戦略を選択したバトラー（Butler, 1990, 5）もまた、同じ意識を抱いていたはずである。

女性性を排除する西洋文化

ユダヤ・キリスト教の母親殺し

西洋における性と文化の問題を考えるうえで、その文化の根幹をなす本質主義的二元論(15)の理解は避けて通れない。ウィークス（Weeks, 1986, 15）は本質主義(16)を「内的な真理や本質と仮定されているものに言及することによって複雑な総体の特

---

(14) ゲリラ（guerilla）
遊撃戦をおこなう小部隊。予期せぬ小規模の軍事活動とその部隊。

(15) 二元論（dualism）
互いに相容れない二つの実体あるいは原理を認め、そこからすべての事象を説明する立場。

(16) 本質主義
文中の説明を参照。

質を説明しようとする方法」であり、それは世界の複雑性を単純性に還元する意味において還元主義的であり決定論的であると規定している。多様性のなかにあっても物事の真理、正しいことは一つしかありえないとするのが本質主義であり、それは西洋文化を深い部分で特徴づけている性格である。この本質主義が性をめぐる行動に適用されると、何が正しく何が正しくないかの判断を常に人に迫ることとなり、それは必然的に正常とされる形態を頂点に膨大な異常行為のヒエラルキーを構築することになる。

一つの真理しか認めない本質主義のルーツが、唯一神をもつキリスト教の性格に根ざすものであろうことは容易に予想がつくが、この西洋文化を基調づける宗教が、「セックスの中に道徳的な苦悶や闘争の領域を見出し精神と肉体の永続的な霊肉二元論を打ち立て、その必然的結果として、肉体を否認しながら、同時に肉体に脅迫的にとらわれる文化的装置を創造した」(Weeks, 1986, 25-26) こと、すなわち、性を徹底して蔑み敵視しながら、それに常に怯える構造を西洋文化の根幹に組み込んだことは注目に値する。そしてこうした〈おぞましさ〉と〈恐ろしさ〉のレッテルを貼られた性の保有者を女=母性と決めつけ、男性的文化を構築するために必要な〈他者〉の領域に押し込めてしまったところにこそ、ユダヤ・キリスト教の特異性が見出せることをクリステヴァ (Kristeva, 1986, 139-147) はつぎのように論じている。

ユダヤ教[17]は、その発達史そのものが、それ以前に存在した出産に価値を見出す母権的[18]な宗教に対する父権的一神教の完璧な勝利の過程であったのだが、こうして成立した文化において、女性は言語を奪われた他者へと還元されていった。さらにキリスト教は、ユダヤ教の一神教的伝統を受け継ぎながらも、聖母マリアに代表される性の快楽に未知な〈処女性〉と、快楽を知った女=母が本性として有する肉欲=邪悪を償うための〈受難〉とを、この世との関係を保ちうる唯一の存在意義として女性に強要したところにその特徴が見出せる。処女性と受難を両極に形成されたキリスト教文化における母性は、以降産む性としての評価をまったく受けなくなったばかりか、新たに女性に

(17) ユダヤ教
モーセの律法を基礎としたユダヤ人の宗教。

(18) 母権的
女性が社会や家庭において権威をもち、重要な地位や政治権力を握っていた社会体制、すなわち母権制の性格を帯びた、という意味。

特有な快楽の充満した存在という負の価値を与えられ、その快楽は、秩序を維持するうえで是が非でも抑えつけねばならぬ邪悪と位置付けられたのである。

このように、生殖出産の機能を母親の意志から切り離し、父親＝神の定める掟に厳しく従属させられるべきと位置付けた西洋文化が、母親殺し(19)を宿命とすること、すなわちドゥルーズ(20)(Deleuze, 1989, 59-60) がいみじくも見抜いたように、母親は「その本性と機能に忠実であればあるほど殺される」というサディスティックな文化構造をもつなかで、そこに生きる女性がとりうる道となると、必然的につぎの二つに限られてくる。一つは、快楽＝邪悪の烙印を押され父権的社会から排除された母とみずからを同一視し、従来通り周縁化された他者として生きる道に甘んじること。もう一つは、母となるおぞましき肉欲、つまり女性的快楽を断固として拒絶すること、すなわちギリシア神話のエレクトラ(21)、またはサド(22)のジュリエットのごとくサディスティックな父親と自己を同一視することで社会秩序への参入を企てることである。後者の道、すなわち男性の構築した道徳的価値観や法体系を学びとり、文字通り男のように考え行動することで社会的成功を獲得する道は、七〇年代以降活発化したフェミニズム運動、そしてその影響を受けた女性たちが目指した社会進出や機会均等へ向けた動きのプロトタイプをなしている。当初求められた〈社会進出〉が、実は、女性が〈男性化〉することで父権的社会へ吸収される現象にすぎず、それが既成の文化システムの強化に貢献してきたことは今日では明白である。だが世界に目を向けると、状況はより深刻であることがわかる。なぜなら男が構築したスタジアムにできるだけ数多く参入し、そこで男のつくったルールに従い男と同等に競合できることを女性の平等化と捉える西洋的価値観は、いまやこれまた自然化され、個々のローカルな文化の到達目標として何の疑いもなく認知されている場合がきわめて多いからである。

ロゴスが排除する女性性と異文化

「女は、言語——男が占有するものとしての言語

(19)母親殺し　西洋文化が男性に権威と権力を集中させるうえで取った、女性からその生殖出産という能力までをも奪い取る行為を象徴的に表した言葉。

(20)ドゥルーズ (Gilles Deleuze)(一九二五—一九九五)　フランスの哲学者。人間の意志、欲望に着目して現代社会批判を展開。著作は『アンテ・エディプス』『ミル・プラトー』など。

(21)エレクトラ　ギリシャ神話の登場人物で、父親への愛のため、母親殺しをおこなった。これより、父への愛着と母への反感を「エレクトラ・コンプレックス」と精神分析で呼ぶ。

(22)サド (Marquis de Sade)(一七四〇—一八一四)　フランスの貴族で「サディズム」(加虐趣味)の語源

「アメリカ」(1760年)
マイセン磁器製作所，ハートフォード・ワース作

——が支配者として君臨しているがゆえに、存在しない」というイリガライ(23)(Irigaray, 1985, 89)の洞察は、宗教的な面のみならず、言語世界においても西洋では、主体としての女性性(24)が排除されてきたことを物語っている。西洋文化は、男が見出した自然を支配する最大の武器である精神によって女性を統括管理可能なものとするため、女性の何たるやをロゴスによってことごとく命名しなおす必要があった。言い換えればその行為は、唯一神の語る〈ことば〉たる精神が把握しうる論理や因果関係のなかに、自然と女性を組み込む作業に他ならなかったのだが、それはまた同時に、男性に都合のよい〈女とは何か〉の言説によって世界を塗り固めてしまうことでもあった。その結果、女性は、いわば実体とは別の場で、男の創造する極端な崇高さと邪悪という、まさにその極端さゆえに予測可能で無害化された二種類の他者性へと組み換えられ、またその言説が今度は女たちの生き方を強制するジェンダーを生産する、という西洋独特のパターンが生みだされたのである。

だが果たしてこれは、女性、すなわち人間の性差に限られた問題なのだろうか。世の中が、すべて男性の生みだした言説によって埋め尽くされている以上、女性が自分の言葉で独自の女性性を語ることが不可能に近いことは、「女は、(自分に対する)欲望を表明したとたん、(自分について、自分に対して)語りはじめたとたんに、男になる」になっている。

(23) イリガライ(Luce Irigaray)(一九三二または一九三九―)ベルギー生まれの精神分析家。フランス・フェミニズムの論客の一人。女性固有のセクシュアリティを探求。著作に『ひとつでない女の性』『差異の文化のために』など。

(24) 女性性　女性が本来もっている性格のことだが、今日西洋においては快楽の充満した存在、男の種を宿す子宮といった負の価値以外のものが見えてこないのが現状。

というイリガライ（Irigaray, 1981, 108）の指摘や、「あなたたち女は、ものを書き始めた瞬間から、否が応でも男にならざるをえないのかもしれない。おそらく書くことは、最初から男性的な行為なのだから」というリオタール[25]（Lyotard, 1977, 52）の洞察によってもうかがえるものだが、ここで思い出さねばならないことは、そもそも精神＝ロゴス[26]が制圧の対象としたのは、自然すなわち西洋人を取り巻く外部の世界すべてであり、自然に近い女性はそのなかで、文化内に取り込まれた他者性を付与されたのであったことである。この事実は、キリスト教的一神教に由来する本質主義が、秩序にとって最も脅威となる性的快楽を女性の肉体に押し付け、それを他者性のなかに封じ込めたのと同じメカニズムで、西洋以外のあらゆる文化もまた、女性的＝性的であるがゆえに西洋男性の構築した文化より劣っていて邪悪であるがゆえに危険だという範疇にはめ込み、排除の対象としてきた可能性が高いことを意味しており、それはまた「一神教は、農耕文明の大半とそのイデオロギーからなる異教文化を、女性と母を抑圧するのと同じやり方で抑圧する」というクリステヴァ（Kristeva, 1986, 141）の指摘によっても裏付けられている。したがってリオタールが、「ほんとうに文明化された女は、死人か男かのどちらかでしかありえない」（Lyotard, 1977, 55）というとき、それはもはや女性だけの問題ではなくなる。なぜなら西洋文化は現在までのところ、あらゆる異文化に対しても、〈男になる＝西洋父権制のルールに従う〉か〈死ぬ〉かの選択肢しか許してきていないのだから。

本質主義に支配される時代の終焉

本来あるべき女性を他者として周縁化したうえで成立した西洋文化が、いまやグローバルな規模で成し遂げようとしている、男性を規範として構築された文化システムへの女性と異文化の吸収というメカニズムを、一神教的本質主義と、それを象徴秩序[27]という形で実現する言語世界の両方面から照射することが、本章のねらいであった。その際、西洋文化のもつ他との差異を際立たせる性

(25) リオタール（Jean-Francois Lyotard）（一九二四－）
フランスの現代思想家。「ポストモダン」に関する著作が多く、ポスト構造主義の代表的哲学者である。著作に『ポストモダンの条件』『漂流の思想』など。

(26) 精神＝ロゴス
「ロゴス」とは、ことばを語り事物の存在の「何であるか」を把握する人間の「分別」「理性」を意味する。西欧世界では男性に占有されてきた性格。西洋の男が自然を克服支配するうえでの唯一の武器として認識しれた精神（Geist）は、ロゴスによって実現されるため精神＝ロゴスの同一視となる。

格や、自らを透明化し自然化していく特性、また〈すべて〉であることを主張する西洋文化の支配構造から、独自な文化を救出するには、支配文化そのものの迷路に分け入るしかないといった戦略的方法論を、基本的な前提事項として取り上げた。

ただ考えてみると、そもそも〈透明〉であるはずの西洋文化の仕組みが、これほど明解に捉えられるのはそれ自体が矛盾であるようにも思える。だがまさにその事実、つまり本来見えなかったはずのものが見えるようになりつつあることが、われわれの生きる時代を象徴していることを最後に指摘しておきたい。あれほどまでに唯一絶対であることを誇ってきた西洋文化の諸制度が、いまや出口の見えない構造危機に陥っていることは、多くが認めるところである。西洋文化は、もはやまわりに多くのローカルな〈他者〉(28)を従えた中心文化ではない。西洋文化もまた、他の文化と同じ、つまり他者のレベルへといまや引き下げられつつあることが、透明であったはずのその特性を可視化しつつあるのだと考えられる。「フーコーが権力についてあれほど巧みに語りえたのも、権力がすでに死んでしまったからだ」とボードリヤール(Baudrillard, 1977)に言わしめた理由もそこにあるのだろう。

確かにわれわれは、規範となる文化を失った時代に突入しつつあるようである。そこには唯一の真理のみを強要する本質主義による文化的独裁は終わりを告げるかもしれない。だが、すべての他者を〈男性化＝均一化〉することで父権的アリーナに取り込むという、西洋文化がその最終段階でみせた現象が、いまだその効力を失っていないばかりか、多くのローカルな場で近代化や平等化の名のもとに無条件に支持されつづけている以上、中心となる権威が失われ、もはや〈他者〉だけしか存在しない未来が、男性的に均一化された価値をひたすら再生しつづける、文化的多様性とはまるで正反対の無味乾燥な世界と化してしまう不安もまたつきない。

(27) 象徴秩序
すべてに言語により名前をつけ、意味をもたせることで構築された世界。一般に世の中として認識される実体だが、言語の占有者が男であることが重要。

(28) 他者
西洋の男が精神を武器に構築する家庭から政治的国家体制にいたるまでのあらゆる秩序によって異質で危険をもたらしうるとみなされるもの。

練習問題

本章で取り上げた西洋文化のもつ性をめぐる価値観が、日本の文化にどれほど浸透していると思われるか、具体例をあげながら検討しなさい。

引用・参考文献

Baudrillard, J.（1977）*Oublier Foucault*. Paris: ÉditionsGalilée.（塚原史訳（一九八四）『誘惑論序説』国文社、一一頁）。

Butler, J.（1990）*Gender Trouble - Feminism and the Subversion of Identity*. New York/London: Routledge.

Deleuze, G.（1989）*Masochism: Coldness and Cruelty*. New York.

Foucault, M.（1972）*The History of Sexuality*. Volume I : An Introduction. New York: Urzone.

Giddens, A.（2000）*Runaway World*. New York: Routledge.（佐和隆光訳（二〇〇一）『暴走する世界―グローバリゼーションは何をどう変えるのか』ダイヤモンド社、九八―九九頁）。

Irigaray, L.（1985）Cosi Fan Tutti. In: *This Sex Which Is Not One*. New York: Cornell University. Press.

Irigaray, L.（1981）When the Goods Get Together. In: *New French Feminism - An Anthology*. New York: Schocken Books.

Jordanova, L.（1989）*Sexual Visions: Images of Gender in Science and Medicine between the Eighteenth and Twentieth Centuries*. Wisconsin: The University of Wisconsin Press.（宇沢美子訳（二〇〇一『セクシュアル・ヴィジョン―近代医科学におけるジェンダー図像学』白水社、一七頁）。

Kristeva, J.（1986）About Chinese Woman. In: *The Kristeva Reader*. New York: Columbia University Press.

Lyotard, J.-F.（1977）Ein Einsatz in den Kämpfen der Frauen. In: *Das Patchwork der Minderheiten*. Berlin: Merve Verlag GmbH.

Weeks, J.（1986）*Sexuality*. New York: Routledge.

推薦図書

ジュディス・バトラー　竹村和子訳（一九九九）『ジェンダー・トラブル：フェミニズムとアイデンティティの攪乱』青土社。

ジル・ドゥルーズ　蓮見重彦訳（一九七三）『マゾッホとサド』晶文社。

ミシェル・フーコー　渡辺守章訳（一九八六）『性の歴史1　知への意志』新潮社。

アンソニー・ギデンズ　佐和隆光訳（二〇〇一）『暴走する世界―グローバリゼーションは何をどう変えるのか』ダイヤモンド社。

リュース・イリガライ　棚沢直子他訳（一九八七）『ひとつではない女の性』勁草書房。

ジェフリー・ウィークス　上野千鶴子監訳（一九九六）『セクシュアリティ』河出書房新社。

15

情報化とアイデンティティー

個人化の潜在力

井上治子
（名古屋文理大学 情報文化学部）

グローバル化・情報化・アイデンティティー

情報化は、われわれの心にどのような影響を与えるのか。われわれの心は情報化によって自由になるのか、それとも逆にかえって不自由になるのか。

社会学の知見のなかには、情報化あるいはグローバル化[1]を「支配」や「権力」を強化するものとして批判する視点と、情報化社会[2]のなかでこそ新しい自由な行為主体[3]が生まれる可能性があるという指摘と、一見相反する二つの見方がある。そこで本章では、情報化がわれわれの心に与える影響について、情報化がわれわれのアイデンティティー形成に与える影響という観点から考えてみたい。

なお、議論の前提となる情報化やグローバル化の定義や両者の相互関係について、本章でそれ自体を考察することはできないが、とりあえず、こ

(1)グローバル化
序章説明参照。

(2)情報化社会
大量の情報を加工、処理、操作する機構が巨大化し、人の意思決定や行動に大きな影響を与えるに至った社会。

(3)行為主体
主体性をもって行動する個人。

こでは、衛星放送やインターネットなどの情報技術の進歩を利用して、あるいは、航空機利用の普及によって、個人が娯楽や学習などの興味から、また職業上・営利上の必要性から、居住地間の空間的な隔たりや国境を越えて情報のやり取りをするようになった、この現実を念頭において、議論の出発点とする。

グローバリゼーション下のアイデンティティー

アイデンティティーとは何か

まず、アイデンティティーとは何かについて、考えてみよう。「アイデンティティー(4)」というカタカナ英語は、日常的によく使われる言葉だが、考えてみるとこの言葉には、二つの側面があるように思われる。言うまでもなく、アイデンティティーとは、自分を何者として定義するか、ということなのだが、そこには「何がしかの指標によって、他者に対して自分を提示する」という意味合いと、「自分は何をし、何を目指す人間か、自分で自分を確認する」という意味合いとの二つである。言い方を変えれば、一つめは自己の外部に対して自己を表示するアイデンティティーのあり方であり、二つめは、自己の内部で自己を方向付けるアイデンティティーのあり方である。私たちが日常的に「私のアイデンティティー」という場合、この両面が混在している。そして、しばしば、「私は何々なのだから、これこれをしよう」「私は何々なのだから、こうしなければならない」という具合に、両者は結び付けられてきた。

しかし、今日の社会において、こうした結び付けられ方に、あまり合理性が感じられなくなってきていることも多い。たとえば、私は「長女」なので、両親の期待に応え真面目な生き方をしようとか、私は「日本人」なので、控えめで静かな生活を送ろう、という自分の方向付けについて、「それはそうとは限らないでしょう」と感じる人は多いと思う。あるいは、どこの出身だから、これこれの生き方をする、という決め付け方に疑問を感じる人もいるかもしれない。近年最も明確に指摘されている例としては、ジェンダーがあげられる。

(4) アイデンティティー Identity。訳語として「自己同定」があるが、日常的な使用頻度を勘案して、ここでは「アイデンティティー」を使用する。
また、以下で動詞として使用するが、これは、「アイデンティファイ」を「アイデンティティー」の使用に統一し、なおかつ、「アイデンティティー」が既にできあがったものの内容を示すのと区別して、アイデンティティーを形成しようとする動作を示すことを表す。蛇足ではあるが、筆者は、慣用化したカタカナ言葉は、日本語であり、もとの語の文法(この場合は英語)から外れていることを気にする必要はないという考え方である。

女だから、あるいは、男だから、これこれの生き方をする、という規範には合理性がない、という指摘がその最も本質的な論点である。

では、客観的な指標によって自分を提示するアイデンティファイと、自分は何をし何を目指す人間かによって自分を確認するアイデンティファイとは、どう違い、どう関係しているのか。また、自己のアイデンティファイという作業は、グローバル化という状況のもとで、どのような影響を受けているのだろうか。

自己提示的アイデンティファイとグローバル化

まず、前者の客観的な指標によって、自己を提示するアイデンティファイの場合について考えてみよう。他者に対して自分を提示する場合、具体的な方法として通常よく選択されるのは、何らかの属性である。性別、年齢、職業、その他の所属集団によって、自分が何者であるかを、他者に対して提示するわけである。たとえば、太平洋戦争後しばらくの間までの日本社会では、所属集団のうち、最も内側には家族があり、その外側に地域社会や親戚など血縁関係、その外側に日本という国、のように、自分の所属集団は同心円からなるとイメージされることが多かったようである。社会学の教科書でそのような記述や図示が今でもみられる場合がある。このように信じられている社会では、自らが所属する集団が、同時に自らが心理的に帰属する集団[5]でもあり、さらに、それらが同質的な規範によって貫かれていると仮定されているので、不自由ではあるが、安定したアイデンティティーを保つことができる。

その後、日本社会では都市化の進行によって、家族や地域という枠組みが緩み、個人の心理的な帰属先が、それ以外のたとえば友人集団、勤務先の同僚、趣味のサークルなどに変わってきた。この変化は、一つには、人々の所属集団が、もはや同心円上にはなく、複雑な幾何学模様のように、互いに重なり合うようになっている、ということであるが、それ以上に重要なのは、帰属先が、選択の余地の無いものから、選択するものへと、変化した点である。

(5) 心理的に帰属する集団
家族や組織や出身地のように自分のアイデンティティーの一部を形成する集団。「大学」「県人会」「会社」など。

グローバル化・情報化は、都市化に加えて起きた、さらに、根本的な変化である。これがもたらした変化は、二つの側面に渡っている。一つには、選ばれる帰属先の集団が、国の枠組みも越えて、重層的となった点である。たとえば、情報産業の中に身を置き、休暇が取れると世界中のユースホステルに泊まりながら旅行するというライフスタイルの青年にとって、出身地や勤務先を帰属先として選択することもできるし、そうではなくて、旅行中に出会う可能性のある同じような旅行者、多くは先進国の出身で、学生や自由業的な職業に就いており時間やお金が自由になる人々の集合を、自分が心理的に属している集団として選択することもできる。この場合、帰属先の選択は国という枠組みを超えている。

二つめは、実際に所属している集団と、心理的に帰属する集団との、ますますの乖離である。時折、ドレッドヘア(6)で、唇にピアス(7)をして歩いている学生や、さらに、ナチスの軍服のレプリカ(8)を着て歩いている学生がいて驚かされるが、彼らと話してみると、彼らが、実際に気分的には、スラム街に住む黒人やナチスに親近感をもっていることがわかる。大学という仕組みが代表する社会規範に抵抗したい気持ちや、非常に単純化された美意識の実現を排他的に希う気持ちなどがそれである。私が話をした例では、彼らが実際にそうした集団に所属しているわけではない。けれども、これは次節と関係することだが、そうしたファッションが輸入され、一緒にそれにまつわる雰囲気も導入されるので、「君、ナチスが何をしたか、どういう思想をもっていたか、知ってるの?」と聞くと、胸を張って「知っています」と答えたりする(実際には、誠に不充分な知識しかなかったので、それを指摘することにしたが)。彼にとっては、ナチスがどう文句を言われようと、どうしても変えたくない重要な帰属集団となっているようなのである。

こうして、自分が知っている限りのあらゆる国や地域の集団の中から選択した帰属先によって、自己をアイデンティファイすることが、現代では日常化している。グローバル化・情報化によって、帰属先の選択をするにあたって、自分の居住地は

(6)ドレッドヘア
強いパーマで髪をチリチリにし、三つ編みを何本も作って、細い縄状に仕上げる髪型。

(7)ピアス
耳たぶに穴をあけて付ける耳飾り。

(8)レプリカ
写し、複製、そっくりのもの。

あまり問題にならない。これが、帰属団体によって自分をアイデンティファイする場合における、グローバル化の様相である。

本来、所属集団と心理的帰属先、価値観・規範とは、相互に結びついているはずであった。これまで社会学理論では、人間は社会的な生き物であり、ある社会に所属することによって、その社会の規範を内面化(9)し、その社会で生きていくことのできる人間となる、とされてきた(Berger and Luckmann, 1966)。本章の最初のところで述べた、アイデンティティーの二つの側面ということに戻して言うなら、自分なりの価値観・規範を完成させることが、とりもなおさず自分の生き方によって自己をアイデンティファイするということだから、所属集団によるアイデンティファイと生き方によるアイデンティファイとは、本来同じことを意味していたはずである。

しかし、現代では、この両面が分離している。なぜだろうか。上で述べたことからわかるように、グローバル化の進展によって、所属集団と心理的な帰属集団(価値観や規範の獲得先)とが分離しやすくなった、ということがその一つの理由である。とはいえ、ここではまだ帰属集団と価値観・規範との結びつきは保たれている。この場合は、価値観や規範は選択されるもの、という性格を強く帯びる。

けれども、グローバル化の進展の影響はこれにはとどまらず、さらにアイデンティティー形成過程を複雑にする。それは、次にみるように、帰属集団の選択を意識させることなく浸透してくる情報の影響力からくる帰結である。

自己確認的アイデンティファイとグローバル化

最近若い学生と話していて気付くのは、ラッパーやナチスなど特定の集団に自分を同化させようとする学生は少数派であり、大多数は、所属集団、帰属集団に当たるものをほとんど意識していない、ということである。そこで、ここでは、もう一つのアイデンティファイの方法、自分の目指す方向や価値観によって自分を確認するアイデンティファイの側面について考えてみることにしよう。

(9)内面化(Internalization)
さまざまな価値、思考、感情などを心の中に取り込み、それが個人のパーソナリティーの一部となっていること。

先述の通り、自分が何を目指すか、何に価値を見出すか、などのような価値観の形成は、従来、人間が成長し社会化される過程で、重要な他者からの影響によって形作られると考えられてきた。殊に、人間が人間としての生き方を習得する幼年期の第一次社会化(10)の段階で、親など養育者から伝えられる情報はその人物の基盤に関わると考えられてきた。また、この時期に、あまりに異なる複数の価値観に接することは、成長後の人格を不安定にするとされた（Berger and Luckmann, 1966）。

今日の日本社会では、多くの親が気付いているように、たいていの子どもは、誕生後のごく早い時期から、家庭のテレビから流れる情報にさらされて育つ。親がことさら見せようと思わなくても、親が見ている番組を、赤ん坊は視聴するともなしに視聴しているのである。そのため、たとえば、ニュース番組を始終つけている家庭で育った子どもは、二、三歳のうちから、敬語を使って周囲の人を驚かせたり、事故や戦争などのニュースを神妙な顔で話題にするなどの行動を見せる。ここには、「外国の戦争のニュースは、重大な問題である」また、「これらはまじめな問題として扱わなくてはいけない」という規範、価値観が既に含まれている。

こうして、「重要な他者(11)」あるいは、所属集団、帰属集団を経由せずに(12)、情報が直接、われわれの周囲に流れ込み、それが、われわれの価値観に影響を与えることになる。

テレビと同様に各家庭に普及し、幼児にとって環境の一部となっているものに、ビデオがある。子どもにもよるが、多くの場合、お気に入りのビデオを繰り返し視聴するようだから、その影響も大きいはずである。

言うまでもなく今日、テレビ番組もビデオも、国内で製作されたものであるにしても海外で製作されたものの両方を含み、そのどちらであるにしても非常にばらばらの価値観、規範や視点に立って内容が作られている。そこで、先に述べた所属集団、帰属集団をまったく意識しないうちに、既に、ごちゃ混ぜの価値観群に接することになるのである。したがって、現代社会では一貫性のある

(10) 第一次社会化
(primany socialization)
人生初期の基礎的なパーソナリティーが形成される段階。

(11) 重要な他者
(significant others)
個人に最も重要な影響を及ぼす人々や存在、そしてその概念化。

(12) 「テレビが重要な他者になった」、との表現をする研究者もいるが、他者とはあくまで相互作用が可能な存在であると考えるので、ここでは、テレビが重要な他者であるという見解はとらない。

価値観をもって育つことは、難しいことになる。とはいえ、テレビなどから流れる情報のうち、圧倒的に多いのが商業情報（宣伝）であり、その多くは、消費者に、より快適でより安逸な、あるいはより刺激的で快楽的な生活へと誘惑する形で商品を売りこむから、そこには、あらかじめ価値観上のかなりの偏りがあるのも事実である。人間、いかにあるべきか、というような規範に関して言えば、互いにあい矛盾して否定し合う情報が流れ、しかし、その底辺には、商業主義(13)的な価値観が流れている。こうして、グローバル化の影響は、心理的な帰属先の選択よりずっと前に、ほとんど意識されないうちに、刷り込まれることになる。

グローバル化は私たちを自由にしたか？

第二節でみたようなアイデンティティー形成に対するグローバル化の影響から考えて、グローバル化は私たちを自由にしたといえるのか、それとも不自由にしたということになるのだろうか。

都市化が進む前の社会では、同心円上に思い描かれる所属集団とそこで教えられる価値観に縛られていたのであるから、所属集団を選択できたり、さらに所属集団から離れて帰属集団を選択できたりすることは、自由度が上がった、と言えるはずである。たとえば、女はたとえ暴力を振るわれても夫に従わなければならない、というような価値規範が色濃く残る地方の出身であっても、テレビから、他の生き方のあることを簡単に知ることができ、また、同じような新しい価値観をもつ人々と、インターネットを介して簡単に知り合うことができる。それを支えに、実際にそうした家父長制(14)的な価値観の外で生きようとすることも可能となる。ここに、グローバル化が重なり、さらに選択の度合いが広がった。したがって、グローバル化によってさらに自由度が上がった、ととりあえずは言えることになる。

しかし、その外側に待ちうけているのは、真空の中の自由ではない。実は、その選択を保証する空間は、商業主義、その勝者としてのアメリカ主義に満たされているというのが、多くの社会学者

(13)商業主義
営利を第一の目的とする立場。コマーシャリズム。営利主義。

(14)家父長制
家長が、家長権に基づいて家族員を支配し、服従させる家族形態。

が指摘する点である（最も端的に表現されているものとして「ピエール・ブルデュー(15)来日記念公演二〇〇〇　新しい社会運動――ネオ・リベラリズム(16)と新しい支配形態」）。

別の角度からみれば、このことは、選択性が高まり、規範の拘束力が低下した結果、責任や義務を嫌い、社会問題やさらには家族に対しても回避行動を取る「私化」現象(17)が進行した、というよくある指摘と重なる。そこに残るのは、利己的で仮想の万能感に満たされた利己的な個人である。規範を押し付けてくる所属集団から脱出したとき、そこで出会うのが商業主義であってみれば、消費者として、つまり大事に扱われるべき、また欲求を満たされるべき「お客様」として自分をアイデンティファイしてしまうのは、ある意味で仕方のないことである。そこで、たとえば学校に行くといって家を出た青年は、実際には学校は「面白い授業をやってくれないから、それよりは、スタバ（スターバックス、アメリカ資本のコーヒーショップ）でコーヒー飲んでヒマつぶす」方を選ぶ権利が自分にはあると考える。あるいは、ファッションを楽しみ旅行を楽しむためには、子どもは邪魔である、と公言する大人が増える。

この問題を、もう少し詳細にみてみよう。実は、都市化の進行や、近代化の進行、特に、情報化の進展が最初に気付かれたとき、それを、新しい社会の到来として歓迎する論調があった。マクルーハン(18)の「グローバル・ヴィレッジ(19)」(McLuhan, 1964)や、イングルハートの「脱物質主義文明の到来」(Inglehart, 1977) という見方である。前者は、電子技術の進歩により、地球規模で人々の相互関係を築くことが可能になる、というものであり、後者は、情報化社会とは、工業生産を中心とした社会から、情報産業、なかでも情報そのものの生産に重心を移す社会であり、物質的な充足のみを追求してきたこれまでとは異なる価値観、たとえば、環境問題への配慮が生まれ、普及してくるという見通しを含んでいる。実際、環境問題や差別、反戦・平和などをテーマとした社会運動が、先進諸国においてここ数十年の間、活動を展開してきたし、それらの運動は、インターネットの普及を利用した、地域や国の枠組みを越えた人間関係によ

---

(15)ピエール・ブルデュー (Pierre Bourdieu)（一九三〇―二〇〇二）
フランスの社会学者。社会科学高等研究学院教授。著作に『資本主義のハビトゥス』『遺産相続者たち』など。序章も参照。

(16)ネオ・リベラリズム (Neo-liberalism)
新自由主義。教育や職業訓練、先端技術の開発に重点を置いて国際競争力の回復を意図する。

(17)「私化」現象
文中の説明を参照。

(18)マクルーハン (Herbert Marshall McLuhan)（一九一一―一九八〇）
カナダのコミュニケーション学者。「メディアはメッセージである」といって、メディアが人間と社会を変えるという独特のメディア論を展開した。序章も参照。

って支えられているのだから、彼らの主張は、ある程度当を得ていたと言える。

しかし他方で、今日、グローバル化を批判する立場の論者が指摘するのは、実際には、地球規模の市場ができつつあることによって、経済的、物質的に搾取する者と搾取される者との格差が国の枠組みを越えて地球規模に拡大されているということであり、しかもそれが、まさに「脱物質化」したところで起こる問題、すなわち、文化的・象徴的な「支配」[20]を伴っているという点なのである。つまり、地球規模の（ピラミッド型からダイヤ型に変型した）社会階層ができあがり（庄司、一九九九）、最底辺は低賃金で労働力を搾取され、中間の階層は下層を搾取しつつ上層に消費者として商品を買わされ、ごく一部のアメリカに集中している上層部分に属す個人だけが富を蓄積するか、あるいは、自由を謳歌する。そして、この仕組みは、「自由な個人間の競争」「個人の自由な価値観」「個人の自由な選択」の名の下に正当化される、というわけである。ラッシュ（Lasch, 1995）は、現代では、このピラミッドの頂上ならぬダイヤに座っているのは、旧来型の支配者たる資本家だけでなく、いわゆる知識人的なエリートであると指摘している。彼らは豊富な知的資源を使い、自分たちに有利な価値基準にしたがって決定を下すことができ、しかもそれを当然のことと考えている。

そうであってみれば、情報化、グローバル化によって、所属集団の規範から自由になったとしても、私たちの心は、別のものに支配されているのであり、自由と言えないことは、明らかである。

グローバル化への対抗

ナショナリズムという方法の問題点

私たちが今、第三節で述べたような世界規模の商業主義、さらにはグローバル化したエリート主義[21]に支配されているのだとしたら、それにどう対抗すればいいのだろうか。

その一つの反応が、ナショナリズム[22]である。第二節での理解に沿って解釈すれば、ナショナリズム（国粋主義）とは、自らが属す国家を自分の心理的帰属先として選択し、その規範を内面化し

(19) グローバル・ヴィレッジ　「地球村」。文中説明および序章注(2)を参照。

(20) 文化的・象徴的な「支配」　特定の価値観、思考に威信や付加価値が付いて、社会的優位を生産、再生産すること。

(21) エリート主義　「エリート」とは「社会的に優越している少数者」で、「エリート主義」とはエリートの優位を肯定、推進する考え方。

(22) ナショナリズム　第1章注(39)参照。

ようとする生き方であり、しばしば、他国に対して、自国の文化や民族の優位性を主張する方法である。グローバリゼーションが国境のない搾取や支配の体制であるとすれば、国境をその障壁としようとするのは、一つの方法ではある。ナショナリズムが自国の優位性を主張して排他的、攻撃的になるのでなければ、一見、ことさら問題になる点はないように思われる。

だが、自国の優位性を主張したり、排他的、攻撃的になったりしないナショナリズムを考えることはそう容易ではない。アメリカ以外の国がアメリカの基準に従えば何らかの意味で後進国とされるのが、アメリカを勝者とするグローバル化の文化的支配の本質である。それに対抗するために「日本」を心理的帰属集団として選択するのであれば、当然、日本をアメリカよりは優位に置く価値基準が無ければ意味がない。これは、個人の心理としてみれば、日本を帰属集団として選ぶ自らの選択を正当化するためにも欠かせないことである。しかし、この正当性を主張し続けるためには、常に身の回りに忍び寄るグローバル化、アメリカ化に対して、日本をもち出して闘わなくてはならない。こうした姿勢が、ややもすると、排他性、攻撃性へと転化するのである。そしてこれは、アメリカ以外の国や国民に対する優越感、差別にもつながっていきやすい。

この他にも、ナショナリズムには問題点がある。ナショナリズムが寄って立つ「国」とは、旧来の所属集団のうち最上位にあった集団である。これをもち出す場合、都市化以前の日本にあった価値基準や規範の問題点をどうするか。たとえば、所属集団による縛りがゆるくなったために、家父長制や差別から自由になりつつある女性にとって、「日本古来の美風」を説くナショナリズムは、脅威となる。彼女にとっては、男尊女卑(23)的な傾向をもつ日本人男性やそれを支持する日本人女性の集団よりは、一九九四年に北京の世界女性会議(24)で出会った最先端の意識をもつとされるオランダ人グループのほうが、まだ心理的帰属先として選択しようとする意欲の起こる相手であるかもしれない。ここでは論じることができないが、似た問題は、国でなくて「民族」や「地域」をもち出す場

---

(23) 男尊女卑　男を重視し、女を軽んじる考え方や風習。

(24) 世界女性会議　第13章注(11)参照。

合にも起こりうる。

このように考えると、旧来の所属集団をグローバル化に抵抗するアイデンティティーの拠点とすることには無理がありそうである。

個人化の潜在力

所属集団を拠点とせずにグローバル化に抵抗するアイデンティティーを形成することは可能なのだろうか。実はその可能性は、グローバル化、情報化自体の中に見出すことができる。メルッチ(25)(Melucci, 1989) は情報化社会の中で、社会的にも個人のレベルでも、価値や規範そのものを吟味する態度 (reflexivity：反省性(26)) が広まる、としている。旧来の所属集団から抜け出した個人は、多量の商業情報をはじめとする情報にさらされるが、それらは相互に矛盾を含んでいる。したがって、どれか一つを最初から何の疑いもなく信じることはもはや難しい。しかし、それは、別の面から見れば自由度が上がったということなのである。つまり、別の視点も与えられているのだから、自分たちを支配しようとする見えにくい意図をも、見抜くことが可能だということである。

そもそも、商業主義やアメリカ主義の問題点は、他者をどこまでも搾取しようとする態度や支配しようとする態度にこそある。そうした態度は、考えてみれば、アメリカでのみ見られるわけではない。一見開かれたグローバルな世界でアメリカ主義的支配があるのと同様に、閉じられた小さな社会にも、やはり支配、被支配の問題はある。その「支配」に対抗しようと、異なる準拠集団をもち出してきて別の支配を仕組むのでは永遠に続く支配しあい、されあいのゲームに翻弄され、自由は遠のくばかりである。そこから離れようとするなら、個人が自分の直面する場面場面で支配を見抜き、支配しようとする態度自体を否定するしかない。ここでいう「個人」は、自由競争の単位としての「個人」ではない。そうではなくて、先に述べた、反省性（あるいは自省性）を備えて、自らが判断を迫られたときに、その準拠する価値規範自体を自分で決定しようとする主体が、ここでいう「個人」である。

「私化」(privatization) とは普通、利己的で社

(25) メルッチ (Alberto Melucci)（一九四三－ ）社会学者。先進諸国において一九六〇年代以降出現した社会運動を、旧来の階級闘争と区別し「新しい社会運動」といて分析する社会学者の一人。現在ミラノ大学教授。最近著に参考文献にあげたものの他、The Playing Self-Person and Meaning in the Planetary Society; Challenging Codes; Collective Action in the Information Age がある。

(26) 反省性　文中の説明を参照。

会の問題や家族に対する関心がなく、責任を果たす気持ちもない態度を、否定的な意味を込めて呼ぶ場合に使われる言葉であるが、メルッチはこれとは対照的な意味を込めて、所属集団やその規範から解き放たれつつある現代人の状況を「個人化[27]」(individualization)と呼んでいる。そこではむしろ、好むと好まざるとにかかわらず、個人が自分で判断しなければならないことの増えた日常生活にあって、旧来の規範から離れることによって、社会問題に関心をもったり家族との関係を再構築できるようになった人々、より良い社会の実現を目指してさまざまな活動をおこなうことに人生の喜びを見出すことができるようになった人々の実像が念頭に置かれている。たとえば、「家族のめんどうは身内でみる」や「仕事第一」という規範から離れて会社から定時に引き上げ障害者施設でボランティアをするサラリーマン、「女のいる場所は家の中」という規範から離れて地域の独居高齢者に対する弁当配達活動を始め、そこから市政に関心をもち、ついに市長になった女性、家族を介護し看取った経験を他の苦しんでいる人の手助けに生かそうとする男性ら(例は、筆者が見聞きした実例)。同じ線上に、いわゆる人種・民族間の差別や偏見を乗り越えようとする人々、会社主義を乗り越え環境問題に取り組む人々が乗っている。

所属集団から自由で、揺るがぬ価値規範をもたない、という意味では、ここでいう「個人」像は、小此木啓吾や山崎正和らが一九七〇年代に言っていた「モラトリアム人間」(小此木啓吾、一九七七、一九八一)や「柔らかい自我」(山崎正和、一九八四)と、共通する。反省性、自省性の発揮とはつまり、ふらふらと迷ってばかりいる態度ではないか? しかし、「柔らかい」という言葉から想像される一種の軟弱で場当たり的なイメージとは逆に、実際問題として、人生のさまざまな問題に突き当たるなかで、常に自分自身で判断し、自分の外の所属集団によって自己の行為を正当化することを避けて、自分が拠って立つ価値や規範自体をしばしば見直す姿勢を貫こうというのは、相当「硬派」な態度が要求されることだろう。そして、これまで出会ったことのないさまざまな人と出会ったり、想像もしなかった事態に遭遇したりするグローバ

(27) 個人化
文中の説明を参照。

ル化社会で、その都度自分の責任において物事に対応していくには、実際、柔軟な思考が必要である。このことは、数十年前に想像された以上に、今日、切実で現実的な課題となっている。

自省の結果、次々に新しい価値観へ、新しいアイデンティティーへと変わっていく個人というのは、相当に不安定で、精神的に病的なようにも思える。臨床心理学者でもあるメルッチは、こうした状況が、「アイデンティティーの危機」であることを認めている。そして、こうした「個人」に連続性を与えるのは「身体性」だけであると述べている（身体性については、ここではとりあげない）。

しかし、別の考え方もある。すなわち、上にあげたような、社会問題に取り組む人々は、別のものに支えられているのではないか、という考え方である。利己的な個人が、真空の自由のなかで生きているのではなく、商業主義のなかで生かされているのと同様に、社会問題に取り組むような個人は、グローバル化した社会のなかでつくられつつある、ある「方向性」を共有しているのではないか。その方向性とは、各地で歴史的に積み重ねられてきた、人間の人生の苦しみや喜びの経験、自由や平等に関する議論の蓄積が、グローバル化によって互いに出会い、気付かなかった点に気付き、偏狭さを克服しあって、人類的な経験の蓄積になりつつある、ということを信じようとする方向性である。従来の所属集団が成員に課す規範は、閉じられた社会でこそ機能するものであった（限られた成員の美しい生活のためにそれ以外の人の苦しみは犠牲にする形をとる）のとは逆に、グローバル化に直面して、われわれは、地球全体にまで広げられるような理念、「地球の良心」を志向するようになっているのではないか、という理解、共感がNGOの活躍などを通して広まりつつある。こうした方向性は、統一的で確固とした原理ではないが、それでも、アイデンティティーに対するグローバル化の強い影響の下で、不安定になった個人の心にとって、大きな救いとなるだろうし、方向性なしに個人は反省性を実行し続けることができないであろう。

以上に述べたように、商業主義に侵された「私化」とは異なり、「個人化」は、所属集団やその規範から自由になった個人が、多様な現実に直面しながらそれに対応していくことで、新たな社会関係が構築されていくかもしれないという、希望的な見通しと一種の覚悟とを含んだ概念である。言うなれば「私化」には別の側面があって、これはこれまでとは異なった手応えのある現実に通じている可能性がある。それが、ここでいう「個人化の潜在力」である。

　ただし、ここにも問題は潜んでいる。個人が、判断や選択の拠点になる場合、本当に利己的な個人主義以外の可能性が開かれるか、という点や、決定において選択性が高いだけに、自分の決定に関して優越感を生じやすく、教条主義(28)的になりやすいのではないかという問題、さらに、自分の決定を、属性などの外在的な指標によって正当化しないという態度を要請されるのは、心理的に非常にしんどいわけで、これを主張することは精神的なエリート主義に陥るのではないか、という問題などである。

　あるいは、最も困難な課題は、慣れ親しんだものに愛着、郷愁を感じる、おそらく人間としてごく自然な感情を、変化に対応しようとするアイデンティティーのなかで、どう位置付けていくか、という問題かもしれない。

　筆者自身は、全体としてはやはり物流におけるグローバル化は止めようがないし、それに伴って異なる文化、価値観、規範をもった人間同士が出会ったり、場合によっては家族を構成したりして、より直接的な関係を作っていく場面が増えるであろうことを考えると、「個人化の潜在力」に賭けてみたいと思う。

練習問題

あなたは、グローバル化した社会のなかで、どのように自分をアイデンティファイしているか。自分は自由だと思うか。何に縛られていると思うか。

引用・参考文献

Berger, P. L. and Luckmann,T.（1966）*The Social Construction of Reality—A Treatise in the Soci-*

(28) 教条主義　事実を無視して、原理原則を杓子定規に適用する態度。

ology of Knowledge, Anchor Books.（山口節郎訳（一九九七）「日常世界の構成　アイデンティティと社会の弁証法」新曜社）。

Inglehart, R（1978）*The Silent Revolution — Changing Values and Political Styles Among Western Publics.* Princeton University Press.（三宅一郎・金丸輝男・富沢克訳「静かなる革命：政治意識と行動様式の変化」東洋経済新報社）。

加藤晴久編集・構成／訳・解説（二〇〇一）「ピエール・ブルデュー来日記念公演二〇〇〇　新しい社会運動――ネオ・リベラリズムと新しい支配形態」藤原書店。

Lasch,C.（1955）*The Revolt of the Elites and the Betrayal of Democracy,*W.W.Norton & Company（森下伸也訳　一九九七「エリートの反逆　現代民主主義の病」新曜社）。

Melucci, A.（1989）*Nomads of the Present : Social Movements and Individual Needs in Contemporary Society,* Century Hutchinson.（山之内靖・貴堂嘉之・宮崎かすみ訳　一九九七「現在に生きる遊牧民　新しい公共空間の創出に向けて」岩波書店）。

小此木啓吾（一九七七、一九八一）「モラトリアム人間の時代」中央公論新社。

庄司興吉（一九九九）「地球社会と市民連携」有斐閣。

山崎正和（一九八四）「柔らかい個人主義の誕生」中央公論新社。

推薦図書

P・L・バーガー／T・ルックマン　山口節郎訳（一九七七）「日常世界の構成　アイデンティティと社会の弁証法」新曜社。

クリストファー・ラッシュ　森下伸也訳（一九九七）「エリートの反逆　現代民主主義の病」新曜社。

加藤晴久編集・構成／訳・解説（二〇〇一）「ピエール・ブルデュー来日記念公演二〇〇〇新しい社会運動――ネオ・リベラリズムと新しい支配形態」藤原書店。

あとがき

本書では急速に「グローバル化」が進行するとともに「ローカル化」も生じている現在の世界を文化と開発とコミュニケーションの諸側面から見てきた。

しかし、考えてみるとこの対立は新しいというよりも、今までの課題を新しいことばで言いなおしていると考えた方が妥当であろう。「グローバル化」は、従来は「近代化」「西洋化」「アメリカ化」「資本主義化」と命名されてきた現象と重なる。特にそれが地球規模で広範囲に及んでいることを強調する概念として「グローバル化」が登場した。一方「ローカル化」は、それへの抵抗勢力をあらわす概念で、すなわち「反近代化」「反アメリカ化」「反資本主義」等を標榜する批判と異議申立ての「ナショナリズム」や「エコロジー」という思想として現れてきた。

「グローバル」と「ローカル」の対立とその議論は、このような「対立」の歴史という文脈の中から立ち現れたものである。その特に新たな特徴とは、それが「文化」と「地域」に根ざした対立であるという点である。

そもそも「近代」というものに対してそれをどう捉え、どう克服していったらよいのかという課題は日本では長い間「近代の超克」論として存在してきた。

たとえば、夏目漱石は明治四四年に『現代日本の開化』という講演をおこなっているが、それはまさに急速に「西洋化」していく日本に警鐘をならす内容であった。

『日本の現代の開化を支配している波は西洋の潮流でその波をわたる日本人は西洋人でないのだから、新しい波が寄せる度に自分がその中で食客《いそうろう》をして気兼をしているような気持ちになる。……こういう開化の影響を受ける国民はどこか空虚の感がなければなりません。またどこかに不満と不安の念を懐かなければなりません。』

「開化」を「グローバル化」に変えれば、漱石のこの警告は現代の日本にそのまま当てはまる。

そして昭和に入ると日本の知識人による「近代の超克」論は本格化する。哲学者広松渉の『〈近代の超克〉論—昭和思想史への一視角』はその議論を丁寧に分析している。

「近代の超克」論は、昭和一七年一〇月号の『文学界』誌上での座談会「文化綜合会議シンポジウム——近代の超克」が頂点となって、このころ日本の知識人の間で盛んに議論されていた。この座談会には日本の代表的な知識人が一三名集まり「近代の超克」をめぐり、活発な議論がなされた。そして、それが当時の戦争イデオロギーとして一定の役割を果たしたこと、またその思想的問題提起は現代においても依然として生きているということを、広松氏は指摘している。

同様に文芸評論家柄谷行人は次のように、「近代の超克」論の歴史性を指摘している。

『「近代の超克」は明治以来の日本の代表的な知性がたどりついた一極点なのである。そうであるなら、これを戦争イデオロギーとして片付けることはできない。』

「近代の超克」論は、「近代」という大きなうねりを吟味し、批判検討することによって生産的な対立と緊張を生み出そうとする一つの「対話」の試みであると捉えることができる。この思想的営みが、日本においては、明治時代以来一貫しておこなわれてきた歴史性と連続性を認識したものである。

このような思想的な連続性を踏まえて、現代においては、「近代の超克」とは「グローバル化の超克」ということができ、そしてそれは本質的に思想的問題提起の営みであるといえる。つまり、グローバル化に直面して、われわれは、日本は、そして世界はどうなっていくのか、どのように生きていくのか、と問うことは政策的課題であるだけでなく、思想的重要性・必然性があることが明らかになるのである。

「グローバル化の超克」を考えるときに、これからもっとも重要な思想としての役割を果たすのが「エコロジー思想」であろう。

現在人類が直面しているもっとも大きな問題は環境問題である。地球温暖化現象に象徴されるように地球の環境はわれわれの想像以上に悪化しており、人類の存亡の危機が迫っているのである。

そしてその原因は人類自身が自分たちの手で地球を「近代化」「文明化」「グローバル化」してきたことに帰着するのである。

「エコロジー思想」のエッセンスは「自己抑制」「自己規律」であると私は考えている。自己の欲望の抑制、コントロールである。「近代化」「グローバル化」の原動力は逆に「欲望のあくなき追求」であり、「自由の追求」である。「エコロジー思想」はこれに「待った」をかける役割を担っている。

現代における「エコロジー思想」はおそらく一九六二年にアメリカのジャーナリスト、レイチェル・カーソンにより出版された『沈黙の春』が一つの出発点になっている。カーソンはこの書でわれわれの環境は殺虫剤や消毒薬などの多くの化学薬品に汚染されており、究極的にはそれはわれわれの命を奪うことになると警告している。

そして、一九七二年にはローマ・クラブによる『人類の危機リポート・成長の限界』が出版され、経済成長をこのまま続ければ資源が枯渇し、環境汚染が進行し、人類の破滅が到来すると警告した。翌年の一九七三年にはイギリスの経済学者E・F・シューマッハーの『スモール・イズ・ビューティフル』が出版され、利益と進歩の飽くなき追求のために巨大化、肥大化する現代産業社会構造へのアンチ・テーゼとして、各地域の資源と労働力を活用した小規模・中規模の技術システムの導入が提案された。

しかし、このような「エコロジー思想」は強大な「グローバル化」の勢いの中にかき消されてきたのである。「自己抑制」と「自己規律」を求める「エコロジー」よりも、欲望を満たし自由を拡大する「グローバル化」に人々は魅力を感じているのだろう。

しかし、今こそ「エコロジー思想」を真剣に取り入れて「グローバル化の超克」のためにそれを有効に生かさなければならない。

ファースト・フードに象徴されるように食に限らずわれわれの社会は「マクドナルド化」しているが、それを乗り越えるために「スローー・フード運動」がイタリアで数年前に始まった。食のグローバル化は、食文化を破壊し、食と地域のつながりを切断していることを認識し、「フード」と「風土」の関係を復興させようとするのが「スローー・フード」の思想である。日本でもすでに「手作り」への愛好は定着しており、「粗食」と「和食」への回帰がブームになっている。「飽食」とファースト・フードへの批判は高まっている。

これは単なる食習慣の問題にとどまらず、まさに「近代化」「グローバル化」への本質的な異議申立てになっているのである。「より高く、より速く、より強く」が「近代」のスローガンであったが、「スロー・フード」はそれとは真っ向から対立する価値を提唱しているのである。それは「高く、速く、強い」ことが是であった「近代」に対し反省を促し、抑制と規律を求める思想的問題提起である。

抑制と規律を求める「エコロジー思想」は、「自由競争」「自由貿易」を旗頭とする「グローバル化」のもたらす「過剰なる自由」に対しても批判の矛先を向ける。「消費する自由」「所有する自由」にささえられたグローバル経済というものが、地球資源の枯渇、環境汚染、自然破壊をもたらしていることは誰もが知っているのである。

このような文脈において、一九九八年に出版された社会学者大澤真幸の「自由の牢獄――リベラリズムを越えて」は示唆に富んでいる。大澤は「過剰なる自由」が実現してしまった現代においては、それがかえって閉塞状況を生み出しており、そこからの脱出を意図する思想への渇望があると指摘している。

『過剰な自由は人々を窒息させてしまう。自由はむしろ拘束をこそ前提にして可能になる。今日、民族への本源的な帰属やエコロジー思想へのコミットメントは、自由の牢獄からの解放としての意義を持っている。』

本書に即して言えば、自由の拡大の象徴である「グローバル化」は、必然的に「ローカル」なアイデンティティーへの回帰とエコロジー思想の支持をもたらしているということができる。それは「過剰なる自由」に対して節度を求める運動でもある。言い換えると、「グローバル化」に対抗する「ローカル化」の動きは偽りのではない「真の自由」を求める意識改革運動であり、それゆえに「抑制」と「規律」を追求するのである。グローバル経済が促す「自由」はわれわれをいわば「欲望の連鎖」の中に縛り付けるものである。「抑制」と「規律」を求める「エコロジー思想」は不自由なようでいて、われわれをこの「欲望の連鎖」から解き放ち、「真の自由」に近づけてくれる潜在力がある。

そしてもう一度言い換えると、「グローバル化」について検討するということはつまりは「真の自由とは何か?」ということを検討することになる、と私は考えている。

この「あとがき」で言いたかったことは二点にまとめられる。一つは、「グローバル」「ローカル」の対立は現代の特殊な一時的な問題ではなく、「近代」をめぐる歴史的連続性のある思想的な問題であるということ。もう一つは、「グローバル化」研究は「自由」をめぐる倫理的な課題でもあるということで、それには「エコロジー思想」の視点が必須であるということである。この二点を頭に入れて本書を読むとその意図するところがより見えてくると思う。

また「エコロジー思想」については本書では言及がわずかであったので、「あとがき」で少し触れてみたが、今後は「エコロジー思想」を枠組みとした「グローバル・コミュニケーション論」が求められていると思う。そして、「グローバル・コミュニケーション研究」は「グローバル」と「ローカル」の融合と共生を追究することにより、「平和研究」とのつながりを築いていけば、世界平和建設への学術的貢献が可能になるであろう。

出版にあたって、まず編集の任を共に担っていただいた関根久雄氏に御礼申し上げたい。本書の構想は関根氏に負うところ大であり、特に第Ⅲ部の開発関連の執筆者を良くまとめていただいた。

また、各執筆者の皆様にも御礼申し上げたい。執筆期間が短かったにもかかわらず、良質の論文をお出しいただいたことを感謝申し上げたい。

さらに、ナカニシヤ出版編集長の宍倉由高氏にも御礼申し上げたい。当初より本書の出版に強い関心をお示しいただき、発行に至るまで多大なるご支援を賜った。

なお、各章のキーワードの注は章の執筆者が付した場合と、編者が付した場合、そしてその両方が混在している場合があることをご了承していただきたい。注の作成にはさまざまな参考書類を使わせていただいたので、巻末に「参考書一覧」としてまとめておきました。この場を借りて御礼申し上げたい。

平成一四年五月　　　　津田幸男

参考書一覧（順不同）

中村栄子（編訳）（一九八六）『欧米文芸登場人物事典』大修館書店。

金子雄司・富山太佳夫（編）（一九九七）『岩波＝ケンブリッジ世界人名事典』岩波書店。

河盛好蔵・大島利治他（一九九七）『プレシ　フランス文学史』駿河台出版社。

全国歴史教育研究協議会（編）（一九九九）『世界史B用語集　第二版』山川出版社。

『情報・知識 Imidas』（二〇〇一）（二〇〇二）集英社。

『現代用語の基礎知識』（二〇〇一）（二〇〇二）自由国民社。

田中春美（編集）（一九八八）『現代言語学辞典』成美堂。

亀井孝他（編著）（一九九六）『言語学大辞典　第6巻術語編』三省堂。

佐藤守弘他（編）（一九八四）『現代社会学辞典』有信堂高文社。

森岡清美・塩原勉・本間康平編集代表（一九九三）『新社会学辞典』有斐閣。

『世界大百科事典』（一九六四）平凡社。

『Imidas 2002別冊付録　IT用語カタカナ・略語辞典』（二〇〇二）集英社。

『広辞苑　第五版』（一九九九）岩波書店。

『大辞林　第二版』（一九九五）三省堂。

三宅和夫・北尾倫彦・小嶋秀夫（編）（一九九一）『教育心理学小辞典』有斐閣。

『リーダーズプラス英和辞典』（一九九三）研究社。

『三省堂国語辞典』（一九九〇）三省堂。

インターネット検索、infoseek.

インターネット検索、インフォーシーク『大辞林　第二版』（一九九五）三省堂。

三宅和夫・北尾倫彦・小嶋秀夫（編）『教育心理学小辞典』（一九九一）有斐閣。

五十嵐信敬他（編）『教職教養障害児教育』（一九九五）コレール社。

『リーダーズ英和辞典』（一九八四）研究社。

金田一京助（一九七二）『新明解国語辞典』三省堂。

日本体育協会監修：岸野雄三編集代表（一九八七）『最新スポーツ大事典』大修館書店。

見田宗介・栗原彬・田中義久（編）（一九八八）『社会学事典』弘文堂。

新井政義（編）（一九九二）『コンプリヘンシブ』旺文社。

『コンサイスカタカナ語辞典』（一九九四）三省堂。

今村仁司（編）（一九八八）『現代思想を読む事典』講談社現代新書。

『現代思想・現代思想の一〇九人』（一九七八）青土社。

大塚和夫他（編）（二〇〇二）『岩波イスラーム辞典』岩波書店。

日本イスラム協会他監修（二〇〇二）『新イスラム事典』平凡社。

国連開発計画（一九九九）『UNDP人間開発報告書一九九九・グローバリゼーションと人間開発』国際協力出版会。

国際連合広報局（一九九七）『国際連合の基礎知識』（国際連合広報センター訳）世界の動き社。

高崎道浩（一九九四）『世界の民族地図』作品社。

山内直人（編）（一九九九）『NPOデータブック』有斐閣。

国際協力事業団（編）（一九九八）『国際協力用語集』国際開発ジャーナル社。

都留重人（編）（一九八一）『岩波経済学小辞典』岩波書店。

人名索引

【タ行】

【ナ行】

【サ行】

【カ行】

索　　引

事項索引

執筆者紹介

Majid Tehranian　第1章
専攻：国際コミュニケーション論
最終学歴：ハーバード大学Ph.D. Political Economy and Government
現職：ハワイ大学教授（International Communication）
Toda Institute for Global Peace and Policy Research 所長
主要著作：*Technologies of Power: Information Machines and Democratic Prospects.*（1992）
Global Communication and World Politics: Domination, Development, and Discourse.（1999）
Communication Policy for National Development: A Comparative Perspective.（1977）

松原好次（まつばらこうじ）第4章
専攻：言語社会学、特に先住民族言語の復権運動
最終学歴：関東学院大学大学院文学研究科博士課程修了（一九九九）博士（文学）
現職：湘南国際女子短期大学教授
主要著作：*Indigenous Languages Revitalized?*（2000）春風社
『大地にしがみつけ―ハワイ先住民女性の訴え』（訳）（二〇〇二）春風社
ハワイ語の衰退と復権『ことばと社会』六号（二〇〇二）三元社　他

橋元良明（はしもとよしあき）第6章
専攻：コミュニケーション論・社会心理学
最終学歴：東京大学大学院社会学研究科修士課程修了（一九八二）
現職：東京大学大学院情報学環／社会情報研究所教授
主要著作：『背理のコミュニケーション』（一九八九）勁草書房
『コミュニケーション学への招待』（編著）（一九九七）大修館書店
『情報行動と社会心理』（編著）（一九九九）北樹出版　他

真鍋一史（まなべかずふみ）第7章
専攻：社会学・社会調査論・世論・コミュニケーション・広告の研究
最終学歴：慶應義塾大学大学院法学研究科博士課程単位修了（一九七二）法学博士

現職：関西学院大学社会学部教授
主要著作：『社会・世論調査のデータ解析』（一九九三）慶応義塾大学出版会
『広告の社会学［増補版］』（一九九四）日経広告研究所
Facet Theory and Studies of Japanese Society. (2000) Bier'sche Verlagsanstalt, Bonn, Germany. 他

鈴木紀（すずきもとい）第8章
専攻：開発人類学・メソアメリカ民族誌学
最終学歴：東京大学大学院社会学研究科修士課程修了（一九八五）
現職：千葉大学文学部助教授
主要著作：『開発学を学ぶ人のために』（共著）（二〇〇一）世界思想社
ネオ・マヤ・シティの明暗『住まいはかたる』（一九九九）学芸出版
被開発の20世紀：中米マヤ地域の先住民共同体の変容『共同体の二〇世紀』（一九九八）ドメス出版 他

子島進（ねじますすむ）第9章
専攻：文化人類学・南アジア地域研究
最終学歴：総合研究大学院大学文化科学研究科（一九九九）博士（文学）
現職：京都大学大学院アジア・アフリカ地域研究研究科助手
主要著作：『イスラームと開発』（二〇〇二）ナカニシヤ出版 他

中村純子（なかむらじゅんこ）第10章
専攻：観光人類学・オセアニア地域研究
最終学歴：お茶の水女子大学大学院人間文化研究科博士課程単位取得退学（二〇〇一）
現職：横浜商科大学商学部貿易・観光学科専任講師
主要著作：ニューカレドニアのルーラル・ツーリズムにみるノスタルジア（二〇〇〇）お茶の水女子大学『人間文化研究年報』二十三
ニューカレドニアにおける社会集団と文化変容（二〇〇一）『横浜商科大学紀要』八
観光産業での「文化仲介者」の役割（二〇〇一）『日本国際観光学会論文集』八 他

小林勉（こばやしつとむ）第11章
専攻：スポーツ社会学・国際開発学
最終学歴：名古屋大学大学院国際開発研究科博士課程国際協力専攻（二〇〇一）博士（学術）

現職：信州大学教育学部講師
主要著作：途上国に押し寄せるスポーツのグローバリゼーションの実相:メラネシア地域の事例から『スポーツ社会学研究』第九号（二〇〇一）
開発戦略としてのスポーツの新たな視点：「正統性」をめぐる組織と「現場」の問題
『体育学研究』第四十五巻六号（二〇〇〇）他

佐藤眞理子（さとうまりこ）第12章
専攻：比較・国際教育学・教育援助（アメリカの教育援助政策）
最終学歴：慶応義塾大学大学院社会学研究科（一九七七）
現職：筑波大学教育学系助教授
主要著作：『世界銀行の教育援助政策教育における公正と不公正』（共著）（一九九六）教育開発研究所
『多文化共生社会の教育』（共著）（二〇〇一）玉川大学出版会
アメリカの人的資源開発援助『国際開発研究』（一九九八）他

浜名恵美（はまなえみ）第13章
専攻：文学理論・英米文化・ジェンダー研究
最終学歴：東京都立大学大学院人文科学研究科英文学専攻博士課程単位取得退学（一九八一）筑波大学　博士（文学）
現職：筑波大学現代語・現代文化学系教授
主要著作：*Hot Questrists After the English Renaissance: Essays on Shakespeare and His Contemporaries*（共著）(2000) New York: AMS Press.
『シェイクスピア—世紀を超えて』（共編）（二〇〇二）研究社
『英語圏文学—国家・文化・記憶をめぐるフォーラム』（共著）（二〇〇二）人文書院　他

越智和弘（おちかずひろ）第14章
専攻：比較文化論・現代ドイツ文学
最終学歴：東京外国語大学大学院外国語研究科ゲルマン系言語修士課程修了（一九七八）
現職：名古屋大学大学院国際言語文化研究科教授
主要著作：『河の風景に立つ女たち』（訳）（一九九〇）同学社
『ファーザーランド』（訳）（一九九六）三修社
『夜』（訳）（一九九七）白水社　他

井上治子（いのうえはるこ）第15章
専攻：環境社会学・ボランティア・NPO論・情報化社会とアイデンティティー
最終学歴：名古屋大学大学院博士後期課程（社会学）単位取得退学（一九九六）
現職：名古屋文理大学情報文化学部助教授
主要著作：環境ボランティアの主体性・自立性とは何か『シリーズ環境社会学1　環境ボランティア・NPOの社会学』（共著）（二〇〇〇）新曜社
環境破壊に抵抗する市民たち『講座人間と環境十二巻　環境の豊かさを求めて―理念と運動』（共著）（一九九九）昭和堂
揺らぐアイデンティティー―情報化社会と個人―『グローバリゼイションの社会学』（共著）（一九九七）八千代出版　他

編著者：

津田幸男（つだゆきお）編集，はしがき，序章，第3，5章，あとがき
専　　攻：国際コミュニケーション論・英語支配研究・言語環境学
最終学歴：南イリノイ大学大学院スピーチ・コミュニケーション学科博士課程（1985）スピーチ・コミュニケーション学Ph.D.
現　　職：筑波大学現代語・現代文化学系教授
主要著作：*Language Inequality and Distortion*（1986）The Netherlands, John Benjamins.
『英語支配の構造』（1990）第三書館
『英語支配への異論』（編著）（1993）第三書館
『日本人と英語：英語化する日本の学際的研究』（編著）（1998）国際日本文化研究センター
『英語下手のすすめ』（2000）KKベストセラーズ社
The English Language and Power（共著）（2002）Italy, Edizioni dell' Orso.
『英語支配の構造』（韓国語版）（2002）韓国　翰林大学校出版会　他

関根久雄（せきねひさお）編集，はしがき，序章，第2章
専　　攻：文化人類学・開発人類学・オセアニア研究
最終学歴：広島大学大学院社会科学研究科修士課程修了（1992）
総合研究大学院大学文化科学研究科（1996）博士（文学）
現　　職：筑波大学社会科学系助教授
主要著作：『開発と向き合う人びと：ソロモン諸島における「開発」概念とリーダーシップ』（2001）東洋出版
辺境の抵抗：ソロモン諸島ガダルカナル島における「民族紛争」が意味するもの『地域研究論集』4（1）：63-86（2002）
『土地所有の政治史：人類学的視点』（共著）（1999）風響社他

グローバル・コミュニケーション論
対立から対話へ
2002年7月20日　初版第1刷発行
2004年9月20日　初版第2刷発行

定価はカヴァーに表示してあります

編著者　津田幸男
　　　　関根久雄
発行者　中西健夫
発行所　株式会社ナカニシヤ出版
〒606-8161 京都市左京区一乗寺木ノ本町15地
Telephone　075-723-0111
Facsimile　075-723-0095
郵便振替　01030-0-13128
URL　http://www.nakanishiya.co.jp/
E-mail　iihon-ippai@nakanishiya.co.jp
印刷・ファインワークス／製本・藤沢製本／装幀・白沢　正

Printed in Japan　ISBN4-88848-717-0